:: 中華文化促進會主持編纂

:: 國家"十一五"~"十四五"重點圖書出版規劃項目

:: 中國社會科學院哲學社會科學創新工程學術出版資助項目

出品人 王石 段先念

今注本二十四史

遼史

元 脱脱等 撰

李錫厚 劉鳳翥 主持校注

中國社會科學出版社

四

志〔二〕

遼史　卷三一

志第一

營衛志上

　　上古之世草衣木食、巢居穴處，熙熙于于，不求不爭。[1]爰自炎帝政衰，[2]蚩尤作亂，[3]始制干戈，以毒天下。軒轅氏作，[4]戮之涿鹿之阿，[5]處則象吻于宮，[6]行則懸旄于纛，[7]以爲天下萬世戒。於是師兵營衛，不得不設矣。

　　[1]不求不爭：【劉校】“爭”原本誤作“淨”，明抄本、南監本、北監本和殿本均作“爭”。中華點校本及修訂本徑改。今從改。
　　[2]炎帝：傳說中上古姜姓部族首領。號烈山氏，一作厲山氏。原居姜水流域，後向東發展到中原地區。曾與黃帝戰於阪泉（今河北省涿鹿縣東南），被打敗。一說炎帝即神農氏。
　　[3]蚩尤：傳說中的古代九黎族首領。以金作兵器，與黃帝戰於涿鹿，失敗被殺。但古籍所載，說法有多種：一說他是炎帝臣，另一說法是黃帝臣，還以蚩尤作爲惡人的代稱。
　　[4]軒轅氏：即傳說中的黃帝。【劉校】“氏”原本作“民”，

明抄本、南監本、北監本和殿本均作"氏"。中華點校本及修訂本徑改。今從改。

　　[5]涿鹿之阿：涿鹿是地名。故城在今河北省涿鹿縣南。"阿"指平地。《史記》卷一《五帝本紀》："於是黃帝乃征師諸侯，與蚩尤戰於涿鹿之野，遂禽殺蚩尤。"裴駰"集解"引服虔曰："涿鹿，山名，在涿郡。"同卷載黃帝"北逐葷粥，合符釜山，而邑于涿鹿之阿"。張守節"正義"："廣平曰阿。涿鹿，山名。""涿鹿故城在山下，即黃帝所都之邑於山下平地。"

　　[6]處則象吻于宮：是説中原帝王居處則有與天象吻合的宮室。

　　[7]懸旄于纛：纛是古時軍隊或儀仗隊的大旗。旄是氂牛尾，古代用作旗竿飾物。

　　冀州以南歷洪水之變，[1]夏后始制城郭，[2]其人土著而居綏服之中。[3]外奮武衛，內揆文教，守在四邊，營衛之設以備非常而已。并、營以北勁風多寒，[4]隨陽遷徙，歲無寧居，曠土萬里，寇賊奸宄乘隙而作，營衛之設以爲常然，其勢然也。

　　[1]冀州以南：即中原。冀州爲《尚書·禹貢》九州之一。

　　[2]夏后：中國歷史上第一個世襲王朝。《史記》卷二《夏本紀》："禹於是遂即天子位，南面朝天下，國號曰夏后，姓姒氏。"

　　[3]綏服：古代王畿周邊疆域之一。上古以天子所居之王畿以外五百里爲甸服，甸服外五百里爲侯服，侯服外五百里爲綏服，綏服外爲要服、荒服，則是蠻夷地區。

　　[4]并、營以北：指塞外牧區。并州爲《周禮·職方》九州之一；《漢書》卷二八上《地理志上》："堯遭洪水，褱山襄陵，天下分絶，爲十二州。"顏師古曰："九州之外有并州、幽州、營州，故曰十二。"按，營州乃東漢始置。《後漢書》卷七四下《袁紹傳》：

"初平元年，乃分遼東爲遼西、中遼郡，並置太守。越海收東萊諸縣，爲營州刺史。"

有遼始大，設制尤密：居有宮衛謂之斡魯朵，[1]出有行營謂之捺鉢，[2]分鎮邊圉謂之部族。有事則以攻戰爲務，閒暇則以畋漁爲生。無日不營，無在不衛，立國規模莫重於此，作營衛志。

[1]居有宮衛謂之斡魯朵：這是元代修史者對遼朝制度的解釋，並不完全符合遼朝的歷史實際。蒙古人以斡魯朵爲宮帳，遼朝的"宮"除了斡魯朵之外，還包括直接管轄下的若干州、縣。遼朝皇帝並不住在斡魯朵，他們一年四季都在捺鉢行宮中活動。所謂"居有宮衛""出有行營"，是元人修史時添加的没有事實根據的解説。
[2]捺鉢：契丹語音譯詞，意爲"行在所"。【劉校】原本作"擦鉢"，據明抄本、南監本、北監本和殿本改。馮氏《初校》："'捺'，原本作'擦'，非。"點校本和修訂本徑改。

宮衛

遼國之法天子踐位置宮衛：分州縣、析部族、設官府、籍户口、備兵馬。崩則扈從后妃宮帳，以奉陵寢。有調發則丁壯從戎事，老弱居守。

太祖曰弘義宮，應天皇后曰長寧宮，太宗曰永興宮，[1]世宗曰積慶宮，穆宗曰延昌宮，景宗曰彰愍宮，承天太后曰崇德宮，聖宗曰興聖宮，興宗曰延慶宮，道宗曰太和宮，天祚曰永昌宮。又孝文皇太弟有敦睦宮，[2]丞相耶律隆運有文忠王府。[3]凡州三十八、縣十、提轄司四十一、石烈二十三、瓦里七十四、抹里九十八、得里二、閘撒十九。爲正户八萬、蕃漢轉户十二萬三千、共二十萬三千户。[4]

[1]太宗：【劉校】"太"原本作"大"，明抄本、南監本、北監本、殿本均作"太"。中華點校本和修訂本徑改。今從改。

[2]孝文皇太弟：即耶律隆慶（據《契丹國志》卷一四）。隆慶（973—1016）是聖宗隆緒之同母弟。統和中進封爲梁國王，拜南京留守，手握重兵，稱雄一方。統和十七年（999）南征，隆慶率軍爲先鋒，至瀛州（今河北省河間市），與宋將范廷召相遇，隆慶命蕭柳迎戰，將宋軍擊潰，並圍而殲之。十九年（1001）復敗宋人於行唐（今河北省行唐縣）。其權勢、地位不斷上升，威脅到遼聖宗。《宋朝事實類苑》卷七七《乘軺錄》稱其"調度之物，悉侈於隆緒"。

[3]耶律隆運（941—1011）：即韓德讓，韓匡嗣第四子（按本書卷七四《韓匡嗣傳》，其有五子，德讓行二。而據陸續出土墓誌等研究成果，韓匡嗣九子，德讓行四）。統和初年承天稱制，韓德讓以南院樞密使的身份"總宿衛事"。統和十七年（999）北院樞密使、魏王耶律斜軫病故，承天太后以韓德讓兼知北院樞密使事，至此，遼朝的蕃漢軍政大權集於德讓一身。統和二十二年承天太后又賜韓德讓姓耶律，徙封晉王，並且仍舊爲大丞相，事無不統。次年十一月又詔德讓"出宮籍，屬於橫帳"。二十八年更名耶律隆運。本書卷八二有傳。

[4]提轄司：隸屬宮衛的軍事機構。遇有戰事，負責點集兵馬。遼在南京（今北京市）、西京（今山西省大同市）、奉聖州（今河北省涿鹿縣）和平州（今河北省盧龍縣）以及中京（今内蒙古自治區寧城縣大明鎮）、東京（今遼寧省遼陽市）和上京（今内蒙古自治區巴林左旗林東鎮波羅城）等處設提轄司，隸屬諸宮衛。提轄

司所管轄的人户也是有軍籍的漢族人户及渤海、高麗人户。　正户：户等名，即正式登記於國家户口帳上的民户，也就是有恒産的農户，即宋朝所謂“主户”以及爲他人佃作的農户。他們主要分佈在燕京、平州及西京大同等地。遼實行唐制，“户無主客，以見居爲簿。人無丁中，以貧富爲差”，亦即納税的主要依據，是按照貧富差別確定的户等。自遼太宗根據五京户丁的版籍以定賦税，上述地區的主户和客户都有賦税負擔，故統稱爲“正户”。據富弼《上神宗答詔問北邊事宜》（《宋朝諸臣奏議》卷一三七），熙寧八年（1075），遼宋議地界，宋割與契丹之河東地區，原有“主户約一千五百餘户，客户三四倍之”。遼朝幽、薊、大同地區主户與客户的比例，大約相同。　蕃漢轉户：户等名。是指塞外頭下州縣中那些自中原地區輾轉遷徙而來到蕃界的漢族人户。他們爲人佃作，實即客户，但身份低於燕京和西京地區正户中爲人佃作的客户。作爲征服者的契丹人，殘酷對待所俘獲的“生口”，將被俘的漢人“以長繩連頭繫之於木，漢人夜多自解逃去”（《新五代史》卷七二《四夷附錄第一》），那些未逃脱者就成了契丹貴族的俘奴。這些俘奴中的少數被用於非生産性領域，多數則用於農業及手工業生産。當契丹貴族普遍以俘奴創建漢城、頭下時，爲獲得穩定的經濟收入，就不得不考慮如何維持和發展生産的問題了。阿保機在灤河上游建立漢城，率漢人耕種，“如幽州制度”（《新五代史》卷七二《四夷附錄第一》）。與幽、薊地區鄰近的奚族地區，是逃亡和被俘掠到契丹境內的漢人較集中的地區。蘇轍在宋哲宗元祐四年（遼道宗大安五年，1089）使遼，途中賦詩云：“燕疆不過古北關，連山漸少多平田。奚人自作草屋住，契丹駢車依水泉。橐駝羊馬散川谷，草枯水盡時一遷。漢人何年被流徙，衣服漸變存語言。力耕分穫世爲客，賦役稀少聊偷安。”（《欒城集》卷一六《奉使契丹二十八首·出山》）這首詩開頭是描寫中京地區作爲當地土著的奚人和契丹人的生活，他們一是仰賴農耕，一是仰賴游牧。而漢人流徙到這裏則世代爲客，他們祇能與主人分享收穫。除了靠近幽、薊的奚族地區之外，東京地區也是漢人流民較多的地區。東京地區地勢平坦，雨水適中，適宜發展農業生產。這一地區開發較早，秦漢以來即有漢人移居，是以漢族居民爲主的農業區。這一地區也有自遼初以來輾轉遷徙來的大量漢族人户。【劉校】"蕃"原本作"藩"，明抄本、南監本、北監本、殿本均作"蕃"。中華點校本和修訂本徑改。今從改。　正户八萬，蕃漢轉户十二萬三千：【劉校】據中華點校本校勘記，按下文各宮户數合計，正户爲八萬一千，蕃漢轉户爲十二萬四千。

　　算斡魯朶，太祖置。國語"心腹"曰"算"，"宮"曰"斡魯朶"，是爲弘義宮。以心腹之衛置，益以渤海俘錦州户。[1]其斡魯朶在臨潢府，[2]陵寢在祖州東南二十里。[3]正户八千，蕃漢轉户七千，出騎軍六千。
　　州五：錦、祖、嚴、祺、銀。
　　縣一：富義。
　　提轄司四：南京、西京、奉聖州、平州。
　　石烈二：曰須，曰速魯。
　　瓦里四：曰合不，曰撻撒，曰慢押，曰虎池。
　　抹里四：曰膻，曰預墩，曰鶻突，曰糾里闠。
　　得里二：曰述壘北，曰述壘南。

　　[1]渤海浮錦州户：即渤海俘中的錦州户。據本書卷三九《地理志·中京道》，隸屬錦州的巖州保肅軍，"本漢海陽縣地。太祖平渤海，遷漢户雜居興州境，聖宗於此建城焉，隸弘義宮"。渤海是靺鞨粟末部在今中國東北地區建立的政權。天顯元年（926）爲遼所滅。
　　[2]臨潢府：遼上京。府曰臨潢，治所在今内蒙古自治區巴林

左旗林東鎮波羅城。

[3]祖州：州名。遼置，因阿保機的高祖、曾祖、祖、父皆出生於此，故名。治所在今內蒙古自治區巴林左旗查干哈達蘇木石房子嘎查。轄境相當於今內蒙古自治區巴林左旗林東鎮及巴林右旗的一部分。金天會八年（1130）改爲奉州。這是一座漢城，據《武經總要》前集卷一六下《戎狄舊地》："祖州，阿保機既創西樓，又西南築一城，以貯漢人，今名祖州，在唐置饒樂府西北祖山之陽，因爲州名。阿保機葬所也，今號天成軍。"

國阿輦斡魯朵，太宗置。收國曰"國阿輦"，是爲永興宮。初名孤穩斡魯朵，以太祖平渤海俘户，東京、懷州提轄司及雲州懷仁縣、澤州灤河縣等户置。[1]其斡魯朵在游古河側，陵寢在懷州南三十里。正户三千，蕃漢轉户七千，出騎軍五千。

州四：懷、黔、開、來。

縣二：保和、灤河。

提轄司四：南京、西京、奉聖州、平州。

石烈一：北女古。

瓦里四：曰抹，曰母，曰合李只，曰述壘。

抹里十三：曰述壘軫，曰大隔蔑，曰小隔蔑，曰母，曰歸化不术，曰唐括，曰吐谷，曰百爾瓜戊，曰合魯不只，曰移馬不只，曰膻，曰清帶，曰速穩。

閘撒七：曰伯德部，曰守狨，曰穴骨只，曰合不頻尼，曰虎里狨，曰耶里只挾室，曰僧隱令公。

[1]懷州：州城故址在今內蒙古自治區巴林右旗幸福之路蘇木崗根嘎查舊城。本唐歸誠州，以契丹降部置。武后萬歲通天初，歸

誠州刺史孫萬榮與松漠都督李盡忠叛，寇營州，後廢。太宗德光行帳牧放於此，後葬於西山，曰懷陵。因置懷州奉陵軍。《武經總要》前集卷一六下《戎狄舊地》：“懷州，契丹號奉陵軍，州將兼山陵都部署，即遼主德光葬所也。” 澤州：遼太祖俘蔚州民，在松亭關以北立寨居之，采煉陷河銀冶。開泰中大延琳反叛被鎮壓之後，原東京海州下轄的刺史州澤州民被遷移至此，置澤州。《武經總要》前集卷一六下《戎狄舊地》：“澤州，松亭關北，遼澤之地。”

耶魯盌斡魯朵，世宗置。興盛曰“耶魯盌”，是爲積慶宮。以文獻皇帝衛從及太祖俘户，[1]及雲州提轄司，并高、宜等州户置。[2]其斡魯朵在土河東，[3]陵寢在長寧宮北。正户五千，蕃漢轉户八千，出騎軍八千。

州三：康、顯、宜。

縣一：山東。

提轄司四。[4]

石烈一：兮臘。

瓦里八：曰達撒，曰合不，曰吸烈，曰逼里，曰潭馬，曰槊不，曰耶里直，曰耶魯兀也。

抹里十：曰紇斯直，曰蠻葛，曰厥里，曰潭馬忒，曰出懶，曰速忽魯椀，曰牒里得，曰閣馬，曰迭里特，曰女古。

[1]文獻皇帝（899—936）：遼太祖耶律阿保機長子。漢名倍，契丹名圖欲（突欲），生母爲淳欽皇后述律氏。天顯元年（926）遼滅渤海建東丹國，突欲被冊爲人皇王，主東丹國政。阿保機死後，其母述律氏立德光，突欲被迫浮海投奔後唐。後唐明宗賜其姓名李贊華。清泰三年（遼天顯十一年，936）石敬瑭率軍攻入洛陽，

後唐末帝李從珂約突欲與之同死，突欲不從，遇害。世宗即位，謚
讓國皇帝，陵曰顯陵。統和中更謚文獻。重熙二十年（1051）增謚
文獻欽義皇帝，廟號義宗。

［2］高：高州，遼開泰年間（1012—1020）以高麗俘戶置，隸
中京大定府。治所在今內蒙古自治區赤峰市東北哈拉木頭村西土城
子古城。 宜：宜州，治所在今遼寧省義縣。

［3］土河：即老哈河，流經今內蒙古自治區東部赤峰地區，與
西拉木倫河匯合。

［4］提轄司四：按此缺提轄司所在地名。應與弘義、永興兩宮
同。下文長寧宮、彰愍宮、興聖宮、延慶宮仿此。

蒲速盌斡魯朵，應天皇太后置。[1]興隆曰"蒲速
盌"，是爲長寧宮。以遼州及海濱縣等戶置。[2]其斡魯朵
在高州，陵寢在龍化州東一百里。[3]世宗分屬讓國皇帝
宮院。[4]正戶七千，蕃漢轉戶六千，出騎軍五千。

州四：遼、儀坤、遼西、顯。

縣三：奉先、歸義、定霸。

提轄司四。

石烈一：北女古。

瓦里六：曰潭馬，曰合不，曰達撒，曰慢押，曰耶
里只，曰渾只。

抹里十三：曰渾得移隣稍瓦只，曰合四卑膩因鐵里
卑稍只，曰奪羅果只，曰挐葛只，曰合里只，曰婆渾昆
母溫，曰阿魯埃得本，曰東厮里門，曰西厮里門，曰東
钁里，曰西钁里，曰牒得只，曰滅母隣母。

［1］應天皇太后：即阿保機妻述律氏。漢名平，小字月里朵。

其先爲回鶻人。本書卷七一有傳。

[2]遼州：此指遼置遼州。治所在今遼寧省瀋陽市西北一百八十里。【劉注】即今遼寧省新民市公主屯鎮遼濱塔村古城址。

[3]龍化州：地名。傳說契丹始祖奇首可汗居此，原稱龍庭。地當今内蒙古自治區奈曼旗東北。唐天復二年（902）阿保機成爲迭剌部夷离堇，破代北，遷徙代北居民，於此建州。《武經總要》前集卷一六下《戎狄舊地》："龍化州，州在木葉山東千里。阿保機始置四樓，此即是東樓也。會病卒葬於西南山，即今祖州也。以所卒之地置州，曰龍化門化州也。"

[4]讓國皇帝：即遼太祖耶律阿保機長子耶律倍。

奪里本斡魯朵，穆宗置，是爲延昌宮。討平曰"奪里本"。以國阿輦斡魯朵户及阻卜俘户，[1]中京提轄司、南京制置司、咸、信、韓等州户置。其斡魯朵在糺雅里山南，陵寢在京南。正户一千，蕃漢轉户三千，出騎軍二千。

州二：遂、韓。[2]

提轄司三：中京、南京、平州。

石烈一：曰須。

瓦里四：曰抹骨古等，曰兀没，曰潭馬，曰合里直。

抹里四：曰抹骨登兀没滅，曰土木直移鄰，曰息州決里，曰莫瑰奪石。

[1]阻卜：即達旦、韃靼。元人諱言達旦，而稱達旦爲阻卜。詳見王國維《觀堂集林》卷一四《達旦考》。

[2]遂：遂州。治所在今遼寧省彰武縣西北。《滿洲源流考》

卷一〇："此遂州屬上京，與鳳州相鄰。鳳州亦橐離國地，在韓州北二百里，西北至上京九百里。遂州西北至上京千里，則與韓州相去止百里。" 韓：韓州。遼聖宗時併三河、榆河二州置。初治於今內蒙古自治區科爾沁左翼後旗浩坦蘇木五家子村附近。《滿洲源流考》卷一〇："榆河在科爾沁右翼前旗，遼河在左翼東南四百五十里，經左翼後旗入邊。又左翼東南四百七十里有阿勒瑪圖城，近開原邊外，當即遼韓州故城也。"此爲初治也。後移治於今遼寧省昌圖縣三江口鄉小塔子屯，再移治於今昌圖縣八面城鎮，後又移治於今吉林省梨樹縣偏臉城。

監母斡魯朵，景宗置，是爲彰愍宮。遺留曰"監母"。以章肅皇帝侍衛及武安州户置。[1]其斡魯朵在合魯河，陵寢在祖州南。正户八千，蕃漢轉户一萬，出騎軍一萬。

州四：永、龍化、降聖、同。[2]

縣二：行唐、阜俗。[3]

提轄司四。

石烈二：曰監母，曰南女古。

瓦里七：曰潭馬，曰奚烈，曰埃合里直，曰蠻雅葛，曰特末，曰烏也，曰滅合里直。

抹里十一：曰尼母曷烈因稍瓦直，曰察改因麻得不，曰移失鄰斡直，曰辛古不直，曰撒改真，曰牙葛直，[4]曰虎狨阿里鄰，曰潑昆，曰潭馬，曰閘臘，曰楚兀真果鄰。

[1]章肅皇帝（912—960）：即耶律李胡。阿保機第三子。一名洪古，字奚隱。爲其母應天皇太后述律氏所鍾愛。太宗即位後，

天顯五年（930）立爲皇太弟，兼天下兵馬大元帥。太宗死後，應天皇太后反對世宗兀欲而欲立李胡，事敗，母子被囚。穆宗時因參與其子喜隱謀反事而下獄死。興宗時，更諡"章肅皇帝"。本書卷七二有傳。

[2] 永：永州，治所在今内蒙古自治區翁牛特旗戈日僧蘇木白音塔拉嘎查，在今西拉木倫河與老哈河合流處。《武經總要》前集卷一六下《戎狄舊地》："永州在木葉山之陽，潢［水］之北，契丹國舊地也。一路西北至轉淀二百里，一路西北至上京三百里。" 降聖：降聖州，州治故址在今内蒙古自治區赤峰市敖漢旗瑪尼罕鄉五十家子孟克河左岸一級臺地上，五十家村之西側。 同：同州。《三朝北盟會編》卷二〇政宣上帙載許亢宗《宣和乙巳奉使行程録》云：自燕京起程"第二十九程至同州，州地平壤，居民所在聚落耕種殆遍。地宜稭、黍，乃金人破契丹國於所至處遷其民於此，歲久安居。東望大山，金人云，此新羅山。山内深遠，無路可行。其間出人参、白附。深處與高麗接界"。

[3] 縣二：後有縣四。按本書卷三七《地理志一》，保和縣、宣化縣均於統和八年（990）隸彰愍宮。 行唐：此係遼境内之行唐縣。治所在今北京市密雲區東北。本書卷四〇《地理志四》"南京道"："本定州行唐縣。太祖掠定州，破行唐，盡驅其民，北至檀州，擇曠土居之，凡置十寨，仍名行唐縣。隸彰愍宮。"

[4] 曰牙葛直：【劉校】"曰"，原本作一空格，據南監本、北監本和殿本補。中華點校本及修訂本徑改。今從改。

孤穩斡魯朵，承天太后置，是爲崇德宮。玉曰"孤穩"。[1] 以乾、顯、雙三州户置。[2] 其斡魯朵在土河東，陵祔景宗皇帝。正户六千，蕃漢轉户一萬，出騎軍一萬。

州四：乾、川、雙、貴德。[3]

縣一：潞（上京）。[4]

提轄司三：南京、西京、奉聖州。

石烈三：曰钁里，曰滂，曰迭里特女古。

瓦里七：曰達撒，曰耶里，曰合不，曰歇不，曰合里直，曰慢押，曰耶里直。

抹里十一：曰阿里厮直述壘，曰預篤温稍瓦直，曰潭馬，曰賃預篤温一臘，曰牙葛直，曰牒得直，曰虎温，曰孤温，曰撒里僧，曰阿里葛斯過鄰，曰鐵里乖穩钁里。

閘撒五：曰合不直迷里幾頻你，曰牒耳葛太保果直，曰爪里阿本果直，曰僧隱令公果直，曰老昆令公果直。

[1]玉曰“孤穩”：【劉校】“玉”，原本、南監本、北監本和殿本均作“王”，據本書卷一一六《國語解》改。中華點校本和修訂本徑改。

[2]乾：乾州。《明一統志》卷二五《登州府》：“乾州城在廣寧衛西南七里，本漢無慮縣地，遼置乾州廣德軍。”據清代李慎儒《遼史地理志考》，乾州當今遼寧省錦州市。【劉注】劉鳳翥據《東北歷史地理》下冊（黑龍江人民出版社 2013 年版），認爲遼代乾州治所爲今遼寧省北鎮市廣寧鎮小常屯遼城址。 顯：顯州，治所在今遼寧省北鎮市。 雙：雙州。治所在今遼寧省鐵嶺縣以西，瀋陽市以北石佛寺村古城址。《滿洲源流考》卷一〇：“雙城故縣在鐵嶺西六十里，金時州廢，以縣屬瀋州。”《武經總要》前集卷一六下《戎狄舊地》：“雙州，契丹號保安軍，有通吳軍營壘，東至逆流河二里入生女真界，西至遼州七十里，南至瀋州七十里，北至渝州百二十里。”

[3]貴德：貴德州。《滿洲源流考》卷一一一引趙萬里《元一統志》：“公孫廢城在貴德州。漢末公孫度爲遼東太守，治襄平，傳子至孫，據有其地，遺址猶存。”按其州治故址當在今遼寧省撫順市城北高爾山前。

[4]潞（上京）：即上京地區的潞縣。是由幽州潞縣移民所置的僑縣。

女古斡魯朵，聖宗置，是爲興聖宮。金曰“女古”。以國阿輦、耶魯盌、蒲速盌三斡魯朵户置。其斡魯朵在女混活直，陵寢在慶州南安。[1]正户一萬，蕃漢轉户二萬，出騎軍五千。

州五：慶、隰、烏（上京）、烏（東京）、霸。[2]

提轄司四。

石烈四：曰毫兀真女姑，曰挈兀真女室，曰女特里特，曰女古漨。

瓦里六：曰女古，曰蒲速盌，[3]曰鶻篤，曰乙抵，曰翁，曰埃也。

抹里九：曰乙辛不只，曰鐵乖温，曰埃合里只，曰嘲瑰，曰合魯山血古只，曰奪忒排登血古只，曰勞骨，曰虛沙，曰土鄰。

閘撒五：曰達鄰頻你，曰和里懶你，曰爪阿不厥真，曰粘獨里僧，曰袍達夫人厥只。

[1]慶州：州治故址在今内蒙古自治區巴林右旗索博日嘎鎮。
慶陵：包括遼聖宗耶律隆緒和仁德皇后、欽愛皇后的永慶陵，遼興宗耶律宗真和仁懿皇后的永興陵，遼道宗耶律弘基和宣懿皇后的永福陵。位於今内蒙古自治區巴林右旗索博日嘎鎮西北約十餘公里

的瓦林茫哈地方。聖宗永慶陵中保存有壁畫，繪有人物、山水，尤以象徵四時捺鉢的四季山水圖彌足珍貴。三陵出土遺物多已散失，今僅存部分石刻哀册。其中漢文哀册有聖宗、仁德皇后、欽愛皇后、道宗、宣懿皇后的各一合，仁懿皇后哀册僅存篆蓋。契丹小字哀册有道宗、宣懿皇后的各一合。1922 年還從中抄寫出興宗和仁懿皇后的契丹小字哀册文，原石仍埋墓中。

[2] 隰：隰州。治所在今遼寧省興城市西南。《武經總要》前集卷一六下《戎狄舊地》："隰州，遼主隆緒建爲州，東至海二百里，西至來州八十里，南至海五里，北至建州三百三十里。" 烏（上京）：烏州。治所在今吉林省雙遼市西。本書卷三七《地理志一》"上京道"："本烏丸之地，東胡之種也。遼北大王撥剌占爲牧，建城，後官收。隸興聖宮。"是一座漢人居住的頭下縣城。 霸：霸州，後升興中府，治所在今遼寧省朝陽市。

[3] 曰蒲速盌：【劉校】原本闕"曰"字。據中華修訂本校勘記，不合"瓦里六"之數，"女古""蒲速盌"屢見上下文，今補。中華點校本徑補。

窩篤盌斡魯朵，興宗置，是爲延慶宮。孳息曰"窩篤盌"。以諸斡魯朵及饒州户置。[1] 其斡魯朵在高州西，陵寢在上京慶州。正户七千，蕃漢轉户一萬，出騎軍一萬。

州三：饒、長春、泰。

提轄司四。

石烈二：曰窩篤盌，曰鶻篤骨。

瓦里六：曰窩篤盌，曰厮把，曰厮阿，曰糺里，曰得里，曰歐烈。

抹里六：曰歐里本，曰燕厮，曰緬四，曰乙僧，曰北得里，曰南得里。

[1]饒州：《武經總要》前集卷一六下《戎狄舊地》："饒州，唐建饒樂府都督以處奚人部落，契丹建爲饒州。在潢水之北，石橋傍，以渤海人居之。"潢水即西拉木倫河，石橋遺址在今内蒙古自治區林西縣城西南六十公里西拉木倫河上、林西縣新城子鎮黄土坑村南一公里處。

阿思斡魯朵，道宗置，是爲太和宫。寬大曰"阿思"。以諸斡魯朵御前承應人及興中府户置。[1]其斡魯朵在好水濼，陵寢在上京慶州。正户一萬，蕃漢轉户二萬，出騎軍一萬五千。

石烈二：曰阿厮，曰耶魯。

瓦里八：曰阿厮，曰耶魯，曰得里，曰糺里，曰撒不，曰鶻篤，曰蒲速斡，曰曷烈。

抹里七：曰恩州得里，曰斡奢得里，曰歐里本，曰特滿，曰查剌土鄰，曰糺里，曰阿里厮迷里。

[1]御前承應人：在宫中服役者，多係非自由人。

阿魯盌斡魯朵，天祚皇帝置，是爲永昌宫。輔祐曰"阿魯盌"。以諸斡魯朵御前承應人，春、宣州户置。[1]正户八千，蕃漢轉户一萬，出騎軍一萬。

石烈二：曰阿魯盌，曰榆魯盌。[2]

瓦里八：曰阿魯斡，曰合里也，曰鶻突，曰敵剌，曰謀魯斡，曰糺里，曰奪里剌，曰特末也。[3]

抹里八：曰蒲速盌，曰移輦，曰斡篤盌，曰特滿，曰謀魯盌，曰移典，曰悦，曰勃得本。

[1]春：春州，即長春州，治所在今吉林省前郭爾羅斯蒙古族自治縣西北部松花江畔的塔虎城。　宣州：治所在今朝鮮平安北道義州。本書卷三八《地理志二‧東京道》："宣州，定遠軍，刺史。開泰三年徙漢户置，隸保州。"

[2]曰榆魯盌：【劉校】"盌"，原本、南監本和北監本均作"苑"，據殿本和馮氏《初校》改。中華點校本和修訂本徑改。今從改。

[3]曰特末也：【劉校】"末"原本作"未"，明抄本、南監本、北監本、殿本均作"末"。中華點校本和修訂本徑改。今從改。

孝文皇太弟敦睦宮，謂之赤寔得本斡魯朵。孝曰"赤寔得本"。文獻皇帝承應人及渤海俘，建、瀋、巖三州户置。[1]陵寢在祖州西南三十里。正户三千，蕃漢轉户五千，出騎軍五千。

州三：建、瀋、巖。

提轄司一：南京。

石烈二：曰嘲，曰與敦。

瓦里六：曰乙辛，曰得里，曰奚烈直，曰大潭馬，曰小潭馬，曰與墩。

抹里二：曰潭馬抹乖，曰柳實。

閘撒二：曰聶里頻你，曰打里頻你。

[1]建：建州，治所在當今遼寧省朝陽市西八十里處。　瀋：瀋州，治所在今遼寧省瀋陽市。《武經總要》前集卷一六下《戎狄

舊地》："瀋州，德光所建，仍曰昭德軍，契丹舊地也，東至大遼水。水東即女真界。"　　巖：巖州，治所在今遼寧省燈塔市西大窰鎮城門口村石城山上古城。

　　大丞相晉國王耶律隆運，本韓氏，名德讓。以功賜國姓，出宮籍，[1]隸橫帳季父房。[2]贈尚書令，謚文忠。無子，以皇族魏王貼不子耶魯爲嗣，[3]早卒，天祚皇帝又以皇子敖魯斡繼之。[4]官給葬具，建廟乾陵側。擬諸宮例，建文忠王府。正户五千，蕃漢轉户八千，出騎軍一萬。

　　州一。[5]

　　提轄司六：上京、中京、南京、西京、奉聖州、平州。

　　[1]宮籍：宮分人之籍。起源甚早，遙輦氏時已經有宮分人。宮籍是一種法律身份，不能輕易改變，而且是世襲的。宮分人"出宮籍"甚需要經皇帝特許。如韓德讓，就是即貴並且賜姓耶律之後才"出宮籍"的。繼韓德讓之後，興宗時的漢人宮分人姚景行出宮籍，也是在其官至翰林學士、樞密副使、參知政事以後。漢臣梁援，累世在遼朝做官，同時也具有宮籍。壽昌七年（1101）正月道宗死後，由他充玄官都部署，並撰謚冊文。喪事既畢之後，始詔免其宮籍，而且"敕格餘人不以爲例，示特寵也"（《遼代石刻文編》，河北教育出版社1995年版，第519至520頁）。遼朝諸宮衛有所管轄人丁的統計數字，但奴婢不計算在内，本書卷三一《營衛志上》："凡諸宮衛人丁四十萬八千，騎軍十萬一千。著帳釋宥、没入，隨時增損，無常額"，這些没有統計在諸宮衛人丁總數之内者即奴婢，稱爲"宮户""宮分人"。遼亡之後，諸宮衛機構雖已不

存，但那些宮户、宮分人的身份並未改變；他們仍隸宮籍。於是，金朝始有宮籍監之設，用以管理前朝遺留的宮户，並依照新機構的名稱，稱他們爲"宮籍監户"或"監户"。遼朝一部分專門在皇帝身邊服役的"宮户"又稱爲"著帳户"。散居州縣當中的宮户與民户一樣要向國家交納賦税，説明這些宮户的身份已經發生了改變。本書卷一三《聖宗本紀四》載，統和十五年（997）三月"壬午，通括宮分人户，免南京逋税及義倉粟"。將"通括宮分人户"一事，與"免南京逋税及義倉粟"一併實行，是因爲此二事都與賦税徵收有關。宮户因不堪忍受剥削和壓迫而被迫逃亡的事例有很多。據壽昌二年（1096）的《孟有孚墓誌銘》載："時朝廷命復慶陵之逋民，詔公乘驛以督之。"（《全遼文》卷九）

[2]季父房：契丹以玄祖之後爲皇族，分爲三房：孟父房、仲父房和季父房。季父房爲玄祖季子德祖一系，其中太祖阿保機子孫，稱爲"横帳"。

[3]魏王貼不（？—1063）：即耶律貼不，聖宗弟隆祐（隆裕）之子。

[4]皇子敖魯斡（？—1122）：亦作"敖盧斡"，天祚皇帝長子，生母是文妃蕭氏。封晉王，有人望，内外歸心。保大元年（1121）蕭奉先使人誣告南軍都統耶律余覩與晉王母文妃密謀立晉王爲帝，余覩投降金朝，文妃被誅。二年天祚帝賜敖魯斡死。本書卷七二有傳，記事與本紀多有不合。

[5]州一：按本書卷三八《地理志二》："宗州，下，刺史。在遼東石熊山，耶律隆運以所俘漢民置。聖宗立爲州，隸文忠王府。王薨，屬提轄司。"《地理志三》載川州"初隸崇德宮，統和中屬文忠王府"。

著帳郎君

著帳郎君，初，遙輦痕德堇可汗以蒲古只等三族害于越釋魯。[1]籍没家屬入瓦里。[2]淳欽皇后宥之，[3]以爲著帳郎君。世宗悉免。後族、戚、世官犯罪者没入。

[1]痕德菫可汗（？—906）：契丹遙輦氏末代可汗名。"痕德菫"又稱"欽德"，其立爲契丹可汗應早於唐天復元年（901）。據《新唐書》卷二一九《契丹傳》，咸通間，契丹可汗爲習爾之。"習爾之死，族人欽德嗣。光啓時，方天下盜興，北疆多故，乃鈔奚、室韋，小小部種皆役服之，因入寇幽、薊。"可見，唐光啓時（885—888），欽德已在位。　于越：契丹語官名。爲契丹貴官，非有大功德者不授。位在北、南大王之上。　釋魯：字述瀾。玄祖匀德實第三子，阿保機的伯父。據本書卷六四《皇子表》：賢而有智，爲迭剌部于越時教民種樹桑麻。年五十七，爲子滑哥所弒。重熙中追封爲隋國王。《耶律仁先墓誌》稱他爲"述剌實魯于越"。《耶律慶嗣墓誌》稱他爲"于越蜀國王述列實魯，即太祖天皇帝之伯父也"。"述瀾""述剌""述列"爲同一個契丹語單詞的不同的音譯。

[2]籍没：中國古代依照法律登記罪犯所有的家產，予以没收的稱爲"籍没"。遼代的籍没之法，還包括將犯罪者親屬收爲官奴婢。

[3]淳欽皇后：遼太祖阿保機皇后述律氏的謚號。遼興宗重熙二十一年（1052）九月追謚。本書卷七一有傳。

著帳户

著帳户，本諸斡魯朵析出，及諸罪没入者。凡承應小底、司藏、鷹坊、湯藥、尚飲、盥漱、尚膳、尚衣、裁造等役及宮中、親王祇從伶官之屬皆充之。[1]

[1]湯藥：【劉校】"藥"原本作"樂"，據中華修訂本校勘記，疑當作"藥"。《初校》謂："按《百官志》有'湯藥小底'。則

'樂'當作'藥'。"中華點校本徑改。今從改。

　　凡諸宮衛人丁四十萬八千,[1]騎軍十萬一千。著帳釋宥、没入,隨時增損,無常額。

　　[1]諸宮衛人丁四十萬八千:【劉校】據中華點校本校勘記:"永昌宮正户八千,正丁一萬四千。若按其他各宮每户二丁之例,則應是人丁一萬六千。諸宮衛人丁共爲四十一萬。"

　　　　　　　　　　（李錫厚注　劉鳳翥校）

遼史　卷三二

志第二

營衛志中

　　行營

　　《周官》土圭之法：日東，景夕多風；日北，景長多寒。天地之間風氣異宜，人生其間各適其便。[1]王者因三才而節制之。[2]長城以南多雨多暑，[3]其人耕稼以食、桑麻以衣、宮室以居、城郭以治；大漠之間多寒多風，[4]畜牧畋漁以食、皮毛以衣、轉徙隨時、車馬爲家，[5]此天時地利所以限南北也。遼國盡有大漠，浸包長城之境，因宜爲治。秋冬違寒，春夏避暑，隨水草就畋漁，歲以爲常，四時各有行在之所，謂之“捺鉢”。

　　[1]《周官》土圭之法：《周禮·地官·大司徒》講到“土圭之法”説：“日北，則景長多寒；日東，則景夕多風。”是説古人用土圭測地，如果太陽偏北，則土圭之影長，此地多寒；如果太陽偏東，則土圭之影在西邊，此地便多風。天地之間，各處的風和氣温

不一樣，人們能適應者，也各不相同。人們生於天地間，各適其便。　景夕多風：【劉校】"夕"原誤"朝"，據中華點校本校勘記，依《周禮·地官·大司徒》改。

[2]三才：天、地、人。見《易·説卦》。漢代王符《潛夫論·本訓》："是故天本諸陽，地本諸陰，人本中和。三才異務，相待而成。"

[3]多雨多暑：【劉校】"雨"原本作"疑"，中華修訂本據明抄本、南監本、北監本和殿本改。中華點校本逕改。今從。

[4]大漠：指我國北部一帶廣大的沙漠、草原地帶。

[5]徙：【劉校】原本作"徒"，中華點校本和修訂本逕改。今從改。

春捺鉢：[1]

曰鴨子河濼。皇帝正月上旬起牙帳，約六十日方至。天鵝未至，卓帳冰上，鑿冰取魚。冰泮乃縱鷹鶻捕鵝雁，晨出暮歸，從事弋獵。鴨子河濼東西二十里，南北三十里，在長春州東北三十五里，[2]四面皆沙堝，多榆柳杏林。皇帝每至，侍御皆服墨綠色衣，各備連鎚一柄、鷹食一器、刺鵝錐一枚，於濼周圍相去各五七步排立。皇帝冠巾衣時服，繫玉束帶，於上風望之。有鵝之處舉旗，探騎馳報，遠泊鳴鼓，[3]鵝驚騰起，左右圍騎皆舉幟麾之。五坊擎進海東青鶻，[4]拜授皇帝放之。鶻擒鵝墜，勢力不加，排立近者舉錐刺鵝，取腦以飼鶻，救鶻人例賞銀絹。皇帝得頭鵝，薦廟，[5]群臣各獻酒果，舉樂。更相酬酢，致賀語，皆插鵝毛于首以爲樂。賜從人酒，遍散其毛。弋獵網鈎，[6]春盡乃還。

[1]春捺鉢："捺鉢"是契丹語音譯詞，其義爲皇帝的"行在"。宋人龐元英《文昌雜録》卷六載："北人謂住坐處曰捺鉢，四時皆然，如春捺鉢之類是也，不曉其義。近者彼國中書舍人王師儒來修祭奠，余充接伴使，因以問，師儒答云：'是契丹家語，猶言行在也。'"王師儒道宗時官至參知政事、樞密副使。此外，宋代王易《重編燕北録》也記載："所謂捺鉢者，戎主所至處也。"遼朝的捺鉢雖然可以譯爲"行在""行宮"，但與宋朝皇帝的行宮却有很大區別。宋的朝廷在汴京（開封），行宮祇是皇帝出行時臨時活動的場所。而遼朝皇帝一年四季則無時不往返於四時捺鉢之間，聖宗以後更成爲定制。遼帝一年四季在適當地點坐冬、納涼、春水、秋山，是沿襲了游牧民族的古老傳統。太平興國九年（遼統和二年，984）知雄州賀令圖等曾上言："又訪得隆緒與其母蕭氏在國中，每歲冬月，多居西樓或幽州北廟城，就薪水，每出漁獵常月餘乃還，至春會遙樂河射鴨，夏居炭山，即上涇處，有屋室宮殿。"（《宋會要輯稿·蕃夷一》之一〇）。這裏所説的是聖宗即位初期四時捺鉢地點。統和二十二年（1004）遼宋議和之後，四時捺鉢的地點，始大體形成定制。春捺鉢的地點多在長春州魚兒濼，又稱長濼、長泊。大中祥符六年（遼開泰二年，1013）晁迴使遼，回來後向宋廷報告此行至長泊所見遼帝四時捺鉢活動的情況説："始至長泊，泊多野鵝鴨，遼主射獵，領帳下騎擊扁鼓，繞泊驚鵝鴨飛起，乃縱海東青擊之，或親射焉。遼人皆佩金玉錐，號殺鵝殺鴨錐。每初獲，即拔毛插之，以鼓爲坐，遂縱飲，最以此爲樂。又好以銅及石爲鎚以擊兔。每秋，則衣褐裘，呼鹿射之，夏月以布易氈帳，藉草圍棋、雙陸，或深澗張鷹。"（《長編》卷八一宋真宗大中祥符六年九月乙卯）在遼聖宗開泰七年（1018）的一座遼墓中，墓主駙馬蕭紹矩腰間的佩物内有一枚玉柄銀錐，據孫機先生考定，這是一枚遼代刺鵝錐，是在春捺鉢捕鵝雁活動中使用的（《一枚遼代刺鵝錐》，《文物》1987年第11期）。這一發現，爲《遼史·營衛志》關於春捺鉢的記載，提供了確實物證。春捺鉢的活動，帶有習武和

祭祖的性質，在古人看來，這正是國家生活中具有頭等重要意義的兩件大事，因此由皇帝親自主持。行宫（捺鉢）不祇是皇帝的一般居留地，而且還是皇帝處理朝政的場所。就是説，春水、秋山、坐冬、納涼都非單純游樂、休閑性質，而是從事政治活動的獨特形式。遼帝通過鉤魚、圍獵等活動，加强同少數民族各部酋長的聯繫，比如混同江鉤魚，諸部酋長來獻方物，已成慣例。

[2]長春州：治所在今吉林省前郭爾羅斯蒙古族自治縣西北部松花江畔的塔虎城。《武經總要》前集卷一六下《戎狄舊地》："長春州，契丹國舊地，仍曰昭陽軍，亦爲罪謫者配隸之所。"

[3]遠泊鳴鼓："泊"原本作"洎"，明抄本、南監本、北監本和殿本均作"泊"。中華點校本及修訂本徑改。今從改。

[4]五坊：契丹北面官機構名。據本書卷四六《百官志二》，五坊屬"北面坊場局冶牧厩等官"，大概與"農工之事"有關。《新唐書》卷四七《百官二》，"殿中省"載："閑厩使押五坊，以供時狩：一曰鵰坊，二曰鶻坊，三曰鷂坊，四曰鷹坊，五曰狗坊。"可見應是掌養鷹犬之官。　海東青鶻：猛禽，能擊殺天鵝。今俄羅斯遠東地區以東大海盛產珍珠，天鵝食蚌，珍珠藏於蚌嗉内。契丹人放出海東青鶻擊殺天鵝，獲取珍珠。

[5]薦廟：進獻給宗廟。

[6]弋獵網鉤：【劉校】"鉤"原本作"釣"，中華點校本徑作"鉤"，而據中華修訂本校勘記，"釣"，諸本皆同，疑當作"鉤"。今從改。

夏捺鉢：[1]

無常所，多在吐兒山。[2]道宗每歲先幸黑山，[3]拜聖宗、興宗陵，賞金蓮，乃幸子河避暑。吐兒山在黑山東北三百里，近饅頭山。黑山在慶州北十三里，[4]上有池，池中有金蓮。子河在吐兒山東北三百里。懷州西山有清涼殿，[5]亦爲行幸避暑之所。四月中旬起牙帳，卜吉地爲納涼所，五月末旬、六月上旬至，居五旬。與北、南臣僚議國事，暇日游獵，七月中旬乃去。

[1]夏捺鉢：設在夏捺鉢的遼朝廷具有極爲突出的中國傳統專制王朝朝廷的特徵。這不僅有其隨處可見的龍的裝飾爲證，就連捺鉢的總體佈局也是模仿中原都城的。宋代沈括於熙寧八年（遼大康元年，1075）使遼，當年五月至遼廷——道宗設在犢山（又作拖古烈、吐兒山，在永安山附近）的夏捺鉢，他見到的情形是這樣的："有屋，單于（道宗）之朝寢、蕭后之朝寢凡三，其餘皆氊廬，不過數十，悉東向，庭以松幹表其前，一人持牌，立松幹之間，曰'閤門'。其東向六、七帳，曰中書、樞密院、客省。又東，氊廬一，旁駐氊車六，前植蘽，曰'太廟'，皆草莽之中。東數里有繚澗，澗東原隰十餘里，其西與北皆山也，其北山，庭之所依者曰'犢兒'。過犢兒北十餘里曰'市場'，小民之爲市者，以車從之於山間。"（《熙寧使虜圖抄》，載《永樂大典》卷一〇八七七）。行宮的殿帳悉東向，皇帝、皇后所居已不再是氊帳，而是真正的宮殿。宮殿東邊——即前方，是中書、樞密等機構，再東，還有可以隨遷的"太廟"，此外，稍遠的山後邊還有市場，可以説大體上就是《周禮·考工記·匠人》所謂"左祖右社，面朝後市"的格局。

[2]吐兒山：也稱犢山，又作拖古烈山。在永安山附近。沈括《熙寧使虜圖抄》（《永樂大典》卷一〇八七七）載："庭之所依者曰'犢兒'。"

[3]黑山：即今内蒙古自治區巴林右旗北罕山。黑山近慶陵，故"道宗每歲先幸黑山，拜聖宗、興宗陵，賞金蓮，乃幸子河避暑"。

[4]慶州：治所在今内蒙古自治區巴林右旗索博日嘎鎮。

[5]懷州：治所在今内蒙古自治區巴林右旗幸福之路蘇木崗根

嘎查舊城。本唐歸誠州，以契丹降部置。武后萬歲通天初，歸誠州刺史孫萬榮與松漠都督李盡忠叛，寇營州。即此。後廢。太宗德光行帳牧放於此，後葬於西山，曰懷陵。因置懷州奉陵軍。《武經總要》前集卷一六下《戎狄舊地》：“懷州，契丹號奉陵軍，州將兼山陵都部署，即遼主德光葬所也。東南至中京三百五十里，西至平地松林四十里，北至潢河十里，河北至上京百五十里，西北門至韃靼國三百里。”

秋捺鉢：[1]

曰伏虎林。七月中旬自納涼處起牙帳，入山射鹿及虎。林在永州西北五十里，[2]嘗有虎據林，傷害居民畜牧。景宗領數騎獵焉，虎伏草際戰慄不敢仰視，上舍之，因號伏虎林。每歲車駕至，皇族而下分布灤水側。伺夜將半，鹿飲鹽水，令獵人吹角效鹿鳴，既集而射之。謂之“舐鹹鹿”，又名“呼鹿”。

[1]秋捺鉢：秋捺鉢的主要活動是狩獵。聖宗以後，其主要地點是在慶州（今内蒙古自治區巴林右旗索博日嘎鎮）西部諸山，因此秋捺鉢又稱“秋山”，意爲秋獵於山。春水、秋山與蕃漢臣僚共同參加的、處理全境政務的冬夏捺鉢活動不同，主要是爲了密切與諸部酋長的關係，没有漢式宫殿。

[2]永州：治所在今内蒙古自治區翁牛特旗戈日僧蘇木白音塔拉嘎查，位於西拉木倫河與老哈河合流處。《武經總要》前集卷一六下《戎狄舊地》：“永州在木葉山之陽，潢〔水〕之北，契丹國舊地也。”

冬捺鉢：

曰廣平淀。[1]在永州東南三十里，本名白馬淀。東西二十餘里，南北十餘里。地甚坦夷，四望皆沙磧，木多榆柳。其地饒沙，冬月稍暖，牙帳多於此坐冬，與北、南大臣會議國事，時出校獵講武，兼受南宋及諸國禮貢。[2]皇帝牙帳以槍為硬寨，[3]用毛繩連繫。每槍下黑氈傘一，以庇衛士風雪。槍外小氈帳一層，每帳五人，各執兵仗為禁圍。南有省方殿，殿北約二里曰壽寧殿，皆木柱竹榱，[4]以氈為蓋，彩繪韜柱，錦為壁衣，加緋繡額。又以黃布繡龍為地障，窗、槅皆以氈為之，傅以黃油絹。基高尺餘，兩厢廊廡亦以氈蓋，[5]無門户。省方殿北有鹿皮帳，帳次北有八方公用殿。壽寧殿北有長春帳，衛以硬寨。宮用契丹兵四千人，每日輪番千人祗直。禁圍外卓槍為寨，夜則拔槍移卓御寢帳。周圍拒馬外設鋪，傳鈴宿衛。

每歲四時，周而復始。[6]

[1]廣平淀：又稱白馬淀、藕絲淀、中會川。位於永州東南三十里。關於冬捺鉢地點，《遼史·營衛志》所記既不完備，亦不准確。這裏以傅樂煥《遼代四時捺鉢考五篇》為據，擇其主要作介紹，詳見傅先生原著（載《遼史叢考》中華書局 1984 年版，第 86 頁）。宋熙寧元年至十年（遼咸雍四年至大康三年，1068—1077）使遼的蘇頌，在一首題為《廣平宴會》的詩中寫道：“遼中宮室本穹廬，暫對皇華辟廣除。編曲垣牆都草創，張旃帷幄類鶉居。朝儀強效鵝行列，享禮猶存體薦餘。玉帛係心真上策，方知三表術非疎。”（《蘇魏公文集》卷一三）這首詩題下有作者自注云：“禮意極厚，雖名用漢儀，其實多參遼俗。”在蘇頌看來，廣平淀的宮室仍然不過是游牧民族的穹廬、氈帳，他們的所謂“行宮”，也不過

是對中原皇朝制度很不成樣子的模倣。他看不到這其實是遼朝本身統治的需要，而衹是單純看到宋朝"和戎"政策的成功。元祐四年（遼道宗大安五年，1089）蘇轍使遼，有一首題爲《虜帳》的詩，寫廣平淀冬捺鉢，也有同樣的觀點："虜帳冬住沙陀中，索羊織葦稱行宮。從官星散依冢阜，氈廬窟室欺霜風。舂粱煮雪安得飽？擊兔射鹿誇強雄。朝廷經略窮海宇，歲遺繒絮消頑凶。我來致命適寒苦，積雪向日堅不融。聯翩歲旦有來使，屈指已復過奚封。禮成即日卷廬帳，釣魚射鵝滄海東。秋山既罷復來此，往返歲歲如旋篷。彎弓射獵本天性，拱手朝會愁心胸。甘心五餌墮吾術，勢類畜鳥游樊籠。祥符聖人會天意，至今燕趙常耕農。爾曹飲食自謂得，豈識圖霸先和戎。"（《欒城集》卷一六）。這首詩描寫作者初見廣平淀行宮的印象，與蘇頌大致相同，也認爲契丹人的所謂"行宮"實在不成樣子。他們儘管極力模倣漢文化，但仍重視射獵、習武；詩中還寫到作者的使命是爲了貫徹宋朝以歲幣換取和平的政策，因此不避艱辛，來到此地，看到契丹學習中原"拱手朝會"那套禮儀，是多麼不情願。但是契丹統治者爲了獲取物質方面的好處，仍不得不就範，這都是"祥符聖人"即宋真宗領會天意，與之講和，纔使得燕趙這一世戰之區得以發展耕農。北宋統治階級認爲向契丹繳納歲幣，是"圖霸"的第一步。蘇轍這首詩，儘管對契丹爲何要在四時捺鉢之間"往返歲歲如旋篷"表示不甚理解，但其中對遼道宗設在廣平淀的冬捺鉢的描述，與《遼史·營衛志》所記完全一致。彭汝礪元祐六年（遼道宗大安七年，1091）使遼，他這樣描述在廣平淀冬捺鉢所見："廣平淀，謂北地險阻，至此始廣大而平易云。初至單于行在，其門以蘆箔爲藩垣，上不去其花以爲飾其上，謂之羊箔門，作山棚，以木爲牌，左曰紫府洞，右曰桃源洞，總謂之蓬萊宮，殿曰省方。"（《鄱陽集》卷八《律詩小序》）。以此與《遼史·營衛志》對廣平淀冬捺鉢的記載相對照，即可發現，同樣的契丹行宮，在宋朝人眼中與在遼人的眼中，有很大不同。

[2]南宋：遼對宋朝的稱呼。因宋位於遼的南邊，故稱其爲

"南宋"。此"南宋"非南渡後之宋朝。

[3]硬寨：防禦堅固的營壘。"硬寨爲宮"，即將作爲皇宮的"捺鉢"打造成防守堅固的營壘。南宋李綱《梁溪集》卷七三《收降到馬友下潰兵步諒等奏狀》言及湖南步諒潰兵的硬寨："其步諒等於衡山縣界吳集市劄成硬寨，栽埋鹿角，建置木栅，將吳集市左側民居盡皆焚蕩，差發人兵四散虜掠。"

[4]木柱竹榱：柱是房屋結構中主要承受壓力的豎向杆件，在結構中極爲重要，柱的破壞將導致整個結構的損壞與倒塌，故以木爲之。榱即屋椽。因捺鉢的建築以氊爲蓋，屋頂較輕，故用竹榱。這種建築，既有漢式結構，又采用北方游牧民族搭建氊帳的材料，可視爲兩種建築文化融合的産物。

[5]廊廡：堂前的廊屋。《漢書·竇嬰傳》："所賜金陳廊廡下。"顔師古曰："廊，堂下周屋也；廡，門屋也。"

[6]每歲四時，周而復始：是説遼帝一年四季都在四時捺鉢中渡過，周而復始，按規律重複。宋哲宗元祐四年（遼道宗大安五年，1089）蘇轍使遼，啓程時已是陰曆九月底。據《遼史·道宗本紀》載，這一年九月道宗"駐蹕藕絲淀"，藕絲淀即廣平淀。蘇轍使遼詩中説："禮成即日卷盧帳，釣魚射鵝滄海東。秋山既罷復來此，往返歲歲如旋篷。"遼帝在廣平淀冬捺鉢接待宋朝賀正旦使之後，馬上就準備前往春捺鉢射鵝雁，秋山過後又來廣平淀冬捺鉢，每年往復如此。

皇帝四時巡守，契丹大小内外臣僚并應役次人及漢人宣徽院所管百司皆從。漢人樞密院、中書省唯摘宰相一員，樞密院都副承旨二員，令史十人，中書令史一人，御史臺、大理寺選摘一人扈從。每歲正月上旬車駕啓行，宰相以下還於中京居守，行遣漢人一切公事。除拜官僚，止行堂帖權差，[1]俟會議行在所取旨、出給誥敕。[2]文官縣令、録事以下更不奏聞，聽中書銓選；武官須奏聞。

[1]堂帖：中書省發出的指令。《通鑑》卷二四五唐文宗太和八年（834）載："初，宋申錫與御史中丞宇文鼎受密詔誅鄭注，使京兆尹王璠掩捕之。璠密以堂帖示王守澄，注由是得免。"胡三省注云："帖由政事堂出，故謂之堂帖。"

[2]誥敕：皇帝發出的指令。《漢書·武帝本紀》元狩六年（前117）"夏四月乙巳廟立，皇子閎爲齊王，旦爲燕王，胥爲廣陵王。初作誥"。服虔曰："誥敕王，如《尚書》諸誥也。"李斐曰："今敕，封拜諸侯王策文亦是也。"

五月納涼行在所，南、北臣僚會議。[1]十月坐冬行在所，亦如之。

[1]南、北臣僚會議：遼朝以北、南臣僚會議爲最高決策機構，每年定期在冬、夏捺鉢舉行。傅樂煥先生說："所謂捺鉢者，初視之似僅爲遼帝弋獵網鈎，避暑消寒，暫時游幸之所。宜無足重視。然而夷考其實，此乃契丹民族生活之本色，有遼一代之大法，其君臣之日常活動在此，其國政之中心機構在此。凡遼之北、南面官，蕃漢人分治，種種特制，考其本源，無不出於是。"（見《遼史叢考》第37頁）

部族上

部落曰部，氏族曰族。契丹故俗分地而居，合族而處。有族而部者，[1]五院、六院之類是也；有部而族者，[2]奚王、室韋之類是也；有部而不族者，[3]特里特勉、稍瓦、曷术之類是也；有族而不部者，遙輦九帳、皇族三父房是也。[4]

[1]族而部："部族"是一個籠統的概念，實際上包含了部落和氏族兩個層級。氏族的基本特徵是實行族外婚，亦即禁止血親之間的婚配，這在人類歷史上是一影響深遠的進步。"氏族就是由這一進步直接引起的"（《馬克思恩格斯全集》第二一卷，人民出版社2006年版，第49頁）。互通婚姻的氏族構成部落，契丹人的"部"與"族"的關係表明血緣紐帶在他們中間的確曾起着重要的維繫作用。例如耶律氏和蕭氏，是兩個互通婚姻的氏族，這兩者即構成部落。迭剌部以及由此分化而成的五院部、六院部，都是由耶律氏和蕭氏兩族構成的部落。例如，"早隸太祖帳下，數從征討"的蕭痕篤，即迭剌部人。興宗時曾爲北府宰相的蕭塔列葛是五院部人。道宗時曾任東北路統軍都監的蕭迂魯也是五院部人。突呂不部爲"太祖二十部"之一。阿保機即位之初，"率門客首附宮籍"的耶律欲穩即該部人。而道宗時曾任北院樞密副使的蕭速撒，也是突呂不部人。像這樣由耶律氏和蕭氏兩個氏族構成的部落，即所謂"族而部"。這樣的部族是契丹部落聯盟最初的成員。當階級社會取代了無階級的原始氏族制度以後，氏族名稱就成了氏族貴族的代號，亦即成了他們的姓氏。"氏所以別貴賤，貴者有氏，賤者有名無氏。"（《通志·氏族略》）因此，"族而部"的另一含義，是説這樣的部族，不僅有部族組織，而且還有權貴家族。

[2]部而族：奚和室韋本來不屬契丹，他們都是被契丹征服的部族，有自己的氏族和部落組織。被征服之後，契丹始賜給這些部族首領以姓氏，因此，《遼史·營衛志》説他們是"部而族"，亦即先有部落，然後這些部落的貴族始有契丹族姓。以奚王爲例，聖宗、興宗以後，他們纔著蕭姓。蕭觀音奴"字耶寧，奚王搭紇之孫。統和十二年爲右祇候郎君班詳穩，遷奚六部大王"（本書卷八

五《蕭觀音奴傳》）。奚人也有姓耶律氏的。聖宗時曾出任東京留守的耶律斡臘，即奚迭剌部人。"迭剌"是契丹部落名稱。"奚迭剌部"是奚人被契丹征服後纔有的。其原有的部落組織並無以"迭剌"爲名者。由此看來，說奚是"部而族"也不盡然。被征服以後，契丹統治者對他們的部落氏族組織及名稱，都實行了變更。這類部族在遼朝的地位，自然要低於前一種。

[3]部而不族：指遼朝統治者以行政手段造成的部族，如特里特勉、稍瓦、曷术之類。由一部分人户或諸宫衛及橫帳大族的奴隸構成而並非由氏族組成的部落，朝廷不賜予他們以"耶律"和"蕭"這樣的姓氏，所以是"部而不族"，這一類，較奚和室韋的地位還要低。

[4]遙輦九帳：即遙輦氏九個可汗的宫帳。"宫帳"又稱"宫衛"，負責管理可汗在掠奪戰爭中所俘獲的生口及其他私産。遙輦氏九可汗依次是：遙輦窪可汗、阻午可汗、胡剌可汗、蘇可汗、鮮質可汗、昭古可汗、耶瀾可汗、巴剌可汗以及痕德堇可汗。 皇族三父房：契丹以玄祖之後爲皇族，分爲三房："玄祖伯子麻魯無後，次子巖木之後曰孟父房；叔子釋魯曰仲父房；季子爲德祖，德祖之元子是爲太祖天皇帝，謂之橫帳；次曰剌葛，曰迭剌，曰寅底石，曰安端，曰蘇，皆曰季父房。"（本書卷四五《百官志一》）遙輦九帳和皇族三父房都是耶律氏，祇是氏族而不是部落。

　　奇首八部爲高麗、蠕蠕所侵，[1]僅以萬口附于元魏。[2]生聚未幾，北齊見侵，[3]掠男女十萬餘口。繼爲突厥所逼，[4]寄處高麗不過萬家。部落離散，非復古八部矣，別部有臣附突厥者。內附於隋者依紇臣水而居，[5]部落漸衆，分爲十部，有地遼西五百餘里。唐世大賀氏仍爲八部，[6]而松漠、玄州別出，[7]亦十部也。遙輦氏承萬榮、可突于散敗之餘更爲八部，[8]然遙輦、迭剌別出，又十部也。阻午可汗析爲二十部，[9]契丹始大。至于遼太祖，析九帳、三房之族，更列二十部。聖宗之世分置十有六、增置十有八，并舊爲五十四部，内有拔里、乙室己國舅族，外有附庸十部，盛矣！

[1]高麗：一般指王建創建的高麗王朝（918—1392）。統治地域在今朝鮮半島，首都在開京（今朝鮮開城市）。此處爲阿保機時代以前的高麗，應是高句麗。　蠕蠕：北魏太武帝對柔然的蔑稱。

[2]元魏：即拓跋氏建立的北魏（386—534）。拓跋氏後改稱元氏。

[3]北齊：朝代名（550—577）。由東魏權臣高歡次子高洋建立。

[4]突厥：古代族名。曾建立強大的突厥汗國，至公元6世紀分裂爲東西兩汗國。當阿保機建立契丹王朝時，突厥汗國早已滅亡。

[5]隋：朝代名（581—618）。由北周外戚楊堅建立。　紇臣水：即今老哈河。

[6]大賀氏：契丹權貴家族。隋唐之際世代擔任契丹可汗。開元二十三年（735）後爲遙輦氏所取代。

[7]松漠：契丹原住地。即今内蒙古自治區東部西遼河上游地區，又稱“平地松林”，唐初在此置松漠都督府以統契丹諸部。

[8]遙輦氏：契丹氏族。開元二十三年（735）可突于殘黨泥禮殺李過折，立阻午可汗，傳九世，至907年阿保機建國。遙輦九可汗繼位後各建宮衛，遼朝立國後，有遙輦九帳大常袞司之設，掌遙輦九世宮分之事務。

[9]阻午：契丹遙輦氏當政時期的第二任可汗。

其氏族可知者，略具《皇族》《外戚》二表。餘五院、六院、乙室部止見益古、撒里本，涅剌、烏古部止見撒里卜、涅勒，突呂不、突舉部止見塔古里、航斡，皆兄弟也。[1] 奚王府部時瑟、哲里，則臣主也。[2] 品部有挈女，楮特部有洼。其餘世繫名字，皆漫無所考矣。

　　[1]以上列舉各部的氏族都是兄弟氏族，即由同一氏族分化而成。
　　[2]奚王府的兩氏族是征服與被征服的關係，因此是君臣關係。

　　舊《志》曰：“契丹之初草居野次，靡有定所。至涅里始制：[1]部族各有分地。太祖之興，以迭剌部強熾，析爲五院、六院。奚六部以下多因俘降而置，勝兵甲者即著軍籍，[2]分隸諸路詳穩、統軍、招討司。[3]番居內地者，[4]歲時田牧平莽間。邊防糺戶，[5]生生之資仰給畜牧，績毛飲湩以爲衣食。各安舊風，狃習勞事，不見紛華異物而遷，故家給人足，戎備整完。卒之虎視四方，強朝弱附，東逾蟠木，[6]西越流沙，莫不率服，部族實爲之爪牙云。

　　[1]涅里：阿保機一族的始祖，又作雅里、泥里。
　　[2]軍籍：以被俘者隸軍籍，多有先例。《五代會要》卷一二《京城諸軍》載後周顯德二年（955）十二月“以新收復秦、鳳州所擒獲川軍，署爲懷恩軍”。遼著軍籍者除分隸諸路詳穩、統軍、招討司外，南京（今北京市）、西京（今山西省大同市）、奉聖州（今河北省涿鹿縣）和平州（今河北省盧龍縣）以及中京（今內蒙古自治區寧城縣大明鎮）、東京（今遼寧省遼陽市）和上京（今內蒙古自治區巴林左旗東鎮波羅城）還設提轄司，所管轄的人戶也是

有軍籍的。提轄司是軍事機構，遇有戰事，負責點集兵馬。隸軍籍則不受州縣管轄。《通鑑》卷二三三唐德宗貞元七年（791）載："市井富民往往行賂，寄名軍籍，則府縣不能制。"

　　[3]詳穩：契丹語音譯詞。官名。遼在元帥府下設大詳穩司。按本書卷一一六《國語解》，"詳穩，諸官府監治之官"。【劉注】"詳穩"是音譯的契丹語，契丹語中另有"將軍"則是漢語借詞，二者有所區別。在契丹小字中，"詳穩"作 ⿱令各女，"將軍"作 令业 几亦，或作令弁 几亦、令弁 几亦；在契丹大字中，"詳穩"作 灾 省，"將軍"作 將景。

　　[4]内地：契丹稱其原住地爲"内地"。

　　[5]糺户：【靳注】遼代邊地部族游牧户的稱呼。男子勝兵甲即著軍籍，分隸諸路，其家稱爲"糺户"，又作"糺户"。

　　[6]蟠木：傳説中的山名。一説即扶桑。清人錢大昕《廿二史考異·史記卷一·五帝本紀》："蟠木者扶木也。《呂覽·爲欲篇》：西至流沙，東至扶木栓。""扶木即扶桑。"

　　古八部：

　　悉萬丹部。

　　何大何部。

　　伏弗郁部。

　　羽陵部。[1]

　　日連部。

　　匹絜部。

　　黎部。[2]

　　吐六于部。

　　契丹之先曰奇首可汗，生八子。其後族屬漸盛，分爲八部，居松漠之間。[3]今永州木葉山有契丹始祖廟，[4]

奇首可汗、可敦併八子像在焉。[5]潢河之西、土河之北,[6]奇首可汗故壤也。

[1]伏弗郁部。羽陵部:【劉校】據中華點校本校勘記,"此二部名本《魏書·契丹傳》。《魏書·顯祖紀》兩見,並作具伏弗部、郁羽陵部,《册府元龜》卷九六九同。《魏書·勿吉傳》又見郁羽陵之名。《魏書·契丹傳》誤,《通典·邊防典》《北史·契丹傳》及本志均沿誤"。

[2]匹絜部、黎部:【劉校】據中華點校本校勘記,"此本《魏書·契丹傳》。《魏書·顯祖紀》《魏書·勿吉傳》並作匹黎爾部,《册府元龜》卷九六九、《通典·邊防典》作匹黎部,均作一部之名。本志沿《魏書·契丹傳》誤分爲二部。又《魏書·顯祖紀》來朝者爲具伏弗、郁羽陵、日連、匹黎爾、叱六于、悉萬丹、阿大何、羽真侯各部"。

[3]松漠:【劉校】"漠"原本作"漢",今從中華點校本和修訂本改。

[4]木葉山:此指永州境内一座山,契丹人視此山爲神山,其地在西拉木倫河與老哈河匯合處一帶。上建契丹始祖廟,奇首可汗在南廟,可敦(可汗之妻)在北廟,繪塑二聖並八子神像。《長編》卷九七宋真宗天禧五年(1021)九月甲申(《宋會要·蕃夷》作天禧四年)記載,宋綬等始至木葉山,"山在中京東微北。自中京東過小河","度土河,亦云撞撞水,聚沙成墩,少人煙,多林木,其河邊平處,國主曾於此過冬。凡八十里至張司空館,七十里至木葉館。離中京皆無館舍,但宿穹帳,欲至木葉三十里許,始有居人瓦屋及僧舍。又歷荆榛荒草,復渡土河,至木葉山,本阿保機葬處。又云祭天之地。東向設氈屋,署曰省方殿,無階,以氈藉地,後有二大帳。次北,又設氈屋,曰慶壽殿,去山尚遠。國主帳在氈屋西北,望之不見"。按,據本書《營衛志》,"省方殿"是冬

捺鉢的殿帳，冬捺鉢在廣平淀，在永州東南三十里。可知木葉山即距此不遠。

[5]可敦：突厥及北方各族稱可汗妻爲“可敦”。《通鑑》卷二一五唐玄宗天寶四年（745）記載：“回紇懷仁可汗擊突厥白眉可汗，殺之，傳首京師。突厥毗伽可敦帥衆來降。”契丹早年附於突厥，故亦稱酋長之妻爲可敦。

[6]潢河：河流名。即今内蒙古自治區境内的西拉木倫河，屬西遼河上游。　土河：即今老哈河，流經今内蒙古自治區東部赤峰地區，與西拉木倫河匯合。

隋契丹十部：

元魏末，[1]莫弗賀勿于畏高麗、蠕蠕侵逼，[2]率車三千乘、衆萬口内附，乃去奇首可汗故壤，居白狼水東。[3]北齊文宣帝自平州三道來侵，[4]虜男女十餘萬口，分置諸州。又爲突厥所逼，以萬家寄處高麗境内。隋開皇四年，諸莫弗賀悉衆款塞，聽居白狼故地。又別部寄處高麗者曰出伏等，率衆内附，詔置獨奚那頡之北。[5]又別部臣附突厥者四千餘户來降，詔給糧遣還，固辭不去，部落漸衆，徙逐水草，依紇臣水而居。在遼西正北二百里，其地東西亘五百里，南北三百里。分爲十部，逸其名。

[1]元魏末：【劉校】“末”原本作“疑”，中華修訂本依明抄本、南監本、北監本和殿本改。中華點校本徑改。今從改。

[2]莫弗賀：契丹首領稱號。亦作“莫弗紇”。《魏書》卷一〇〇《契丹傳》：“有部落，於和龍之北數百里，多爲寇盜。真君以來，求朝獻，歲貢名馬。顯祖時，使莫弗紇何辰奉獻，得班饗於

諸國之末。歸而相謂，言國家之美，心皆忻慕，於是東北群狄聞之，莫不思服。悉萬丹部、何大何部、伏弗郁部、羽陵部、日連部、匹絜部、黎部、吐六于部等，各以其名馬文皮入獻天府，遂求爲常。皆得交市於和龍、密雲之間，貢獻不絕。太和三年高句麗竊與蠕蠕謀，欲取地豆于以分之。契丹懼其侵軼，其莫弗賀勿于率其部落車三千乘、衆萬餘口，驅徙雜畜，求入內附，止於白狼水東。自此歲常朝貢。"

[3]白狼水：河流名。即遼西大凌河。【劉校】據中華點校本校勘記，按《隋書》卷八四《契丹傳》作"白貔河"。

[4]平州：唐置，治所在今河北省盧龍縣。《北史》卷九四《契丹傳》，天保四年（553）九月"契丹犯塞，文［宣］帝親戎北討，至平州，遂西趣長塹。詔司徒潘相樂帥精騎五千，自東道趣青山。復詔安德王韓軌帥精騎四千東趣，斷契丹走路。帝親逾山嶺，奮擊，大破之。虜十餘萬口，雜畜數十萬頭。相樂又於青山大破契丹別部。所虜生口皆分置諸州，其後復爲突厥所逼，又以萬家寄於高麗"。

[5]獨奚那頡：【劉校】據中華點校本校勘記，本書卷六三《世表》及《隋書》卷八四《契丹傳》作"渴奚那頡"。

　　唐大賀氏八部：
　　達稽部，峭落州。
　　紇便部，彈汗州。
　　獨活部，無逢州。
　　芬問部，[1]羽陵州。
　　突便部，日連州。
　　芮奚部，徒河州。
　　墜斤部，萬丹州。

伏部，州二：匹黎、赤山。[2]

唐太宗置玄州，以契丹大帥據曲爲刺史。[3]又置松漠都督府，以窟哥爲都督，分八部，并玄州爲十州。則十部在其中矣。

[1]芬問部：【劉校】據中華點校本校勘記，《册府元龜》與《新唐書·地理志》《新唐書·契丹傳》同。本書卷三七《地理志一》作“芬阿部”。

[2]赤山：即今内蒙古自治區赤峰市境内紅山。“赤山州”應即在此。

[3]據曲：【劉校】據中華點校本校勘記，《新唐書·契丹傳》《新唐書·地理志》並作“曲據”。《舊唐書·地理志》作“李去閭”。

遙輦氏八部：

旦利皆部。

乙室活部。

實活部。[1]

納尾部。

頻没部。

納會雞部。[2]

集解部。

奚嗢部。

當唐開元、天寶間，大賀氏既微，遼始祖涅里立迪輦祖里爲阻午可汗。[3]時契丹因萬榮之敗，[4]部落凋散，即故有族衆分爲八部。涅里所統迭剌部自爲别部，不與其列。并遙輦、迭剌亦十部也。

[1]實活部：【劉校】據中華點校本校勘記，按本書卷三九《地理志三》作"室活部"。

[2]納會雞部：【劉校】據中華點校本校勘記，按本書卷三七《地理志一》作"内會雞部"。

[3]涅里：耶律氏祖先，據説當阻午可汗時，涅里曾爲相。迪輦祖里：【劉校】據中華點校本校勘記，本書卷六三《世表》作"迪輦俎里"。

[4]萬榮：即孫萬榮，松漠都督李盡忠妻兄。萬榮與盡忠皆居於營州城側。營州都督趙文翽剛愎自用，武則天萬歲通天元年（696）五月，"契丹饑不加賑給，視酋長如奴僕，故二人怨而反"（《通鑑》卷二〇五武則天萬歲通天元年記事）。盡忠自稱"無上可汗"，以萬榮爲前鋒，略地攻城，所至皆下，旬日之間，兵至數萬。武則天更號孫萬榮爲"孫萬斬"，李盡忠爲"李盡滅"。

遙輦阻午可汗二十部：

耶律七部。

審密五部。

八部。

涅里相阻午可汗，分三耶律爲七，二審密爲五，[1]并前八部爲二十部。三耶律：一曰大賀，二曰遙輦，三曰世里，即皇族也。二審密：一曰乙室己，[2]二曰拔里，即國舅也。其分部皆未詳，可知者曰迭剌，曰乙室，[3]曰品，曰楮特，曰烏隗，曰突呂不，曰捏剌，[4]曰突舉。又有右大部、左大部，凡十，逸其二。大賀、遙輦析爲六，而世里合爲一，茲所以迭剌部終遙輦之世彊不可制云。

[1] 耶律、審密：皆是氏族而非部落。審密即蕭氏。

[2] 乙室己：【劉注】原本、南監本、北監本作 "乙室巳"，中華點校本作 "乙室已"，殿本和中華修訂本作 "乙室己"。契丹小字作 𠎳，𠎳 中的 𠆬 是復數格詞尾，𠎳 的詞幹爲 𠓘，從對契丹小字的擬音來考察，"乙室己" 更爲正確。

[3] 迭剌、乙室等部事，每一部當中都包含耶律氏和蕭氏，元修《遼史》根據這種情況，就做出判斷，認爲這些部落都是從耶律和審密分出的。氏族外婚，部落內婚。單獨一個氏族不能構成部落，而同一部落至少應包含兩個氏族，這樣纔能在同一部落內實行族外婚。前面已經列舉了迭剌部（五院部和六院部）及突呂不部都包含耶律氏和蕭氏，再如本書卷八五《列傳第十五》"耶律撒合，字率懶，乙室部人"，卷九九《列傳第二十九》"蕭巖壽，乙室部人"，這種情況足以證明，耶律和蕭都是氏族的族姓。他們原來都是某一部落的一部分，由單獨一個氏族不能派生出另一部落。

[4] 捏剌：【劉校】按上下文均作 "涅剌"。

（李錫厚注　劉鳳翥校）

遼史　卷三三

志第三

營衛志下

部族下

遼起松漠,[1]經營撫納竟有唐、晉帝王之器,[2]典章文物施及潢海之區,[3]作史者尚可以故俗語耶？舊史有《部族志》,歷代之所無也。古者巡守于方岳,五服之君各述其職,[4]遼之部族實似之。故以部族置宮衛、行營之後云。

[1]松漠：契丹原住地。即今内蒙古自治區東部西遼河上游地區,又稱"平地松林",唐初在此置松漠都督府以統契丹諸部。

[2]唐、晉帝王之器：指滅後晉所得後唐、後晉之法物。特別是"傳國璽",尤爲契丹所重。宋人孔平仲《珩璜新論》："玉璽者,傳國璽也。秦始皇始取藍田玉刻而爲之,面文曰'受命於天,既壽永昌'。璽上隱起爲盤龍,文曰'受天之命,皇帝壽昌'。方四寸,鈕鉤五龍盤。秦滅傳漢,歷王莽爲元后投之於地,遂一角缺。後傳至石季龍,季龍磨其隱起之文,又刻其傍爲文云'天命石氏'。開

皇二年，琢爲‘受命璽’。至後唐，廢帝王從珂携以自焚，石晉再作受命寶，曰‘受天明命，惟德永昌’。契丹又盜而取之。”“仁宗朝有使北者，見北主傳國璽詩云：‘一時製美寶，千載助興王；中原既失守，此寶歸北方。子孫宜慎守，世業當永昌。’”

　　[3]潢海之區：即潢水流域及遼海地區。

　　[4]五服：古代以王畿爲中心，周邊統治區分爲“五服”。《尚書·夏書》孔傳：“五服，侯、甸、綏、要、荒服也。服，五百里。”五服之君，此處指契丹統治下的各地、各部族首領。

　　遼內四部族：[1]
　　遙輦九帳族。[2]
　　橫帳、三父房族。[3]
　　國舅帳拔里、乙室己族。[4]
　　國舅別部。[5]

　　[1]遼內四部族：此四者並非“部族”，實爲宗族、家族。

　　[2]遙輦九帳族：即遙輦氏九個可汗宮帳的擁有者。遙輦氏九可汗依次是：遙輦洼可汗、阻午可汗、胡剌可汗、蘇可汗、鮮質可汗、昭古可汗、耶瀾可汗、巴剌可汗以及痕德菫可汗。這九可汗所屬的氏族在契丹具有崇高地位。

　　[3]橫帳：契丹以玄祖之後爲皇族，分爲三房：孟父房、仲父房和季父房。季父房一系太祖阿保機子孫爲“橫帳”。本書卷四五《百官志一》：“玄祖伯父麻魯無後，次子巖木之後曰孟父房；叔子釋魯曰仲父房；季子爲德祖，德祖之元子是爲太祖天皇帝，謂之橫帳；次曰剌葛，曰迭剌，曰寅底石，曰安端，曰蘇，皆曰季父房。”本書卷一六《聖宗本紀七》載開泰八年（1019）冬十月癸巳詔：“橫帳、三房不得與卑小帳族爲婚；凡嫁娶，必奏而後行。”【劉注】橫帳三父房：根據劉鳳翥、張少珊《契丹文字中的“橫帳”》

（載韓國嘉泉大學《亞細亞文化研究》（아시아문화연구）第 42 輯，2016 年 12 月版）一文可知，不單是季父房的人歸橫帳，孟父房和仲父房的人也歸橫帳，例如本書卷六六《皇族表》有"橫帳孟父房巖木楚國王"。另外，漢字和契丹文字墓誌銘更是證明了這一點。漢字《耶律仁先墓誌銘》説："遠祖曰仲父述剌・實魯，于越。即第二橫帳。太祖皇帝之諸父也 。"述剌・實魯即《遼史・皇子表》中的釋魯，釋魯字述瀾。釋魯即實魯，述瀾即述剌，均爲同名異譯。述剌・實魯是契丹語名字的全名。"第二橫帳"即"橫帳仲父房"之意。契丹小字《蕭奮勿膩・圖古辭墓誌銘》第七行的 ◇◇◇ ◇◇◇ 於義爲"橫帳之仲父房任寧・特末里"。契丹小字《蕭太山和永清公主墓誌銘》第六行 ◇◇◇◇◇◇ ◇◇◇◇ 於義爲"橫帳之孟父房□□□太師之女"。契丹大字蕭孝忠墓誌銘第二行的 ◇◇◇◇◇◇◇◇ 於義爲"橫帳之孟父房楚國王"。契丹大字《耶律習涅墓誌銘》第一行的 ◇◇◇◇◇◇◇◇◇◇◇◇◇◇ 於義爲"大中央契丹國之橫帳之仲父房習涅副使墓誌"。可見，橫帳與三父房不是並列關係，而是從屬關係。三個父房都從歸橫帳。

　　[4]國舅帳：遼朝有大國舅司，掌乙室己、拔里二帳之事。

　　[5]國舅別部：世宗以其舅氏爲國舅別部。本書卷六七《外戚表》稱其"不知世次"。

　　太祖二十部，二國舅升帳分，止十八部。

　　五院部。其先曰益古，凡六營。阻午可汗時與弟撒里本領之，[1]曰迭剌部。傳至太祖，以夷离堇即位。[2]天贊元年以強大難制，[3]析五石烈爲五院，[4]六爪爲六院，各置夷离堇。會同元年更夷离堇爲大王。[5]部隸北府，以鎮南境。大王及都監春夏居五院部之側，秋冬居羊門甸。[6]石烈四：

大蔑孤石烈。

小蔑孤石烈。

甌昆石烈。太宗會同二年以烏古之地水草豐美命居之，[7]三年益以海勒水之地爲農田。

乙習本石烈。會同二年命以烏古之地。

六院部。隸北府，以鎮南境。其大王及都監春夏居泰德泉之北，秋冬居獨盧金。石烈四：

轄懶石烈。

阿速石烈。

斡納撥石烈。

斡納阿剌石烈。會同二年命居烏古，三年益以海勒水地。

乙室部。其先曰撒里本，阻午可汗之世與其兄益古分營而領之，曰乙室部。會同二年更夷离菫爲大王，[8]隸南府。其大王及都監鎮駐西南之境，司徒居鴛鴦泊，閘撒狨居車軸山。[9]石烈二：

阿里荅石烈。

欲主石烈。

品部。其先曰拏女，阻午可汗以其營爲部。太祖更諸部夷离菫爲令穩，統和中又改節度使。[10]隸北府，屬西北路招討司，[11]司徒居太子墳。凡戍軍隸節度使，留後户隸司徒。[12]石烈二：

北哲里只石烈。

南轄懶石烈。

楮特部。其先曰洼，阻午可汗以其營爲部，隸南府。節度使屬西北路招討司，司徒居栢坡山及鏵山之側。[13]石烈二：

北石烈。

南石烈。

烏隗部。其先曰撒里卜，與其兄涅勒同營，阻午可汗析爲二：撒里卜爲烏隗部，涅勒爲涅剌部，俱隸北府。烏隗部節度使屬東北路招討司，[14]司徒居徐母山、郝里河之側。[15]石烈二：

北石烈。

南石烈。

涅剌部。其先曰涅勒，阻午可汗分其營爲部。節度使屬西南路招討司，居黑山北，[16]司徒居郝里河側。石烈二：

北塌里石烈。

南察里石烈。

突呂不部。其先曰塔古里，領三營。阻午可汗命分其一與弟航斡爲突舉部，塔古里得其二，更爲突呂不部，隸北府。節度使屬西北路招討司，司徒居長春州西。[17]石烈二：

北托不石烈。

南須石烈。

突舉部。[18]其先曰航斡，阻午可汗分營置部，隸南府。戍於隗烏古部，司徒居冗泉側。石烈二：

北石烈。

南石烈。

奚王府六部五帳分。其先曰時瑟，事東遙里十帳部主哲里，後逐哲里自立爲奚王。卒，弟吐勒斯立。遙輦鮮質可汗討之，俘其拒敵者七百戶，撫其降者。以時瑟鄰睦之故，止俘部曲之半，餘悉留焉，[19]奚勢由是衰矣。初爲五部：曰遙里，曰伯德，曰奧里，曰梅只，曰楚里，太祖盡降之，號五部奚。天贊二年有東扒里廝胡損者，[20]恃險堅壁於箭笴山以拒命，[21]揶揄曰："大軍何能爲，我當飲墮瑰門下矣！"太祖滅之，以奚府給役戶併括諸部穩丁，[22]收合流散置墮瑰部，因墮瑰門之語爲名，遂號六部奚。命勃魯恩主之，仍號奚王。[23]太宗即位，置宰相、常袞各二員。聖宗合奧里、梅只、墮瑰三部爲一，特置二剋部以足六部之數。奚王和朔奴討兀惹，敗績，籍六部隸北府。[24]

突呂不室韋部。本名大、小二黃室韋戶。太祖爲達馬狘沙里，以計降之，乃置爲二部，隸北府。節度使屬東北路統軍司，戍泰州東北。[25]

涅剌拏古部。與突呂不室韋部同。節度使戍泰州東。

迭剌迭達部。本鮮質可汗所俘奚七百戶，太祖即位以爲十四石烈，置爲部，隸南府。節度使屬西南路招討司，戍黑山北，部民居慶州南。

乙室奧隗部。神册六年太祖以所俘奚戶置，隸南府，節度使屬東北路兵馬司。

楮特奧隗部。太祖以奚戶置，隸南府。節度使屬東京都部署司。

品達魯虢部。太祖以所俘達魯虢部置，隸南府。節度使屬西南路招討司，戌黑山北。

烏古涅剌部。[26]亦曰涅離部。太祖取于骨里戶六千，[27]神冊六年析爲烏古涅剌及圖魯二部，[28]俱隸北府。節度使屬西南路招討司。

圖魯部。節度使屬東北路統軍司。

已上太祖以遙輦氏舊部族分置者凡十部，增置者八。

[1]阻午可汗：契丹遙輦氏當政時期的第二任可汗。

[2]夷離堇：契丹部族官名。本書卷一一六《國語解》：“夷离堇，統軍馬大官。會同初，改爲大王。”源於突厥語官名“俟斤”（Irkin）。契丹立國後，與突厥相似，首領稱可汗，其下所屬各部酋長稱爲俟斤，亦即夷离堇。舉凡一部之軍政、民政皆由其統掌。

[3]天贊：遼太祖年號（922—926）。

[4]石烈：契丹部族組織，是構成部族的小單位。

[5]會同：遼太宗年號（938—947）。

[6]秋冬居羊門甸：【靳校】“冬”字原脫，今據中華點校本補。

[7]烏古：部族名。又稱嫗厥律、于厥律，居契丹西北。

[8]會同二年，更夷离堇爲大王：按本書卷四《太宗本紀下》及上文，更夷离堇爲大王在會同元年（938）十一月。

[9]閘撒狘：契丹部族官名。據本書卷一一六《國語解》，係“抹里司官，亦掌宮衛之禁者”。

[10]統和：遼聖宗年號（983—1012）。

[11]西北路招討司：又稱西北路都招討司。遼朝統治漠北屬部的最高軍政機構。聖宗以後，主要負責鎮壓阻卜。

[12]留後户：品部作爲戍軍者隸屬節度使，留在後方者稱爲“留後户”，隸屬司徒。各部的司徒管民政。

[13]錞山：【劉校】據中華修訂本校勘記，南監本同，明抄本、北監本、殿本作“錞”，“錞”“錞”均不見字書，疑應作“錞”或“錞”。

[14]東北路招討司：此一名稱與其他記載不符。遼朝時期，東北地區有大量的女真人，分佈在南部者稱“熟女真”，隸籍州縣；中部地區則有回跋女真，隸屬咸州（今遼寧省開原市老城）兵馬司；其在北者則是“生女真”。這部分女真人，“地方千餘里，户口十餘萬，散居山谷間，依舊界外野處，自推雄豪爲酋長”（《三朝北盟會編》卷三）。他們名義上雖然也臣屬遼朝，但並不馴服。不過，如前所述，遼末以前，對女真的防禦並不占重要地位，故一直由東京的軍事機構兼管。當生女真完顔部最初發動叛亂時，遼朝主持戰事始有東北路統軍司。因爲遼末在東北地區與女真戰事日益擴大，天祚帝不得不增派包括契丹軍在內的大批軍隊前去增援，並下詔親征，於是纔有都部署司之設，此即黃龍府都部署司。在此之前，主持東北邊防的，一直是寧江州的東北路統軍司。

[15]徐母山：或爲徐毋（無）山之誤。《清一統志》卷二九：“徐無山在玉田縣東北二十里。”

[16]黑山：本書卷三二《營衛志中》載：“黑山在慶州北十三里，上有池，池中有金蓮。”黑山近慶陵，故“道宗每歲先幸黑山，拜聖宗、興宗陵，賞金蓮，乃幸子河避暑”。另據本書卷三七《地理志一》“慶州”，“在州西二十里。有黑山、赤山、太保山、老翁嶺、饅頭山、興國湖、轄失濼、黑河”。慶州治所在今內蒙古自治區巴林右旗索博日嘎鎮。　居黑山北：【劉校】“居”，據中華點校本校勘記，疑當作“戍”。

[17]長春州：治所在今吉林省前郭爾羅斯蒙古族自治縣西北部松花江畔的塔虎城。《武經總要》前集卷一六下《戎狄舊地》：“長春州，契丹國舊地，仍曰昭陽軍，亦爲罪譴者配隸之所。北至黃龍

府百里，東北至龍化州四百里，南至微州三百五十里，西至新州四百里，西北至上京二百里。"

[18]突舉部：【劉校】據中華點校本校勘記，本書卷四《太宗本紀下》會同四年（941）正月作突軌部，統和四年（986）八月作諦居部。

[19]餘悉留焉：【劉校】"焉"原本作"馬"，明抄本、南監本、北監本和殿本均作"焉"。中華點校本和修訂本徑改。今從改。

[20]天贊二年：【劉校】二年，原誤"八年"。據中華點校本校勘記，依本書卷二《太祖本紀下》，天贊僅四年，滅胡損事在二年（923）三月，據改。

[21]箭笴（gǎn）山：地名。胡損奚所居地。【靳注】此爲山名。在今河北省撫寧縣東北葦子峪外。

[22]穩丁：【劉校】"穩"，諸本皆同。據中華修訂本校勘記，"穩丁"語義不明，疑當作"隱丁"。中華點校本徑改。

[23]奚王：對奚部族首領的稱呼。據《五代會要》卷二八《奚》："奚，本匈奴別種，即東胡之地，人物風俗與突厥同。族有五姓：一曰阿會部，管縣六；二曰啜米部，管縣四；三曰粵質部，管縣六；四曰奴皆部，管縣四；五曰黑訖支部，管縣三。每部有刺史，每縣有令，酋長號奚王。"此奚王是被契丹降伏以後的奚部族酋長。《新五代史》卷七四《四夷附錄第三》所記奚各部名稱與《五代會要》同：奚"分爲五部：一曰阿薈部，二曰啜米部，三曰奧質部，四曰奴皆部，五曰黑訖支部。後徙居琵琶川，在幽州東北數百里。地多黑羊，馬趫前蹄堅善走，其登山逐獸，下上如飛"。奚本來衹有五部，阿保機降伏五部奚之後設置墮瑰部，而成六部。

[24]隸北府：【劉校】據中華點校本校勘記，依本書卷三四《兵衛志上》，奚五部隸北府，屬東北路統軍司。

[25]泰州：治所在今吉林省白城市南。

[26]烏古涅剌部：【劉校】據中華點校本校勘記，依本書卷八二《蕭陽阿傳》作"烏古涅里"。

[27]于骨里：古代部族名。即烏古。居遼上京道北部。

[28]神册：遼太祖耶律阿保機年號（916—922）。

聖宗三十四部：

撒里葛部。奚有三營：曰撒里葛，曰窈爪，[1]曰耨盌爪。太祖伐奚，乞降，願爲著帳子弟，籍于宮分，皆設夷离堇。聖宗各置爲部，改設節度使，皆隸南府，以備畋獵之役。居澤州東。[2]

窈爪部。與撒里葛部同。居潭州南。[3]

耨盌爪部。節度使屬東京都部署司。

訛僕括部。與撒里葛三部同。居望雲縣東。[4]

特里特勉部。初於八部各析二十户以戍奚，偵候落馬河及速魯河側，置二十詳穩。聖宗以户口蕃息置爲部，設節度使，隸南府。戍倒塌嶺，[5]居橐駞岡。

稍瓦部。初，取諸宮及橫帳大族奴隸置稍瓦石烈。"稍瓦"，鷹坊也，居遼水東，掌羅捕飛鳥。聖宗以户口蕃息置部。節度使屬東京都部署司。

曷术部。初，取諸宮及橫帳大族奴隸置曷术石烈。"曷术"，鐵也，以冶于海濱柳濕河、三黜古斯、手山。[6]聖宗以户口蕃息置部。屬東京都部署司。

遙里部。居潭、利二州間，[7]石烈三：

撒里必石烈。

北石烈。

帖魯石烈。

伯德部。松山、平州之間，[8]太師、太保居中京西。石烈六：

啜勒石烈。

速古石烈。

腆你石烈。

迭里石烈。

旭特石烈。

悦里石烈。

楚里部。居潭州北。

奥里部。統和十二年以與梅只、墮瑰三部民籍數寡，合爲一部。并上三部，本屬奚王府，聖宗分置。

南剋部。

北剋部。統和十二年以奚府二剋分置二部。[9]

隗衍突厥部。[10]聖宗析四闡沙、四頗憊户置，以鎮東北女直之境。開泰九年節度使奏請置石烈。[11]隸北府，屬黄龍府都部署司。[12]

奥衍突厥部。與隗衍突厥同。

涅剌越兀部。以涅剌室韋户置，隸北府，節度使屬西南面招討司，戍黑山北。

奥衍女直部。聖宗以女直户置，隸北府，節度使屬西北招討司，戍鎮州境。[13]自此至河西部，皆俘獲諸國之民。初隸諸宫，户口蕃息置部。訖於五國，皆有節度使。

乙典女直部。聖宗以女直户置，隸南府，[14]居高州北。[15]

斡突盌烏古部。聖宗以烏古户置，隸南府，節度使屬西南面招討司，[16]戍黑山北。

迭魯敵烈部。聖宗以敵烈戶置，隸北府，節度使屬烏古敵烈統軍司。[17]

室韋部。[18]聖宗以室韋戶置，隸北府，[19]節度使屬西北路招討司。

术哲達魯虢部。聖宗以達魯虢戶置，隸北府，節度使屬東北路統軍司，戍境內，居境外。[20]

梅古悉部。聖宗以唐古戶置，隸北府，節度使屬西南面招討司。

頡的部。聖宗以唐古戶置，隸北府，節度使屬西南面招討司。

北敵烈部。聖宗以敵烈戶置，戍隗烏古部。[21]

匿訖唐古部。聖宗置，隸北府，節度使屬西南面招討司。

北唐古部。聖宗以唐古戶置，隸北府，節度使屬黃龍府都部署司，戍府南。

南唐古部。聖宗置，隸北府。

鶴剌唐古部。與南唐古同，節度使屬西南面招討司。

河西部。[22]聖宗置，隸北府，節度使屬東北路統軍司。

薛特部。開泰四年以回鶻戶置，[23]隸北府，居慈仁縣北。[24]

伯斯鼻骨德部。本鼻骨德戶，初隸諸宮，聖宗以戶口蕃息置部。隸北府，節度使屬東北路統軍司，戍境內，居境外。

達馬鼻骨德部。聖宗以鼻骨德户置，隸南府，節度使屬東北路統軍司。

五國部。剖阿里國、盆奴里國、[25]奥里米國、越里篤國、越里吉國，聖宗時來附，命居本土，以鎮東北境，屬黃龍府都部署司。重熙六年以越里吉國人尚海等訴酋帥渾敵貪污，[26]罷五國酋帥，設節度使以領之。

已上聖宗以舊部族置者十六，增置十八。

[1]窈爪：【劉校】“爪”原本作“介”，據中華點校本校勘記，依下文及本書卷三五《兵衛志中》、卷四六《百官志二》改。

[2]澤州：州名。治今河北省平泉縣五十家子北會洲古城遺址。本漢朝土垠縣。遼太祖俘蔚州民，在松亭關以北立寨居之，采煉陷河銀冶。開泰中大延琳反叛被鎮壓之後，原東京海州下轄的刺史州澤州民被遷移至此，置澤州。《武經總要》前集卷一六《戎狄舊地》：“澤州，松亭關北，遼澤之地。”

[3]潭州：遼代州名。在中京地區。治所在今遼寧省喀喇沁左翼蒙古族自治縣大城子鎮白塔子古城遺址。

[4]望雲縣：治所在今河北省赤城縣北。

[5]倒塌嶺：【靳注】山嶺名。在遼境内西部，接近阻卜地區。

[6]手山：據清人楊鑣、施鴻纂修《遼陽州志》卷七：首山，“城西南十五里，一作手山，山頂石上有掌指狀泉出其中，把之不竭。晉司馬懿圍公孫淵於襄平有星墜首山，即此。唐太宗征高麗，嘗駐蹕於上數日，勒石紀功，改爲駐蹕山。上有清風寺”。

[7]利：利州，中京阜俗縣。境内有琵琶川。琵琶川是奚族地區的一條河流，據《清一統志》卷二七《承德府》，琵琶川在建昌縣南。

[8]松山、平州之間：松山，治所在今内蒙古自治區赤峰市松山區。平州，唐置，治所在今河北省盧龍縣。【劉校】據中華點校

本校勘記，"松山"前疑脱"戍"字。

[9]統和十二年：【劉校】十二年，原本作"二年"。據中華點校本校勘記，依本書卷一三《聖宗本紀四》，以二剋分置二部在統和十二年（994）十二月，據補。

[10]隗衍突厥部：【劉校】據中華點校本校勘記，依本書卷八九《耶律庶箴傳》作烏衍突厥部。　突厥：古代族名。曾建立強大的突厥汗國，至公元6世紀分裂爲東西兩汗國。當阿保機建立契丹王朝時，突厥汗國早已滅亡。這裏所謂"突厥"是指東突厥汗國的餘部，他們歸附契丹並成爲契丹統治下的部族。

[11]開泰：遼聖宗年號（1012—1021）。

[12]黃龍府：治所在今吉林省農安縣。

[13]鎮州：本古可敦城。陳得芝《耶律大石北行史地雜考》（《歷史地理》第二輯，上海人民出版社1982年版）説：遼朝統治漠北屬部的最高軍政機構是西北路招討司（又稱西北路都招討司），遼聖宗統和十二年（994）因西北"阻卜"諸部作亂，以蕭撻凛爲西北路招討使，命隨皇太妃（齊王妃）出征，"屯西鄙臚駒兒河，西捍韃靼，盡降之"。蕭撻凛鑒於達旦諸部叛服不常，上表乞建三城以鎮之。統和二十二年（1004）城完工，設置鎮、防、維三州。

[14]隸南府：【劉校】據中華點校本校勘記，依本書卷三六《兵衛志上》，此下脱"節度使屬西南路招討司"。

[15]高州：統和八年（990）更名武安州，隸大定府。治所在今内蒙古自治區敖漢旗東。

[16]西南面招討司：契丹軍事機構名。設招討使一人，駐西京大同，負責對西夏的防務。

[17]烏古敵烈統軍司：遼代西北部的軍事機構。烏古、敵烈是契丹西北方兩個部族名。烏古又稱嫗厥律、于厥律；敵烈又譯迪烈、敵烈德、迭烈德、達里底。遼時以游牧、捕獵爲業，分佈於臚朐河（今克魯倫河）流域。敵烈與烏古部並稱爲北邊大部。遼聖宗以敵烈部降人置迭魯敵烈部和北敵烈部。開泰四年（1015）築董城

於臚朐河北，安置敵烈、烏古降人。壽昌二年（1096）徙敵烈、烏古於烏納水西。金末元初，敵烈人逐漸與女真人、蒙古人等同化。

[18]室韋：部族名。北魏始見於記載，分佈於今黑龍江、嫩江流域，唐時分爲許多部，時契丹多爲其役屬。

[19]隸北府：【劉校】"隸北府"三字原脱，據中華點校本校勘記，依本書卷三六《兵衛志上》補。

[20]戍境內，居境外：契丹用境外部族戍守邊境。

[21]隗烏古部：【靳注】又作"隈烏古部"，烏古部屬部。本書本卷"遼國外十部"中有"隗古部"，疑爲"隗烏古部"之誤。隗烏古部當屬羈縻統轄區。詳參程妮娜《遼朝黑龍江流域屬國、屬部朝貢活動研究》（《求是學刊》2012年第1期）。

[22]河西部：晚唐直至宋初，河西地區除沙州歸義軍治下的漢族之外，還有吐蕃、回鶻等族在這一地區活動。遼以俘獲的河西各族人户建河西部。

[23]回鶻：即回紇。本突厥別部。北魏時稱袁紇，亦曰烏護、烏紇，至隋稱韋紇。大業元年（605）因反抗突厥的壓迫，與僕固、同羅、拔野古等成立聯盟，總稱回紇。唐天寶三年（744）破東突厥，建政權於今鄂爾渾河流域，有今蒙古高原之地。唐時助平安史之亂，屢尚公主。唐貞元四年（788）自請改稱回鶻。開成五年（840）爲轄戛斯所破，部衆分三支西遷：一支遷吐魯番盆地，稱高昌回鶻或西州回鶻；一支遷蔥嶺以西楚河一帶，即蔥嶺以西回鶻；一支遷河西走廊，稱河西回鶻。歷五代遼金，回鶻皆嘗入貢。元明時稱畏吾兒。其族在唐時奉摩尼教，宋元以來改奉伊斯蘭教。

[24]慈仁縣：隸屬永州。治所在今內蒙古自治區翁牛特旗境內。

[25]盆奴里國：【劉校】據中華點校本校勘記，本書卷一四《聖宗本紀五》統和二十二年（1004）七月作"蒲奴里"。

[26]重熙：遼興宗年號（1032—1055）。 渾敵：【劉校】據中華點校本校勘記，本書卷一八《興宗本紀一》重熙六年（1037）八月作

"坤長"。

　　遼國外十部:[1]
　　烏古部。
　　敵烈八部。
　　隗古部。
　　回跋部。[2]
　　崲母部。
　　吾禿婉部。
　　迭剌葛部。
　　回鶻部。
　　長白山部。
　　蒲盧毛朵部。
　　右十部不能成國,附庸於遼,時叛時服,各有職貢,猶唐人之有羈縻州也。

　　[1]遼國外十部:【劉校】據中華點校本校勘記,依本書卷四六《百官志二》,烏古、敵烈、隗古、迭剌葛入"諸部",回跋、崲母、吾禿婉、蒲盧毛朵入"大部",長白山部作"長白山女直國",與回鶻部併入"諸國"。

　　[2]回跋部:遼朝時期女真部族名。當時東北地區有大量的女真人,分佈在南部者稱"熟女真";中部地區則有回跋女真,隸屬咸州(今遼寧省開原市老城)兵馬司;其在北者則稱"生女真"。

　　　　　　　　　　　　(李錫厚注　劉鳳翥校)

遼史　卷三四

志第四

兵衛志上

　　軒轅氏合符東海，邑于涿鹿之阿，[1]遷徙往來無常處，以兵爲營衛。飛狐以北，[2]無慮以東，[3]西暨流沙，四戰之地聖人猶不免於兵衛，地勢然耳。

　　[1]涿鹿之阿：涿鹿是地名。故城在今河北省涿鹿縣南。"阿"是指平地。《史記》卷一《五帝本紀》："於是黃帝乃徵師諸侯，與蚩尤戰於涿鹿之野，遂禽殺蚩尤。"裴駰集解引服虔曰："涿鹿，山名，在涿郡。"同卷載黃帝"北逐葷粥，合符釜山，而邑于涿鹿之阿"。張守節正義："廣平曰阿。涿鹿，山名。""涿鹿故城在山下，即黃帝所都之邑於山下平地。"

　　[2]飛狐：1. 古縣名，今河北省淶源縣在隋、唐、遼、宋、金、元時名飛狐縣；2. 要塞名，在今河北省淶源縣北、蔚縣南有飛狐口。

　　[3]無慮：古縣名。《讀史方輿紀要》卷三八載，無慮城，"本漢之無慮縣，屬遼東郡"。因境内醫巫閭山而得名。《大清一統志》

卷三四載："遼世宗置顯州奉先軍。屬東京道。"治所在今遼寧省北鎮市。

　　遼國左都遼海，右邑涿鹿，兵力莫強焉。其在隋世依紇臣水而居，[1]分爲十部，兵多者三千，少者千餘。順寒暑逐水草畜牧。侵伐則十部相與議，興兵致役合契而後動，獵則部得自行。至唐大賀氏勝兵四萬三千人，[2]分爲八部。大賀氏中衰，僅存五部。有耶律雅里者，[3]分五部爲八，立二府以總之，析三耶律氏爲七，二審密氏爲五，凡二十部。刻木爲契，政令大行；遜不有國，乃立遙輦氏代大賀氏，[4]兵力益振，即太祖六世祖也。[5]

　　[1]紇臣水：即今老哈河。
　　[2]大賀氏：契丹權貴家族，隋唐之際世代擔任契丹可汗。唐開元二十三年（735）後爲遙輦氏取代。
　　[3]雅里：遼太祖阿保機之始祖。又稱涅里、泥里。
　　[4]遙輦氏：契丹氏族。唐開元二十三年，可突于殘黨泥禮殺李過折，立阻午可汗，傳九世，至907年阿保機建國。遙輦九可汗繼位後各建宮衛，遼朝立國後，有遙輦九帳大常袞司之設，掌遙輦九世宮分之事務。
　　[5]六世祖：【劉校】據中華修訂本校勘記，本書卷二《太祖本紀下》所記太祖世系，雅里是太祖七世祖。

　　及太祖會李克用于雲中，[1]以兵三十萬，盛矣。

　　[1]李克用（856—908）：人名。沙陀部人，朱邪赤心之子。

早年因參與鎮壓黃巢起義，爲唐朝攻破長安，而被任命爲河東節度使。後進封晉王。曾長期與朱温交戰。克用死後，其子存勗在後梁龍德三年（923）建立後唐，追尊克用爲太祖。

遙輦耶瀾可汗十年，歲在辛酉，太祖授鉞專征，[1]破室韋、于厥、奚三國，[2]俘獲盧帳不可勝紀。十月授大迭烈府夷离堇，[3]明賞罰，繕甲兵，休息民庶，滋蕃群牧，務在戢兵。十一年總兵四十萬伐代北，[4]剋郡縣九，俘九萬五千口。十二年德祖討奚，[5]俘七千户。十五年遙輦可汗卒，遺命遜位于太祖。[6]

[1]遙輦耶瀾可汗十年，歲在辛酉，太祖授鉞專征：據中華點校本校勘記，本書卷六三《世表》，耶瀾可汗在唐會昌間，次巴剌可汗在咸通間，又次痕德堇可汗在光啓間。辛酉歲當天復元年（901），不合。本書卷一《太祖紀上》：“唐天復元年，歲辛酉，痕德堇可汗立，以太祖爲本部夷离堇，專征討。”較近實際。

[2]室韋：部族名。北魏始見於記載，分佈於今黑龍江、嫩江流域，唐時分爲許多部，時契丹多爲其役屬。　于厥：部族名。即烏古。

[3]大迭烈府夷离堇：即迭剌部夷离堇。夷离堇是契丹部族官名。本書卷一一六《國語解》：“夷离堇，統軍馬大官。會同初改爲大王。”源於突厥語官名“俟斤”（Irkin）。突厥各部的最高元首稱“可汗”（Qaghan），其他各部酋長則稱爲俟斤。初，契丹“其君大賀氏，有勝兵四萬，析八部，臣於突厥，以爲俟斤”（《新唐書》卷二一九《契丹傳》）。後，契丹首領自立爲可汗，其下所屬各部酋長則稱爲俟斤，亦即夷离堇。契丹立國後，大部族之夷离堇稱王，小部族之夷离堇則稱爲節度使。舉凡一部之軍政、民政皆由其統掌。參見韓儒林《穹廬集》（上海人民出版社1982年版，第

314—316 頁）。

[4]代北：唐河東道代北軍，又稱雁門軍，治代州（今山西省代縣），領代、忻二州，光啓中併入河東節度使。

[5]德祖：阿保機父親的廟號。重熙二十一年（1052）七月追尊。名撒剌的。

[6]十五年遙輦可汗卒，遺命遜位于太祖：據中華點校本校勘記，依本書卷一《太祖紀上》云，丙寅年（唐天祐三年，906）"十二月痕德菫可汗殂"，太祖翌年丁卯歲"正月即皇帝位"。

太祖即位五年討西奚、東奚，[1]悉平之，盡有奚、霫之衆。[2]六年春親征幽州，[3]東西旌旗相望，亘數百里。所經郡縣，望風皆下，俘獲甚衆，振旅而還。秋，親征背陰國，[4]俘獲數萬計。神册元年親征突厥、吐渾、党項、小蕃、沙陀諸部，[5]俘户一萬五千六百；攻振武，乘勝而東攻蔚、新、武、媯、儒五州，[6]俘獲不可勝紀，斬不從命者萬四千七百級，盡有代北、河曲、陰山之衆，[7]遂取山北八軍。[8]四年親征于骨里國，[9]俘獲一萬四千二百口。五年征党項，俘獲二千六百口；攻天德軍，[10]拔十有二柵，徙其民。六年出居庸關，[11]分兵掠檀、順等州，安遠軍、三河、良鄉、望都、潞、滿城、遂城等縣，[12]俘其民徙内地。[13]皇太子略定州，[14]俘獲甚衆。天贊元年以户口滋繁，糺轄疏遠，分北大濃兀爲二部，立兩節度以統之。三年西征党項等國，俘獲不可勝紀。四年又親征渤海。[15]天顯元年，滅渤海國，地方五千里，兵數十萬，五京、十五府、六十二州，盡有其衆，契丹益大。

[1]西奚：即西部奚，奚族的一部分。據《五代會要》卷二八《奚》："自天祐初，契丹兵力漸盛，室韋、奚、霫皆受制焉。故奚之部族爲契丹代守邊土，暨虜人虐其首領，去諸怨之，以別部內附，徙於媯州，依北山而居，漸至數千帳，故有東、西奚之號。去諸卒，其子掃剌代立。後唐莊宗破幽州，賜掃剌姓李，名紹威。"所謂"西奚"，亦即內徙至媯州的那一部分奚族，因其住地在古北口外那部分奚人之西，故稱"西奚"。

[2]霫（xí）：古代部族名。原居潢水以北，其俗與契丹略同。後被契丹役屬，與奚、契丹諸族逐漸融合。

[3]幽州：治所在今北京市。

[4]背陰國：【劉校】據中華點校本校勘記，依本書卷一《太祖本紀上》太祖六年（912）七月作"术不姑"。

[5]突厥：中國古代族名。曾建立強大的突厥汗國，至公元6世紀分裂爲東西兩汗國。當阿保機建立契丹王朝時，突厥汗國早已滅亡。這裏所謂"突厥"是指東突厥汗國的餘部。 吐渾：中國古代部族名。即吐谷渾。據《新五代史》卷七四《四夷附錄第三》，吐渾"自後魏以來，名見中國，居於青海之上。當唐至德中，爲吐蕃所攻，部族分散，其內附者，唐處之河西。其大姓有慕容、拓拔、赫連等族。懿宗時，首領赫連鐸爲陰山府都督，與討龐勛，以功拜大同軍節度使。爲晉王所破，其部族益微，散處蔚州界中"。"晉高祖立，割鴈門以北入於契丹，於是吐渾爲契丹役屬，而苦其苛暴"。另據《五代會要》卷二八《吐渾》："至開運中，捍虜（契丹）於澶州"，"其族白可久，名在承福之亞，因牧馬率本帳北遁，契丹授以官爵，復遣潛誘承福。承福亦思叛去，事未果，漢高祖知之，乃以兵環其部族，擒承福與其族白鐵櫃、赫連海龍等五家，凡四百有餘人，伏誅。籍其牛馬，命別部長王義宗統其餘屬"。 党項：中國古代族名。又稱党項羌，唐以後主要活動於靈、慶、銀、夏等州，即今甘肅、寧夏、陝西和內蒙古自治區交界地區。 小蕃：契丹對某些吐蕃部落的稱呼。本書卷四六《百官志二》"北面

屬國官"西蕃國王府、大蕃國王府、小蕃國王府和吐蕃國王府,當都是指吐蕃各部。　沙陀:中國古代族名。爲突厥別部,原來游牧於西北地區,唐末遷至河東(今山西省北部)。

[6]蔚:蔚州,治所在今河北省蔚縣。　新:新州,治所在今河北省涿鹿縣。　武:武州,治所在今河北省張家口市宣化區。嬀:嬀州,治所在今河北省懷來縣。　儒:儒州,治所在今北京市延慶區。

[7]河曲:今屬山西省。　陰山:崑崙山的西北支。西起河套西北,向東綿亘於内蒙古、河北等省區,與内興安嶺相接。該山脈隨地易名,此所謂"陰山",當是指内蒙古自治區境内的大青山。

[8]山北八軍:山北八個軍鎮的統稱。"山北"又稱"山後",即新、嬀、儒、武等州。

[9]于骨里國:中國古代部族名。即烏古。遼時居上京道北部。
【劉校】于骨里國,據中華點校本校勘記,依本書卷二《太祖本紀二》神册四年(919)九月作"烏古部",卷七〇《屬國表》作"骨里國"。

[10]天德:唐軍鎮名。即豐州。遼太祖阿保機於神册五年(920)平党項,仍以此地爲天德軍。治所在今内蒙古自治區呼和浩特市東白塔一帶。

[11]居庸關:要塞名。位於今北京市昌平區西北。《畿輔通志》卷四〇:"居庸關在昌平州西北二十四里,關門南北相距四十里。兩山夾峙,下有巨澗、懸崖峭壁,稱爲絶險。《淮南子》:天下九塞,居庸其一也";"《水經注》:居庸關在上谷沮陽城東南六十里,絶谷累石,崇墉峻壁,山岫層深,側道褊狹,林障邃險,路僅容軌。杜氏《通典》:北齊改居庸爲納款關。《唐十道志》:居庸亦名薊門關。《新唐書·地理志》:居庸關亦謂之軍都關"。

[12]安遠軍:唐末所置軍鎮。治所在今天津市薊州區西北。三河:縣名。治所在今河北省三河市。　良鄉:舊縣名,治所在今北京市房山區境内。三河、良鄉都是趙德鈞鎮幽州時所置,據《新

五代史》卷七二《四夷附録第一》："莊宗之末，趙德鈞鎮幽州，於鹽溝置良鄉縣，又於幽州東五十里築城，皆戍以兵。及破赫邈等，又於其東置三河縣。由是幽、薊之人，始得耕牧，而輸餉可通。"

望都：縣名。治所在今河北省望都縣。　滿城：縣名。治所在今河北省保定市滿城區。　遂城：縣名。治所在今河北省保定市徐水區。

[13]内地：契丹稱其原住地爲"内地"。

[14]定州：治所在今河北省定州市。

[15]又親征渤海：【劉校】"又"原本作"疑"，中華修訂本依明抄本、南監本、北監本、殿本改。中華點校本徑改。今從改。

　　會同初太宗滅唐立晉，晉獻燕、代十六州，民衆兵強，莫之能禦矣。

　　兵制

　　遼國兵制，凡民年十五以上、五十以下隸兵籍。[1]每正軍一名馬三疋，打草穀、守營鋪家丁各一人。人鐵甲九事，馬韉轡，馬甲皮鐵，視其力；弓四，箭四百，長短鎗、骨朵、斧鉞、小旗、鎚錐、火刀石、馬盂、粆一斗、粆袋、搭钁傘各一，縻馬繩二百尺，皆自備。[2]人馬不給糧草，日遣打草穀騎四出抄掠以供之。鑄金魚符，調發軍馬。其捉馬及傳命有銀牌二百。[3]軍所舍，有遠探欄子馬，[4]以夜聽人馬之聲。

　　[1]兵籍：兵士的名籍。唐代府兵制度規定凡民二十爲兵，六十而免。遼朝關於人民隸兵籍年齡及其他規定，與唐制略有不同，當是沿襲唐制而加以變更而成。這些規定都是針對遼朝統治下的漢

人、渤海人，而不是針對契丹等游牧民族的。本書卷三六《兵衛志下》"五京鄉丁"載："遼建五京：臨潢，契丹故壤；遼陽，漢之遼東，爲渤海故國；中京，漢遼西地，自唐以來契丹有之。三京丁籍可紀者二十二萬六千一百，蕃漢轉户爲多。析津、大同，故漢地，籍丁八十萬六千七百。契丹本户多隸宮帳、部族，其餘蕃漢户丁分隸者，皆不與焉。""丁籍"即"兵籍"，祇包括塞外三京地區的蕃漢轉户以及析津、大同地區的正户。契丹人稱"本户"，不在統計之内。

[2]"人鐵甲九事"至"皆自備"：軍士自備裝備事，遼與唐代府兵制有相同之處，即都實行寓兵於農，遇有戰事，臨時徵召，遼稱爲點集。遼朝軍士的裝備與《新唐書》卷五〇《兵制》記載相似："士以三百人爲團，團有校尉；五十人爲隊，隊有正；十人爲火，火有長。火備六馱馬。凡火具烏布幕、鐵馬盂、布槽、鈶、鑊、鑿、碓、筐、斧、鉗、鋸皆一，甲床二，鎌二；隊具火鑽一，胸馬繩一、首羈、足絆皆三；人具弓一，矢三十，胡禄、橫刀、礪石、大觿、氈帽、氈裝、行縢皆一，麥飯九斗，米二斗，皆自備，並其介冑、戎具藏於庫。有所征行，則視其人而出給之。"搭鈋傘，【劉校】據中華點校本校勘記，按"鈋"字不見字書。道光殿本《考證》云："《通考》作'搭鈎氊纚'。史以鈎、氊二字偏旁誤合爲'鈋'字。"

[3]銀牌：本書卷五七《儀衛志三》"符契"記載："銀牌二百面，長尺，刻以國字，文曰宜速，又曰敕走馬牌。國有重事，皇帝以牌親授使者，手劄給驛馬若干。""所至如天子親臨，須索更易，無敢違者。"

[4]攔子馬：又作"欄子馬"。《宋史》卷二六四《宋琪傳》："契丹入界之時，步騎車帳不從阡陌，東西一概而行。大帳前及東西面，差大首領三人，各率萬騎，支散游奕，百十里外，亦交相偵邏，謂之欄子馬。"

凡舉兵，帝率蕃漢文武臣僚以青牛白馬祭告天、地、日神，[1]惟不拜月，分命近臣告太祖以下諸陵及木葉山神，[2]乃詔諸道徵兵。惟南、北、奚王、[3]東京渤海兵馬、燕京統軍兵馬，雖奉詔未敢發兵，必以聞上遣大將持金魚符合，然後行。始聞詔，攢户丁、推户力、覈籍齊衆以待。自十將以上，次第點集軍馬、器仗。符至，兵馬本司自領，使者不得與。唯再共點軍馬訖，又以上聞。量兵馬多少，再命使充軍主，與本司互相監督。又請引五方旗鼓，然後皇帝親點將校，又選勳戚大臣，充行營兵馬都統、副都統、都監各一人。[4]又選諸軍兵馬尤精鋭者三萬人爲護駕軍，又選驍勇三千人爲先鋒軍，[5]又選剽悍百人之上爲遠探攔子軍，以上各有將領。又於諸軍每部量衆寡，抽十人或五人合爲一隊，別立將領，以備勾取兵馬騰遞公事。

[1]青牛白馬：契丹祭祀天地用青牛白馬，表示不忘祖先。本書卷三七《地理志一·上京道》："相傳有神人乘白馬，自馬盂山浮土河而東，有天女駕青牛車，由平地松林泛潢河而下。至木葉山，二水合流，相遇爲配偶，生八子。其後族屬漸盛，分爲八部。每行軍及春秋時祭，必用白馬青牛，示不忘本云。"

[2]木葉山：此指永州境内一座山，契丹人視此山爲神山，其地在西拉木倫河與老哈河匯合處一帶。上建契丹始祖廟，奇首可汗在南廟，可敦（可汗之妻）在北廟，繪塑二聖並八子神像。《長編》卷九七宋真宗天禧五年（1021）九月甲申（《宋會要·蕃夷》作天禧四年）記載，宋綬等始至木葉山，"山在中京東微北。自中京東過小河"，"度土河，亦云撞撞水，聚沙成墩，少人煙，多林木，其河邊平處，國主曾於此過冬。凡八十里至張司空館，七十里

至木葉館。離中京皆無館舍，但宿穹帳，欲至木葉三十里許，始有居人瓦屋及僧舍。又歷荆榛荒草，復渡土河，至木葉山，本阿保機葬處。又云祭天之地。東向設氈屋，署曰省方殿，無階，以氈藉地，後有二大帳。次北，又設氈屋，曰慶壽殿，去山尚遠。國主帳在氈屋西北，望之不見"。按，據本書《營衛志》"省方殿"是冬捺鉢的殿帳，冬捺鉢在廣平淀，在永州東南三十里。可知木葉山即距此不遠。

[3]奚王：對奚部族首領的稱呼。據《五代會要》卷二八《奚》："奚，本匈奴別種，即東胡之地，人物風俗與突厥同。族有五姓：一曰阿會部，管縣六；二曰啜米部，管縣四；三曰奧質部，管縣六；四曰奴皆部，管縣四；五曰黑訖支部，管縣三。每部有刺史，每縣有令，酋長號奚王。"此奚王是被契丹降伏以後的奚部族酋長。《新五代史》卷七四《四夷附錄第三》所記奚各部名稱與《五代會要》同：奚"分爲五部：一曰阿薈部，二曰啜米部，三曰粤質部，四曰奴皆部，五曰黑訖支部。後徙居琵琶川，在幽州東北數百里。地多黑羊，馬趫前蹄堅善走，其登山逐獸，下上如飛"。奚本來祇有五部，阿保機降伏五部奚之後設置墮瑰部，而成六部。詳見本書卷三三《營衛志下·部族下》。

[4]都統：官名。唐乾元中始以都統名官，總諸道征伐。後若調諸道兵馬會戰，多置此職，爲臨時軍事長官，不賜旌節，事解即罷。遼設諸路兵馬都統署司，下有諸路兵馬都統署，都統爲其長官。

[5]先鋒軍：作戰時衝鋒在先的軍隊。《武經總要》後集卷五："唐太宗嘗選精銳千餘騎爲奇兵，皆皂衣黑甲，分爲左右隊。隊建大旗，令騎將秦叔寶、程咬金、尉遲敬德、翟長孫等分統之。每臨敵，太宗躬被黑甲，先鋒率之，候機而進，所向摧靡，常以少擊衆，賊徒氣懾。"

其南伐點兵多在幽州北千里鴛鴦泊。[1]及行，並取居庸關、曹王峪、白馬口、古北口、安達馬口、松亭關、榆關等路。[2]將至平州、幽州境，[3]又遣使分道催發，[4]不得久駐，恐踐禾稼。出兵不過九月，還師不過十二月。在路不得見僧、尼、喪服之人。[5]

[1]鴛鴦泊：位於今北京市延慶區。舊時周八十里。其水停積不流，自遼金以來，爲飛放之所。即今野鴨湖。

[2]古北口：位於今北京市密雲區東北，爲長城上的要塞之一。《畿輔通志》卷四〇：“古北口關在密雲縣東北百二十里，兩崖壁立，中有路僅通一車，下有深澗，巨石磊砢，凡四十五里，爲險絶之道。亦曰虎北口。” 松亭關：位於今河北省遵化市北。 榆關：清人閻若璩《潛邱札記》卷六《與趙秋谷書》：“榆，當作‘渝’，音喻，水名。又曰‘臨渝關’，在永平府撫寧縣東，今山海關即其移而更名者。”

[3]平州：唐置，治所在今河北省盧龍縣。

[4]催發：【劉校】“催”原本作“惟”，明抄本、南監本、北監本和殿本均作“催”。中華點校本和修訂本徑改。今從改。

[5]在路：【劉校】原本作“正路”，中華點校本和修訂本徑改。今從改。

皇帝親征，留親王一人在幽州權知軍國大事。既入南界分爲三路，廣信軍、雄州、霸州各一。[1]駕必由中道，兵馬都統、護駕等軍皆從。各路軍馬遇縣鎮，即時攻擊。若大州軍，必先料其虛實、可攻次第而後進兵。沿途民居、園囿、桑柘，必夷伐焚蕩。至宋北京，[2]三路兵皆會，以議攻取，及退亦然。三路軍馬前後左右有先鋒。遠探攔子馬各十數人，在先鋒前後二十餘里，全副衣甲，夜中每行十里或五里少駐，下馬側聽無有人馬之聲，有則擒之。力不可敵，飛報先鋒，齊力攻擊。如有大軍，走報主帥。敵中虛實，動必知之。

[1]廣信軍：遂州軍號。治所在今河北省保定市徐水區西。北宋爲威勇軍，澶淵之盟後改爲廣信軍。　雄州：治所在今河北省雄縣。　霸州：治所在今河北省霸州市。

[2]宋北京：即大名府，治所在今河北省大名縣。

軍行當道，州城防守堅固不可攻擊，引兵過之。恐敵人出城邀阻，乃圍射鼓譟，詐爲攻擊。敵方閉城固守，前路無阻，引兵進，分兵抄截，使隨處州城隔絶不通，孤立無援。所過大小州城，至夜恐城中出兵突擊，及與鄰州計會軍馬，甲夜，[1]每城以騎兵百人去城門左右百餘步，被甲執兵，立馬以待。兵出，力不能加，馳還勾集衆兵與戰。左右官道、斜徑、山路、河津，夜中並遣兵巡守。其打草穀家丁，各衣甲持兵旋團爲隊，必先斫伐園林，然後驅掠老幼運土木填壕塹。攻城之際，必使先登，矢石檑木併下，止傷老幼。又於本國州縣起漢人鄉兵萬人，隨軍專伐園林，填道路。御寨及諸營壘，唯用桑柘梨栗。[2]軍退，縱火焚之。

[1]甲夜：時刻名。據明楊慎《丹鉛摘録》卷一“一鼓謂之甲夜，二鼓謂之乙夜”。

[2]桑柘梨栗：【劉校】“栗”原本作“粟”，明抄本、南監本、

北監本和殿本均作"栗"。中華點校本和修訂本徑改。今從改。

敵軍既陣，料其陣勢小大、山川形勢、往回道路、救援捷徑、漕運所出，各有以制之。然後於陣四面列騎爲隊，每隊五、七百人，十隊爲一道，十道當一面，各有主帥。最先一隊走馬大噪，衝突敵陣，得利則諸隊齊進；若未利，引退，第二隊繼之。退者息馬飲水秒，諸道皆然。更退迭進，敵陣不動，亦不力戰。歷二三日待其困憊，又令打草穀家丁馬施雙篝，因風疾馳，揚塵敵陣，更互往來中既飢疲、目不相睹，可以取勝。若陣南獲勝、陣北失利，主將在中無以知之，則以本國四方山川爲號，聲以相聞，得相救應。[1]

[1]救應：【劉校】"救"原本作"敕"，中華點校本和修訂本徑改。今從改。

若帝不親征，重臣統兵不下十五萬衆，三路往還，北京會兵，進以九月，退以十二月，行事次第皆如之。若春以正月、秋以九月，不命都統，止遣騎兵六萬，不許深入、不攻城池、不伐林木，但於界外三百里內耗蕩生聚，不令種養而已。

軍入南界，步騎車帳不循阡陌。三道將領各一人率攔子馬各萬騎，支散游弈百十里外，更迭覘邏。及暮以吹角爲號，衆即頓舍，環繞御帳，自近及遠，折木稍屈，爲弓子鋪，不設鎗營、塹柵之備。[1]

[1]"軍入南界"至"不設鎗營塹柵之備"：這一段文字是因襲宋琪《平幽薊十策》，有刪節，因此文義也有改變。原文是："契丹入界之時，步騎車帳不從阡陌，東西一概而行。大帳前及東西面，差大首領三人，各率萬騎，支散游奕，百十里外，亦交相偵邏，謂之攔子馬。契丹主吹角爲號，衆即頓舍，環繞穹廬，以近及遠。折木梢屈之爲弓子鋪，不設槍營塹柵之備。"

每軍行，鼓三伐，不問晝夜大衆齊發。未遇大敵不乘戰馬，俟近敵師，乘新羈馬，蹄有餘力。成列不戰，退則乘之。多伏兵斷糧道，冒夜舉火，上風曳柴。饋餉自賫，散而復聚。善戰，能寒。此兵之所以强也。[1]

[1]"每軍行"至"此兵之所以强也"：這一段文字是因襲宋琪《平幽薊十策》，有刪節。原文是："每軍行，聽鼓三伐，不問昏晝，一匝便行。未逢大敵，不乘戰馬，俟近我師，即競乘之，所以新羈戰蹄有餘力也。且用軍之術，成列而不戰，俟退而乘之，多伏兵斷糧道，冒夜舉火，土風曳柴，饋餉自賫，退敗無恥，散而復聚，寒而益堅，此其所長也。"

（李錫厚注　劉鳳翥校）

遼史　卷三五

志第五

兵衛志中

　　御帳親軍

　　漢武帝多行幸之事，置期門、佽飛、羽林之目，天子始有親軍。[1]唐太宗加親、勳、翊、千牛之衛，[2]布腹心之地，防衛密矣。遼太祖宗室盛彊，分迭剌部爲二，宮衛內虛，經營四方，未遑鳩集。皇后述律氏居守之際，摘蕃漢精銳爲屬珊軍。太宗益選天下精甲，置諸爪牙爲皮室軍。[3]合騎五十萬，國威壯矣。

　　[1]親軍：即守衛宮廷的禁軍。漢有此軍並不是始於武帝，而是始於漢初。西漢的未央宮在長安城的西南隅，守衛宮廷的禁軍，稱爲“南軍”，其餘守衛京師的衛戍部隊稱爲“北軍”。呂后以諸呂氏統率南、北軍。呂后死後，諸呂被誅，劉氏始安。

　　[2]唐太宗加親、勳、翊、千牛之衛：唐代長安宮廷在城內北部，警衛宮廷的禁軍稱“北衙兵”，而與漢代“北軍”相當的則是

"南衙兵"。《新唐書》卷五〇《兵志》載："南衙，諸衛兵是也；北衙者，禁軍也。""自肅宗以後，北軍增置威武、長興等軍，名類頗多，而廢置不一。惟羽林、龍武、神武、神策、神威最盛，總曰左右十軍矣。"

[3]皮室軍：即御帳親軍。此軍在阿保機時已經設置，本書卷三一《營衛志上》"宮衛"所言甚明。鄧恭三在《遼史兵衛志"御帳親軍""大首領部族軍"兩事目考源辨誤》（見《鄧廣銘全集》第九卷，河北省教育出版社 2005 年版）一文辯析甚詳。

大帳皮室軍：
太宗置，凡三十萬騎。[1]

[1]太宗置，凡三十萬騎：【劉校】據中華點校本校勘記，依本書卷四六《百官志二》，太祖時已置。太宗增多至三十萬騎。

屬珊軍：
地皇后置，二十萬騎。

宮衛騎軍
太祖以迭剌部受禪，分本部爲五院、六院，[1]統以皇族，而親衛缺然。乃立斡魯朵法，[2]裂州縣，割戶丁，以強幹弱支。詒謀嗣續，世建宮衛。[3]入則居守，出則扈從，葬則因以守陵。有兵事，則五京、二州各提轄司傳檄而集，[4]不待調發州縣、部族，十萬騎軍已立具矣。恩意親洽，兵甲犀利，教練完習。簡天下精銳聚之腹心之中。懷舊者歲深，增新者世盛，此軍制之良者也。

[1]五院、六院：皆爲契丹部族名。天贊元年（922）以迭剌部強大難制，析五石烈爲五院，六爪爲六院，各置夷离堇。會同元年（938）更夷离堇爲大王，部隸北府，以鎮南境。

[2]斡魯朵：原義爲"帳幕"，引申爲"宮衛"，但斡魯朵不能等同於宮衛，而衹是宮衛的一部分。

[3]宮衛：又稱"宮院"，隸屬皇帝及攝政太后。早在契丹立國之前，宮衛制度就已經産生了。遼朝建立後有遙輦九帳大常袞司之設，掌遙輦九世宮分之事。阿保機即位後繼續按照這種制度組建自己的宮衛。遼的十二宮及五京都管轄有若干漢人州縣，上京、中京及東京地區的漢人、渤海人多是俘掠來的。遙輦九世宮分即遙輦氏先後在位的九個可汗宮衛，同樣主要由契丹立國前俘掠來的漢人構成，並且歸屬於遙輦氏。余靖在《武溪集》卷一八《契丹官儀》中寫道："自阿保機而下，每主嗣位，即立宮置使領臣僚。每歲所獻生口及打虜外國所得之物，盡隸宮使。每宮皆有戶口、錢帛以供虜主私費，猶中國之内藏也，十宮院名興聖宮、崇德宮、洪義宮、永興宮、積慶宮、長寧宮、延昌宮、敦睦宮、彰愍宮、延慶宮。"余靖使遼，是在宋仁宗慶曆三至五年，即遼興宗重熙十二至十四年（1043—1045），當時尚無道宗太和宮和天祚皇帝的永昌宮，大丞相耶律隆運的文忠王府亦不見記載。《遼史》編者由於缺乏資料，且不考宮衛制度的淵源，即想當然地認爲遼朝皇帝"居有宮衛，謂之斡魯朵；出有行營，謂之捺鉢"。姚從吾則將"捺鉢"與"宮衛"混爲一談，他説："簡單地説，《遼史》卷三一《營衛志》所説的'宮衛'，即是可汗比較久住的冬捺鉢。'出有行營，謂之捺鉢'，即是可汗四時巡行各地的牙帳，也就是春捺鉢、夏捺鉢、秋捺鉢。"（《遼朝契丹族的捺鉢文化與軍事組織，世選習慣，兩元政治及游牧社會中的禮俗生活》，《中山學術文化集刊》第一集，1968 年版）這樣，其區別僅在於一爲皇帝所居，一爲皇帝出行所設。日本學者箭内亘誤信此説，以爲捺鉢即是"一時的牙帳也"，而斡魯朵則是"永久性的宮殿也"（日本箭内亘著，陳捷、陳清泉譯《元朝怯薛

及斡耳朶考》，上海商務印書館 1933 年版，第 126 頁）。依照這種說法，斡魯朶和捺鉢的地位則可以並列，但這完全是誤解。因爲遼朝皇帝經常居留、活動於行宮即捺鉢中，那便是遼的朝廷，是其全境的政治中心。而“宮衛”則顯然不同，這種宮衛至遼末多達 13 個。多中心即無中心，宮衛並不是號令全境的政治中心。

　　[4]提轄司：隸屬宮衛的軍事機構。遇有戰事，負責點集兵馬。遼在南京（今北京市）、西京（今山西省大同市）、奉聖州（今河北省涿鹿縣）和平州（今河北省盧龍縣）以及中京（今内蒙古自治區寧城縣大明鎮）、東京（今遼寧省遼陽市）和上京（今内蒙古自治區巴林左旗林東鎮波羅城）等處設提轄司，隸屬諸宮衛。提轄司所管轄的人户也是有軍籍的。

　　弘義宮：[1]
　　正丁一萬六千，
　　蕃漢轉丁一萬四千，[2]
　　騎軍六千。

　　[1]弘義宮：遼太祖耶律阿保機宮分。
　　[2]蕃漢轉丁：即蕃漢轉户的壯丁。“轉户”是指塞外頭下州縣中那些自中原地區輾轉遷徙而來到蕃界的漢族人户，他們爲人佃作，實即客户，但身份低於燕京和西京地區正户中爲人佃作的客户。與幽、薊地區鄰近的奚族地區是逃亡和被俘掠到契丹境内的漢人較集中的地區。除了靠近幽、薊的奚族地區，東京也是漢人流民較多的地區。東京地區地勢平坦，雨水適中，適宜於發展農業生產，因而開發較早，秦漢以來即有漢人移居，是以漢族居民爲主的農業區。這一地區也有自遼初以來輾轉遷徙來的大量漢族人户。

　　長寧宮：[1]

正丁一萬四千，
蕃漢轉丁一萬二千，
騎軍五千。

[1]長寧宮：應天皇太后述律氏宮分。

永興宮：[1]
正丁六千，
蕃漢轉丁一萬四千，
騎軍五千。

[1]永興宮：遼太宗耶律德光宮分。

積慶宮：[1]
正丁一萬，
蕃漢轉丁一萬六千，
騎軍八千。

[1]積慶宮：遼世宗耶律阮宮分。

延昌宮：[1]
正丁二千，
藩漢轉丁六千，
騎軍二千。

[1]延昌宮：遼穆宗耶律璟宮分。

彰愍宮：[1]

正丁一萬六千，

蕃漢轉丁二萬，

騎軍一萬。

[1]彰愍宮：遼景宗耶律賢宮分。

崇德宮：[1]

正丁一萬二千，

蕃漢轉丁二萬，

騎軍一萬。

[1]崇德宮：承天太后蕭氏宮分。

興聖宮：[1]

正丁二萬，

蕃漢轉丁四萬，

騎軍五千。

[1]興聖宮：遼聖宗耶律隆緒宮分。

延慶宮：[1]

正丁一萬四千，

蕃漢轉丁二萬，

騎軍一萬。

[1]延慶宮：遼興宗耶律宗真宮分。

太和宮：[1]
正丁二萬，
蕃漢轉丁四萬，
騎軍一萬五千。

[1]太和宮：遼道宗耶律洪基宮分。

永昌宮：[1]
正丁一萬四千，[2]
蕃漢轉丁二萬，
騎軍一萬。

[1]永昌宮：遼天祚帝耶律延禧宮分。
[2]正丁一萬四千：【劉校】據中華點校本校勘記："各宮丁數均爲户數之二倍，檢卷三一《營衛志上》，永昌宮正户八千。若非例外，則丁數應爲一萬六千。"

敦睦宮：[1]
正丁六千，
蕃漢轉丁一萬，
騎軍五千。

[1]敦睦宮：孝文皇太弟宮分。孝文皇太弟即耶律隆慶（據《契丹國志》卷一四）。隆慶（973—1016），聖宗隆緒之同母弟。統和中進封爲梁國王，拜南京留守，手握重兵，稱雄一方。統和十

七年（999）南征，隆慶率軍爲先鋒，至瀛州（今河北省河間市），與宋將范廷召相遇，隆慶命蕭柳迎戰，將宋軍擊潰，並圍而殲之。十九年（1001）他復敗宋人於行唐（今屬河北省）。他的權勢、地位不斷上升，威脅到皇權。《宋朝事實類苑》卷七七引《乘軺録》稱其"調度之物，悉侈於隆緒"。

文忠王府：[1]
正丁一萬，
蕃漢轉丁一萬六千，
騎兵一萬。

[1]文忠王府：大丞相耶律隆運所建宫衛。隆運以所俘漢民置宗州，隸屬文忠王府。

十二宫一府，自上京至南京總要之地，各置提轄司。重地每宫皆置，内地一二而已。[1]太和、永昌二宫宜與興聖、延慶同，舊史不見提轄司，蓋闕文也。

[1]内地：契丹稱其原住地爲"内地"。

南京：[1]
弘義宫提轄司。
長寧宫提轄司。
永興宫提轄司。
積慶宫提轄司。
延昌宫提轄司。
彰愍宫提轄司。

崇德宮提轄司。

興聖宮提轄司。

延慶宮提轄司。

敦睦宮提轄司。

文忠王府提轄司。

[1]南京：治所在今北京市。

西京：[1]

弘義宮提轄司。

長寧宮提轄司。

永興宮提轄司。

積慶宮提轄司。

彰愍宮提轄司。

崇德宮提轄司。

延慶宮提轄司。

文忠王府提轄司。

[1]西京：治所在今山西省大同市。【劉校】據中華點校本校
勘記，本書卷三一《營衛志上》載，興聖宮提轄司四。此西京下無
興聖宮提轄司，疑脱。

奉聖州：[1]

弘義宮提轄司。

長寧宮提轄司。

永興宮提轄司。

積慶宮提轄司。

彰愍宮提轄司。

崇德宮提轄司。

興聖宮提轄司。

延慶宮提轄司。

文忠王府提轄司。

[1]奉聖州：即新州。治所在今河北省涿鹿縣。

平州：^[1]

弘義宮提轄司。

長寧宮提轄司。

永興宮提轄司。

積慶宮提轄司。

延昌宮提轄司。

彰愍宮提轄司。

興聖宮提轄司。

延慶宮提轄司。

文忠王府提轄司。

[1]平州：唐置，治所在今河北省盧龍縣。

中京：^[1]

延昌宮提轄司。

文忠王府提轄司。

[1]中京：稱大定府，治所在今內蒙古自治區寧城縣大明鎮。

上京：[1]
文忠王府提轄司。

[1]上京：遼前期都城，稱臨潢府，治所在今內蒙古自治區巴
林左旗林東鎮波羅城。

凡諸宮衛，丁四十萬八千，出騎軍十萬一千。[1]

[1]"凡諸宮衛"至"出騎軍十萬一千"：諸宮衛人丁及騎軍
總數事，實際上不同時期總數不相同。例如穆宗延昌宮奪里本斡魯
朶，是以太宗永興宮國阿輦斡魯朶户及阻卜俘户，中京提轄司、南
京制置司、咸、信、韓等州户置。即延昌宮軍丁的一部分來自永興
宮。諸宮皆有這種情況。將十二宮一府丁口及出騎軍的人數相加所
得出的總數，是重複計算，大大超出了不同時期宮衛所擁有的人丁
及軍兵的數量。

大首領部族軍[1]
遼親王大臣，體國如家，征伐之際，往往置私甲以
從王事。大者千餘騎，小者數百人，著籍皇府。國有戎
政，量借三五千騎，常留餘兵爲部族根本。

[1]大首領部族軍：此一目據上引鄧廣銘《遼史兵衛志"御帳
親軍""大首領部族軍"兩事目考源辨誤》一文考證，其内容皆出
自《宋史》卷二六四《宋琪傳·平幽薊十策》，又見《宋會要輯
稿》蕃夷一之一四至一九、《長編》卷二七、《歷代名臣奏議》卷

三二二《禦邊門》。

太子軍。[1]

偉王軍。[2]

永康王軍。[3]

于越王軍。[4]

麻荅軍。[5]

五押軍。[6]

[1]太子：指阿保機第三子李胡。

[2]偉王：指阿保機之弟安端。

[3]永康王：遼世宗繼位前的封號。

[4]于越王：指國舅蕭翰。

[5]麻荅：即太祖阿保機弟剌葛之子耶律拔里得（？—約947）。他隨德光南下滅後晉，於大同元年（947）入汴，以功授安國軍節度使，總領河北道事。德光北返之後，州郡多叛遼以應劉知遠，拔里得不得不北歸。世宗即位後，遷中京留守，尋即病死。

[6]五押：是官名而非人名。本書卷四六《百官志二》有西南面五押招討司、五押招討大將軍。以上詳見鄧廣銘《遼史兵衛志“御帳親軍”“大首領部族軍”兩事目考源辨誤》一文。

眾部族軍

眾部族分隸南北府，守衛四邊，各有司存，具如左。

北府凡二十八部。[1]

侍從宮帳：

奚王府部。[2]

鎮南境：

五院部。[3]

六院部。

東北路招討司：[4]

烏隗部。[5]

東北路統軍司：[6]

遙里部。[7]

伯德部。[8]

奧里部。[9]

南剋部。[10]

北剋部。

圖盧部。[11]

术者達魯虢部。[12]

河西部。[13]

西北路招討司：[14]

突呂不部。[15]

奧衍女直部。[16]

室韋部。[17]

西南路招討司：[18]

涅剌部。[19]

烏古涅剌部。[20]

涅剌越兀部。[21]

梅古悉部。[22]

頡的部。[23]

匿訖唐古部。[24]

鶴剌唐古部。

黃龍府都部署司。[25]

隗衍突厥部。[26]

奧衍突厥部。

北唐古部。

五國部。[27]

烏古敵烈統軍司。[28]

迭魯敵烈部。[29]

戍隗烏古部。

北敵烈部。[30]

[1]北府凡二十八部：據中華點校本校勘記，本書卷三三《營衛志下》載，尚有突呂不室韋部、涅剌拿古部、伯斯鼻古德部屬東北路統軍司，品部屬西北路招討司，均隸北府。凡三十二部。

[2]奚王：對奚部族首領的稱呼。據《五代會要》卷二八《奚》："奚，本匈奴別種，即東胡之地，人物風俗與突厥同。族有五姓：一曰阿會部，管縣六；二曰啜米部，管縣四；三曰奧質部，管縣六；四曰奴皆部，管縣四；五曰黑訖支部，管縣三。每部有刺史，每縣有令，酋長號奚王。"此奚王是被契丹降伏以後的奚部族酋長。《新五代史》卷七四《四夷附錄第三》所記奚各部名稱與《五代會要》同：奚"分爲五部：一曰阿薈部，二曰啜米部，三曰粵質部，四曰奴皆部，五曰黑訖支部。後徙居琵琶川，在幽州東北數百里。地多黑羊，馬趫前蹄堅善走，其登山逐獸，下上如飛"。奚本來祇有五部，阿保機降伏五部奚之後設置墮瑰部，而成六部。詳見本書卷三三《營衛志下·部族下》。

[3]五院部：契丹部族名。原爲迭剌部一部分。太祖阿保機以迭剌部強大難制，析爲五院部和六院部。太宗會同元年（938）改

夷离堇爲大王。北院大王和南院大王即是五院部和六院部的首領。

[4]東北路招討司：此一名稱與其他記載不符。遼朝時期，東北地區有大量的女真人，分佈在南部者稱"熟女真"，隸籍州縣；中部地區則有回跋女真，隸屬咸州（今遼寧省開原市老城）兵馬司；其在北者則是"生女真"。這部分女真人，"地方千餘里，户口十餘萬，散居山谷間，依舊界外野處，自推雄豪爲酋長"（《三朝北盟會編》卷三）。他們名義上雖然也臣屬遼朝，但並不馴服。不過，如前所述，遼末以前，對女真的防禦並不占重要地位，故一直由東京的軍事機構兼管。生女真完顔部最初發動叛亂時，遼朝主持戰事始有東北路統軍司。後因遼末在東北地區與女真戰事日益擴大，天祚帝不得不增派包括契丹軍在内的大批軍隊前去增援，並下詔親征，於是纔有都部署司之設，此即黄龍府都部署司。在此之前，主持東北邊防的，一直是寧江州的東北路統軍司。

[5]烏隗部：據本書卷三三《營衛志下·部族下》，烏隗部亦稱奧隗部，是契丹古老的部族組織。此外，契丹還有乙室奧隗部和楮特奧隗部，均係以所俘奚人設置，都活動於東京轄區。

[6]東北路統軍司：遼末防禦女真的軍事機構。原來對女真的防禦在遼朝的軍事部署中並不占有重要地位，故一直由東京的軍事機構兼管。當生女真完顔部發動叛亂時，遼朝主持戰事始有東北路統軍司。該機構設在寧江州（今吉林省松原市寧江區伯都訥古城）。

[7]遙里部：被契丹征服的奚族部落。

[8]伯德部：被契丹征服的奚族部落。

[9]奧里部：被契丹征服的奚族部落。

[10]南尅部：據本書卷一一六《國語解》："北尅、南尅，掌軍官名。猶漢南北軍之職。"

[11]圖盧部：【劉校】據中華點校本校勘記，本書卷三三《營衛志下》作"圖魯部"。

[12]术者達魯虢部：附屬於术者部的、以被俘達魯虢人户建立的部族。本書卷九五《耶律適禄傳》載其於遼末"加泰州觀察使，

爲達魯虢部節度使"。達魯虢應是活動於上京東北部的部族。【劉校】"達"原本作"違",據中華修訂本校勘記,依本書卷三三《營衛志下·部族下》、卷四六《百官志二·北面部族官》改。

[13]河西部:晚唐直至宋初,河西地區除沙州歸義軍治下的漢族之外,還有吐蕃、回鶻等族在這一地區活動。遼以俘獲的河西各族人户建河西部。

[14]西北路招討司:又稱"西北路都招討司",遼朝統治漠北屬部的最高軍政機構。聖宗以後,主要負責鎮壓阻卜。

[15]突呂不部:契丹部族名。據本書卷三三《營衛志下》,該部爲太祖二十部之一,創建於阻午可汗之時,"隸北府,節度使屬西北路招討司,司徒居長春州西"。

[16]奧衍女直部:奧衍女直部與乙典女直部,都是聖宗以女直户置。

[17]室韋:部族名。北魏始見於記載,分佈於今黑龍江、嫩江流域,唐時分爲許多部,時契丹多爲其役屬。

[18]西南路招討司:又作"西南面招討司",契丹軍事機構名。設招討使一人,駐西京大同,負責對西夏的防務。

[19]涅剌部:據本書卷三三《營衛志下》:"其先曰涅勒,阻午可汗分其營爲部。節度使屬西南路招討司,居黑山北,司徒居郝里河側。"

[20]烏古涅剌部:附屬於涅剌部的、以被俘烏古人户建立的部族。【劉校】原本作"烏古剌部",脱"涅"字,據中華修訂本校勘記,依卷三三《營衛志下》補。

[21]涅剌越兀部:據本書卷三三《營衛志下》,"以涅剌室韋户置",即該部是涅剌部轄下的部族。

[22]梅古悉部:據本書卷三三《營衛志下》"聖宗以唐古户置"。以下頡的部、匿訖唐古部、北唐古部、南唐古部、鶴剌唐古部同。"唐古"又作"唐古特",即吐蕃。

[23]頡的部:聖宗以唐古(吐蕃)人建立的部族。

［24］匿訖唐古部：以唐古人建立的附屬於契丹的部族。當係遼朝西南部的吐蕃部族。聖宗時有匿訖唐古部、北唐古部、南唐古部、鶴剌唐古部等部。耶律大石西行所歷諸部中也有唐古部。詳見本書卷三三《營衛志下·部族下》。

［25］黃龍府：治所在今吉林省農安縣。

［26］隗衍突厥部：本書卷三三《營衛志下》載：“聖宗析四闥沙、四頗懃户置，以鎮東北女直之鏡。開泰九年節度使奏請置石烈。隸北府，屬黃龍府都部署司。”又作“烏衍突厥部”。

［27］五國部：遼東北部族名。越里篤、剖阿里、奥里米、蒲奴里和越里吉，統稱五國部。

［28］烏古敵烈統軍司：遼代西北部的軍事機構。烏古、敵烈是契丹西北方兩個部族名。烏古又稱嫗厥律、于厥律；敵烈又譯迪烈、敵烈德、迭烈德、達里底。遼時以游牧、捕獵爲業，分佈於臚朐河（今克魯倫河）流域。敵烈與烏古部並稱爲北邊大部。遼聖宗以敵烈部降人置迭魯敵烈部和北敵烈部。開泰四年（1015）築董城於臚朐河北，安置敵烈、烏古降人。壽昌二年（1096）徙敵烈、烏古於烏納水西。金末元初，敵烈人逐漸與女真人、蒙古人等同化。

［29］迭魯敵烈部：本書卷三三《營衛志下》載：“聖宗以敵烈户置。隸北府，節度使屬烏古敵烈統軍司。”“迭魯”，或爲數字“七”之義。

［30］北敵烈部：本書卷三三《營衛志下》載：“聖宗以敵烈户置。戍隗烏古部。”

南府凡一十六部。[1]
鎮駐西南境：
乙室部。[2]
西南路招討司：
品部。[3]

迭達迭刺部。[4]

品達魯虢部。[5]

乙典女直部。[6]

西北路招討司：

楮特部。[7]

東北路統軍司：

達馬鼻古德部。[8]

東北路女直兵馬司：[9]

乙室奧隗部。

東京都部署司：[10]

楮特奧隗部。

窈爪部。[11]

稍瓦部。[12]

曷朮部。[13]

戍倒塌嶺：

訛僕括部。[14]

屯駐本境：

撒里葛部。[15]

南唐古部。[16]

薛特部。[17]

　　[1]南府凡一十六部：【劉校】據中華點校本校勘記，按本書
卷三三《營衛志下》，尚有耨盌爪部屬東京都部署司，隸南府，又
品部、南唐古部隸北府。凡十五部。

　　[2]乙室部：契丹部族名。爲太祖阿保機時期二十部之一，統
以本部夷离堇。會同二年（939）該部夷离堇稱大王，隸南府。其

大王及都監率部鎮守西南境，負責防禦西夏。

[3]品部：又作“品卑部”，創建於阻午可汗之時，隸北府。本書卷一三《聖宗本紀四》載統和十五年（997）二月“勸品部富民出錢以贍貧民”。同月又“詔品部曠地令民耕種”。【劉校】據中華點校本校勘記，本書卷四《太宗本紀下》會同四年正月作“品卑部”，卷一一《聖宗本紀二》統和四年四月作“頻不部”。

[4]迭達迭剌部：又作“迭剌迭達”，本鮮質可汗所俘奚七百戶，太祖即位，以爲十四石烈，置爲部。隸南府，節度使屬西南路招討司，戍黑山北，部民居慶州南。迭達迭剌部，據中華點校本校勘記，本書卷三三《營衛志下》、卷四六《百官志二》並作“迭剌迭達部”。

[5]品達魯虢部：附屬於品部的、以被俘達魯虢人戶建立的部族。本書卷九五《耶律適祿傳》載其遼末“加泰州觀察使，爲達魯虢部節度使”。達魯虢應是活動於上京東北部的部族。【劉校】品達魯虢部，據中華點校本校勘記，本書卷一六《聖宗本紀七》開泰七年（1018）六月作“品打魯瑰部”。

[6]乙典女直部：聖宗以女直戶置。

[7]楮特部：契丹部族名。阻午可汗以其營爲部。隸南府。

[8]鼻古德：又作“繁古德”，遼時黑龍江流域部族名。聖宗時分置伯斯鼻古德部與撻馬鼻古德部，均屬東北路統軍司。所在地相當於今黑龍江省富錦市至俄羅斯境內哈巴羅夫斯克（伯力）沿江一帶。

[9]東北路女直兵馬司：【劉校】據中華點校本校勘記，本書卷三三《營衛志下》作“東北路兵馬司”。

[10]東京都部署司：官署名。即東京兵馬都部署司。

[11]窈爪部：【劉校】“爪”原本作“瓜”，明抄本、南監本、北監本和殿本均作“爪”。中華點校本和修訂本徑改。今從改。

[12]稍瓦部：本書卷三三《營衛志下》載：“稍瓦部。初，取諸宮及橫帳大族奴隸置稍瓦石烈。‘稍瓦’，鷹坊也。居遼水東，掌

羅捕飛鳥。聖宗以戶口蕃息，置部。節度使屬東京都部署司。"

［13］曷术部：本書卷三三《營衛志下》載："曷术部。初，取諸宮及橫帳大族奴隸置曷术石烈。'曷术'，鐵也，以冶於海濱柳濕河、三黜古斯、手山。聖宗以戶口蕃息，置部。屬東京都部署司。"

［14］訛僕括部：【劉校】據中華點校本校勘記，本書卷三三《營衛志下》載，訛僕括部，與撒里葛三部同，居望雲縣東。特里特勉部戍倒塌嶺。

［15］撒里葛部：本書卷三三《營衛志下》載："奚有三營：曰撒里葛，曰窈爪，曰耨盌爪。太祖伐奚，乞降，願爲著帳子弟，籍於宮分，皆設夷离董。聖宗各置爲部，改設節度使，皆隸南府，以備畋獵之役。居澤州東。"

［16］南唐古部：【劉校】據中華點校本校勘記，本書卷三三《營衛志下》載，南唐古部隸北府。

［17］薛特部：本書卷三三《營衛志下》載："薛特部。開泰四年以回鶻戶置。"

（李錫厚注　劉鳳翥校）

遼史　卷三六

志第六

兵衛志下

五京鄉丁

遼建五京：臨潢，[1]契丹故壤；遼陽，[2]漢之遼東，
爲渤海故國；[3]中京，[4]漢遼西地，自唐以來契丹有之。
三京丁籍可紀者二十二萬六千一百，蕃漢轉户爲多。[5]
析津、大同，[6]故漢地，籍丁八十萬六千七百。契丹本
户多隸宫帳、部族，[7]其餘蕃漢户丁分隸者，皆不與焉。

[1]臨潢：即遼上京臨潢府。治所在今内蒙古自治區巴林左旗
林東鎮。

[2]遼陽：即遼東京遼陽府。治所在今遼寧省遼陽市。

[3]渤海：靺鞨粟末部在今東北地區建立的政權。唐武后聖曆
元年（698）靺鞨粟末部首領大祚榮建立振國（亦稱“震國”）。
寶應元年（762）晉升爲國。天顯元年（926）爲遼所滅，改稱東
丹，並遷至遼陽。唐玄宗先天二年（713，當年十二月改元“開
元”）遣使封大祚榮爲左驍衛大將軍、渤海郡王，又設置忽汗州，

加授大祚榮爲忽汗州大都督，並改稱渤海。本書卷七三《蕭敵魯傳附阿古只傳》載："渤海既平，改東丹國。頃之，已降郡縣復叛，盜賊蜂起。"同卷《耶律斜涅赤傳》載，大諲譔"已而復叛，命諸將分地攻之"。渤海各地的反抗鬥爭，多打着亡國之君大諲譔的旗號。爲使渤海人不再對復興故國抱幻想，當年七月間，"衛送大諲譔於皇都西，築城以居之。賜諲譔名曰烏魯古，妻曰阿里只"（本書卷二《太祖本紀下》）。【劉注】渤海國最初的國號爲"靺鞨"，不爲"震國"或"振國"。《新唐書》卷二一九《渤海傳》："睿宗先天中（應爲'玄宗先天二年'），遣使拜祚榮爲左驍衛大將軍、渤海郡王。以所統爲忽汗州，領忽汗州都督，自是始去靺鞨號，專稱渤海。"這裏不稱"始去震國之號，專稱渤海"，而稱"始去靺鞨之號，專稱渤海"。可見，稱"大祚榮建立震國"是混淆了封號與國號的區別。《新唐書》卷二一九《渤海傳》稱"武后封乞四比羽爲許國公，乞乞仲象（大祚榮之父）爲震國公"。"許國公"和"震國公"都是封號，並不意味着有"許國""震國"等政权。乞乞仲象死後，他兒子大祚榮繼承了"震國公"的封號，但他不滿足"公"級別，所以"自號震國王"。"震國王"僅僅是封號，並不意味着有"震國"。少數民族往往以其民族名爲國號，如"契丹""蒙古"等。渤海也應如此。

[4]中京：遼五京之一。中京稱大定府，治所在今内蒙古自治區寧城縣大明鎮。

[5]蕃漢轉户：户等名。指塞外頭下州縣中那些自中原地區輾轉遷徙而來到蕃界的漢族人户。他們爲人佃作，實即客户，但身份低於燕京和西京地區正户中爲人佃作的客户。

[6]析津：遼南京析津府。治所在今北京市。 大同：遼西京大同府。治所在今山西省大同市。

[7]本户：遼以契丹爲"本户"，這種情況亦正如金以女真爲"本户"一樣。契丹本户多隸宮帳、部族，不屬五京各州縣，故亦不計入各地户丁統計數字中。

太祖建皇都于臨潢府。太宗定晉，晉主石敬瑭來獻
十六城，[1]乃定四京，改皇都爲上京。有丁一十六萬七
千二百。

臨潢府：

　　　　臨潢縣丁七千。

　　　　長泰縣丁八千。

　　　　保和縣丁六千。

　　　　定霸縣丁六千。

　　　　宣化縣丁四千。[2]

　　　　潞縣丁六千。

　　　　易俗縣丁一千五百。

　　　　遷遼縣丁一千五百。

祖州：[3]

　　長霸縣丁四千。

　　咸寧縣丁二千。

　　越王城丁二千。

懷州：[4]

　　扶餘縣丁三千。

　　顯理縣丁二千。

慶州玄寧縣丁一萬二千。[5]

泰州興國縣丁一千四百。[6]

長春州長春縣丁四千。[7]

烏州愛民縣丁二千。[8]

永州：[9]

　　長寧縣丁九千。

義豐縣丁三千。

慈仁縣丁八百。

儀坤州廣義縣丁五千。[10]

龍化州龍化縣丁二千。[11]

降聖州永安縣丁一千五百。[12]

饒州：[13]

長樂縣丁八千。

臨河縣丁二千。

安民縣丁二千。

頭下：

徽州丁二萬。[14]

成州丁八千。[15]

懿州丁八千。[16]

渭州丁二千。[17]

原州丁一千。[18]

壕州丁一萬二千。[19]

福州丁五百。[20]

橫州丁四百。[21]

鳳州丁一千。[22]

遂州丁一千。[23]

豐州丁一千。[24]

順州丁二千。[25]

閭州丁二千。[26]

松山州丁一千。[27]

豫州丁一千。[28]

寧州丁六百。[29]

[1]晉主:【劉校】"主"原本作"王",中華點校本校勘記云,據《大典》七七○二改。今從改。 石敬瑭（892—942）:原本誤作"石敬塘",今據文意改。後晉王朝開國皇帝,後唐明宗婿。清泰帝李從珂即位,當時敬瑭爲河東節度使,清泰帝令其移鎮天平（鄆州軍號）。由於雙方本來相互猜忌,於是,敬瑭不受命,並上表論從珂不當立。清泰帝下詔討除,敬瑭向契丹稱臣、稱兒、割地以求援,遂被契丹冊立爲皇帝,國號晉,都汴州（今河南省開封市）。天福七年卒。

[2]宣化縣丁四千:【劉校】中華點校本校勘記云,據本書卷三七《地理志一》,宣化縣户四千。一户一丁,疑誤。

[3]祖州:州名。遼置,因阿保機的高祖、曾祖、祖、父皆出生於此,故名。治所在今内蒙古自治區巴林左旗哈達英格蘇木石房子嘎查。轄境相當於今内蒙古自治區巴林左旗、巴林右旗的一部分。金天會八年（1130）改爲奉州。阿保機秋季多在此狩獵。這是一座漢城,據《武經總要》前集卷一六下《戎狄舊地》:"祖州,阿保機既創西樓,又西南築一城,以貯漢人,今名祖州,在唐置饒樂府西北祖山之陽,因爲州名。阿保機葬所也,今號天成軍。"

[4]懷州:治所在今内蒙古自治區巴林右旗幸福之路蘇木崗根嘎查舊城。本唐歸誠州,以契丹降部置。武后萬歲通天初,歸誠州刺史孫萬榮與松漠都督李盡忠叛,寇營州。即此。後廢。太宗德光行帳牧放於此,後葬於西山,曰懷陵。因置懷州奉陵軍。《武經總要·戎狄舊地》:"懷州,契丹號奉陵軍,州將兼山陵都部署,即遼主德光葬所也。東南至中京三百五十里,西至平地松林四十里,北至潢河十里,河北至上京百五十里,西北門至轄韄轄國三百里。"

[5]慶州:治所在今内蒙古自治區巴林右旗索博日嘎鎮。 玄寧:【劉校】據中華點校本校勘記,本書卷三七《地理志一》作

"玄德"。

[6]泰州：治所在今吉林省白城市東南。

[7]長春州：治所在今吉林省前郭爾羅斯蒙古族自治縣西北部松花江畔的塔虎城。《武經總要·戎狄舊地》："長春州，契丹國舊地，仍曰昭陽軍，亦爲罪譴者配隸之所。北至黃龍府百里，東北至龍化州四百里，南至微州三百五十里，西至新州四百里，西北至上京二百里。"

[8]烏州：治所在今内蒙古自治區科爾沁左翼中旗境内烏斯吐古城遺址。原本東胡之種烏丸之地，被遼北大王撥剌占爲牧地，建城，後隸屬興聖宫。

[9]永州：在今西拉木倫河與老哈河合流處。《武經總要·戎狄舊地》："永州在木葉山之陽，潢之北，契丹國舊地也。一路西北至轆淀二百里，一路西北至上京三百里。"

[10]儀坤州：治所在今内蒙古自治區翁牛特旗西北。係德光生母應天皇太后出生地。

[11]龍化州：地名。傳説契丹始祖奇首可汗居此，原稱龍庭。地當今内蒙古自治區奈曼旗東北。唐天復二年（902）阿保機成爲迭剌部夷离堇，破代北，遷徙代北居民，於此建州。《武經總要·戎狄舊地》："龍化，州在木葉山東千里。阿保機始置四樓，此即是東樓也。會病卒，葬於西南山，即今祖州也。以所卒之地置州，曰龍化門，化州也。東至泉州二十里，西至降聖州五十里，西南至蔚州四十里，南至遂州二百里，北至夢送河五十里。"

[12]降聖州：治所在今内蒙古自治區敖漢旗瑪尼罕鄉五十家子的孟克河左岸一級臺地上，五十家村之西側。

[13]饒州：《武經總要·戎狄舊地》："饒州，唐建饒樂府都督以處奚人部落，契丹建爲饒州。在潢水之北，石橋傍，以渤海人居之。西南至平地松林百里，南至中京五百里，北至沱河十里，東至上京三十里，西北至祖州七十里。"潢水即今西拉木倫河，石橋遺址在今内蒙古自治區林西縣城西南六十公里西拉木倫河上，即新城

子鎮黄土坑村南一公里處。

[14]徽州：治所在今内蒙古自治區庫倫旗西南水泉之城子古城遺址。據本書卷三七《地理志一·上京道》，該州係遼景宗女秦晉大長公主以媵臣萬户所建。在宜州（今遼寧省義縣）之北二百里。

[15]成州：治所在今遼寧省阜新市西北五十里紅帽子村古城遺址。據本書《地理志一》，該州係遼聖宗女晉國長公主以上賜媵臣户置。在宜州北一百六十里。

[16]懿州：據本書《地理志一》，該州係遼聖宗女燕國長公主以上賜媵臣户置。在顯州東北二百里。【劉注】治所在今遼寧省阜新蒙古族自治縣塔營子鎮塔營子村古城址。

[17]渭州：治所在今遼寧省法庫縣葉茂臺鎮西二臺子古城址。據本書《地理志一》，該州係駙馬都尉蕭昌裔建。尚秦國王隆慶女韓國長公主，以所賜媵臣建州城。在顯州東北二百五十里。

[18]原州：治所在今遼寧省康平縣西北古城遺址。據本書《地理志一》，該州是國舅金德俘掠漢民建城，亦即頭下州城，在顯州東北三百里。

[19]壕州：即豪州。治所在今遼寧省彰武縣東北四合城古城遺址。據本書《地理志一》，該州係國舅宰相南征，俘掠漢民建，居遼東西安平縣故地。在顯州東北二百二十里。

[20]福州：治所在今遼寧省康平縣西北。據本書《地理志一》"上京道"，該州係國舅蕭寧南征，俘掠漢民建，居北安平縣故地。在原州北二十里。

[21]橫州：治所在今遼寧省法庫縣四家子古城遺址。據本書卷三七《地理志一》，該州係國舅蕭克忠建。部下牧人居漢故遼陽縣地，因置州城。在遼州西北九十里。

[22]鳳州丁一千：據中華點校本校勘記，本書《地理志一》載，鳳州户四千。丁數少於户數，疑誤。鳳州，治所在今吉林省懷德縣西。據本書卷三七《地理志一》"上京道"，該州原係渤海之安寧郡境，後爲契丹南王府五帳分地。在韓州北二百里，西北至上

京九百里。

[23]遂州：治所在今内蒙古自治區庫倫旗東北三家子西南古城址。《滿洲源流考》卷一〇：“此遂州屬上京，與鳳州相鄰。”

[24]豐州：《大清一統志》卷一六〇：“豐州故城，今托克托城，即遼豐州地，本漢定襄郡地。遼置豐州天德軍，治富民縣，屬西京道。”《大同府志》：“豐州富民城在府西北五百里，近葫蘆海。按遼金時豐州州治在今歸化城（今内蒙古自治區呼和浩特市）地西。”

[25]順州：治所在今遼寧省阜新蒙古族自治縣東南大巴鎮英城子。契丹南下俘掠燕、薊、順（今北京市順義區）民在遼東地區僑置。

[26]閭州：治所在今遼寧省阜新蒙古族自治縣東十家子鎮附近。地近遼西醫巫閭山。

[27]松山州：治所在今内蒙古自治區赤峰市松山區。

[28]豫州：治所在今内蒙古自治區扎魯特旗巴雅爾圖胡碩鎮日木圖嘎查東北三公里處。橫帳陳王牧地。南至上京三百里。

[29]寧州：治所在今遼寧省瓦房店市西北永寧古城遺址。豫州東八十里。

東京，本渤海，以其地建南京遼陽府。[1]統縣六，轄軍、府、州、城二十六，[2]有丁四萬一千四百。天顯十三年，[3]太宗改爲東京。

遼陽府：

　　遼陽縣丁三千。

　　仙鄉縣丁三千。

　　鶴野縣丁二千四百。

　　析木縣丁二千。

紫蒙縣丁二千。

興遼縣丁二千。

開州開遠縣丁二千。[4]

鹽州丁五百。[5]

穆州丁五百。[6]

賀州丁五百。[7]

定州定東縣丁一千六百。[8]

保州來遠縣丁二千。[9]

辰州丁四千。[10]

盧州丁五百。[11]

鐵州丁二千。[12]

興州丁三百。[13]

湯州丁七百。[14]

崇州丁一千。[15]

海州丁三千。[16]

耀州丁一千二百。[17]

嬪州丁七百。[18]

淥州丁四千。[19]

桓州丁一千。[20]

豐州丁五百。[21]

正州丁七百。[22]

慕州丁三百。[23]

[1]其地：【劉校】"地"原本作"他"，明抄本、南監本、北監本、殿本均作"地"。中華點校本和修訂本徑改。今從改。

[2]統縣六，轄軍、府、州、城二十六：【劉校】據中華點校

本校勘記，道光殿本《考證》云："按《地理志》，統縣九，轄軍、府、州、城八十七。此所載'縣六'，係據丁數可見者；其'二十六'之數，恐有舛誤。"

[3]天顯：遼太祖耶律阿保機年號。天顯元年（926）遼太宗耶律德光即位未改元。

[4]開州：治所在今遼寧省鳳城市。《武經總要》前集卷一六下《戎狄舊地》："開州，渤海古城也。遼主東討，新羅國都其城，要害，建爲州，仍曰開遠軍。西至來遠城一百二十里，西南至吉州七十里，東南至石城六十里。遼中庚戌年討新羅國，得要害地，築城以守之，即中國大中祥符三年也。東至新羅興化鎮四十里，南至海三十里，西至保州四十里。"

[5]鹽州：治所在今遼寧省鳳城市附近。據本書卷三八《地理志二·東京道》，該州本渤海龍河郡，隸開州。相去一百四十里。

[6]穆州：治所在今遼寧省岫巖滿族自治縣。據本書《地理志二》，該州本渤海會農郡，隸開州。東北至開州一百二十里。

[7]賀州：治所在今遼寧省鳳城市以東。據本書《地理志二》，該州本渤海吉理郡，隸開州。

[8]定州：治所在今朝鮮義州郡附近。據本書《地理志二》，定州，保寧軍。高麗置州，故縣一，曰定東。聖宗統和十三年（995）升軍，遷遼西民實之。隸東京留守司。

[9]保州：治所在今朝鮮新義州市西南。《武經總要·戎狄舊地》："保州，渤海古城，東控鴨綠江新羅國界，仍置権場，通互市之利。"

[10]辰州：治所在今遼寧省蓋州市。《滿洲源流考》卷八以今蓋州爲辰州，"辰州，即今之蓋州，今爲蓋平縣"。

[11]盧州：治所在今遼寧省營口市鮁魚圈區熊岳古城。原渤海杉盧郡，地近渤海東京龍源府。

[12]鐵州：渤海置，因東有鐵嶺，故名。治所在今遼寧省營口市東南湯池古城。遼襲舊制，仍置鐵州建武軍刺史，治湯池縣。隸

屬東京道。

［13］興州：治所在今遼寧省鐵嶺市新臺子古城。據本書《地理志二》，本漢海冥縣地，屬玄菟郡。

［14］湯州：治所在今遼寧省遼中縣附近。據本書《地理志二》，本漢襄平縣地。《大清一統志》卷六〇《奉天府》：“襄平故城在遼陽州北，漢置縣，爲遼東郡治賈耽曰：自營州東百八十里至燕郡城，又經汝羅守捉，渡遼水至安東都護府五百里。府故漢襄平地。”

［15］崇州：治所在今遼寧省瀋陽市附近。《後漢書》卷五二《崔駰傳》：“〔竇〕憲不能容，稍疏之。因察駰高第，出爲長岑長。”李賢注：“長岑，縣，屬樂浪郡，其地在遼東。

［16］海州：治所在今遼寧省海城市。據本書《地理志二》，海州本漢沃沮國。《後漢書》卷八五《東夷傳》：“沃沮在高句驪蓋馬大山之東。”注：“蓋馬，縣名，屬玄菟郡，其山在今平壤城西。”

［17］耀州：治所在今遼寧省營口市大石橋鎮北岳州古城遺址。隸屬海州的刺史州。

［18］嬪州：治所在今遼寧省海城市東北三十餘里之向陽寨。隸屬海州的刺史州。

［19］淥州：治所在今遼寧省東港市西北黑溝古城遺址。渤海號西京鴨淥府。《滿洲源流考》卷一〇：“按：淥州城在平壤西境。”

［20］桓州：治所在今吉林省集安市西通溝古城遺址。隸屬淥州。

［21］豐州：治所在今吉林省撫松縣境內。隸屬淥州。

［22］正州：治所在遼寧省丹東市附近。隸屬淥州。

［23］慕州：治所在今遼寧省岫巖滿族自治縣東部。隸屬淥州。

　　南京析津府，統縣十一，[1]轄軍、府、州、城九，有丁五十六萬六千。[2]

析津府：

　　析津縣丁四萬。

　　宛平縣丁四萬四千。[3]

　　昌平縣丁一萬四千。[4]

　　良鄉縣丁一萬四千。[5]

　　潞縣丁一萬一千。[6]

　　安次縣丁二萬四千。[7]

　　武清縣丁二萬。[8]

　　永清縣丁一萬。[9]

　　香河縣丁一萬四千。[10]

　　玉河縣丁二千。[11]

　　潞陰縣丁一萬。[12]

順州懷柔縣丁一萬。[13]

檀州：[14]

　　密雲縣丁一萬。

　　行唐縣丁六千。[15]

涿州：[16]

　　范陽縣丁二萬。[17]

　　固安縣丁二萬。[18]

　　新城縣丁二萬。[19]

　　歸義縣丁八萬。[20]

易州：[21]

　　易縣丁五萬。

　　淶水縣丁五萬四千。[22]

　　容城縣丁一萬。[23]

薊州：[24]

　　漁陽縣丁八千。[25]

　　三河縣丁六千。[26]

　　玉田縣丁六千。[27]

平州：[28]

　　盧龍縣丁一萬四千。[29]

　　安喜縣丁一萬。[30]

　　望都縣丁六千。[31]

灤州：[32]

　　義豐縣丁八千。[33]

　　馬城縣丁六千。[34]

　　石城縣丁六千。[35]

營州廣寧縣丁六千。[36]

景州遵化縣丁六千。[37]

[1]統縣十一：【劉校】“十一”，原本脫“一”字。據中華點校本校勘記，下列縣數十一，與本書卷四〇《地理志四》合，據補。

[2]有丁五十六萬：【劉校】“五”原本誤作“丑”，明抄本、南監本、北監本和殿本均作“五”。中華點校本和修訂本徑改。今從改。

[3]宛平縣：遼南京析津府的附郭縣。時治所在今北京市西城區西南。

[4]昌平縣：治所在今北京市昌平區。

[5]良鄉縣：舊縣名。治所在今北京市房山區境內。三河、良鄉都是趙德鈞鎮幽州時所置，據《新五代史》卷七二《四夷附錄第一》：“莊宗之末，趙德鈞鎮幽州，於鹽溝置良鄉縣，又於幽州東五十里築城，皆戍以兵。及破賀邈等，又於其東置三河縣。由是

幽、薊之人，始得耕牧，而輸餉可通。"

[6]潞縣：後晉縣名。遼因之，金升爲通州，治所在今北京市通州區。

[7]安次縣：治所在今河北省廊坊市。

[8]武清縣：治所在今天津市武清區。

[9]永清縣：治所在今河北省永清縣。

[10]香河縣：治所在今河北省香河縣。

[11]玉河縣：治所在今北京市門頭溝區城子村。《大清一統志》卷八："玉河廢縣，在宛平縣西，五代時置"，"金廢"。

[12]潞陰縣：治所在今北京市通州區東南。《畿輔通志》卷五三："潞陰故城，在通州南四十里，本漢泉州地。屬漁陽郡。遼置潞陰縣，屬析津府。元升爲潞州，屬大都路。明復爲縣，屬通州。"

[13]懷柔縣：治所在今北京市懷柔區。

[14]檀州：唐州名。治所在今北京市密雲區。

[15]行唐縣：治所在今河北省行唐縣。行唐在宋遼分立時屬宋，此係遼境內之行唐縣。本書卷四〇《地理志四·南京道》："本定州行唐縣。太祖掠定州，破行唐，盡驅其民，北至檀州，擇曠土居之，凡置十寨，仍名行唐縣。隸彰愍宮。"

[16]涿州：治所在今河北省涿州市。

[17]范陽縣：治所在今河北省涿州市。

[18]固安縣：治所在今河北省固安縣。

[19]新城縣：治所在今河北省高碑店市。

[20]歸義縣丁八萬：【劉校】據中華點校本校勘記，本書卷四〇《地理志四》載，歸義縣户四千。"丁八萬"疑是丁八千之誤。歸義縣，治所在今河北省容城縣東。據《輿地廣記》卷一〇，該縣"晉時入於契丹，周顯德六年，世宗尅瓦橋關，置雄州，治歸義縣。皇朝太平興國元年改爲歸信"。

[21]易州：治所在今河北省易縣。

[22]淶水縣：治所在今河北省淶水縣。

[23]容城縣：治所在今河北省容城縣。五代後周以瓦橋關建雄州（今河北省雄縣），容城爲該州屬縣。

[24]薊州：治所在今天津市薊州區。

[25]漁陽縣：治所在今北京市密雲區。唐以後之薊州以漁陽爲治。

[26]三河縣：治所在今河北省三河市。

[27]玉田縣：治所在今河北省玉田縣。

[28]平州：唐置，治所在今河北省盧龍縣。

[29]盧龍縣：治所在今河北省盧龍縣。

[30]安喜縣：本漢令支縣地，久廢。遼太祖以定州安喜縣俘户置。金時改爲遷安縣。治所在今河北省遷安縣東北。

[31]望都縣：遼以所俘望都民置。望都當時屬宋。金時改爲海山縣。治所在今河北省盧龍縣南。

[32]灤州：治所在今河北省灤州市。《畿輔通志》卷一三："五代時入契丹，始析置灤州永安軍，屬平州，後又置義豐縣，爲州治。"

[33]義豐縣：隋置，唐屬定州。此係契丹以俘户僑置。治所在今河北省灤州市。

[34]馬城縣：舊縣名。元廢。治所在今河北省灤南縣東北馬城鎮。

[35]石城縣：舊縣名。元廢。治所在今河北省灤州市西南。

[36]廣寧縣：治所在今河北省昌黎縣。

[37]遵化縣：治所在今河北省遵化市。

西京大同府，統縣七，轄軍、府、州、城十七，有丁三十二萬二千七百。

大同府：

大同縣丁二萬。

　　　雲中縣丁二萬。[1]

　　　天成縣丁一萬。[2]

　　　長青縣丁八千。[3]

　　　奉義縣丁六千。[4]

　　　懷仁縣丁六千。[5]

　　　懷安縣丁六千。[6]

弘州：[7]

　　　永寧縣丁二萬。[8]

　　　順聖縣丁六千。[9]

德州宣德縣丁六千。[10]

豐州：

　　　　富民縣丁二千四百。[11]

　　　　振武縣鄉兵三百。[12]

奉聖州：[13]

　　　永興縣丁一萬六千。[14]

　　　礬山縣丁六千。[15]

　　　龍門縣丁八千。[16]

　　　望雲縣丁二千。[17]

歸化州文德縣丁二萬。[18]

可汗州懷來縣丁六千。[19]

儒州縉山縣丁一萬。[20]

蔚州：[21]

　　　靈仙縣丁四萬。[22]

　　　定安縣丁二萬。[23]

　　　飛狐縣丁一萬。[24]

靈丘縣丁六千。[25]

廣陵縣丁六千。[26]

應州：[27]

金城縣丁一萬六千。[28]

渾源縣丁一萬。[29]

河陰縣丁六千。[30]

朔州：[31]

鄯陽縣丁八千。[32]

寧遠縣丁四千。[33]

馬邑縣丁六千。[34]

金肅軍防秋兵一千。[35]

武州神武縣丁一萬。[36]

河清軍防秋兵一千。[37]

[1]雲中縣：治所在今山西省大同市。

[2]天成縣：治所在今山西省天鎮縣。【劉校】"成"原本作
"詳"，據中華點校本校勘記，據本書卷四一《地理志五》改。《金
史·地理志》作"城"。

[3]長青縣：治所在今山西省陽高縣。

[4]奉義縣：治所在今山西省大同市北。

[5]懷仁縣：治所在今山西省懷仁縣。

[6]懷安縣：治所在今河北省懷安縣東南。

[7]弘州：見注[8]永寧縣。

[8]永寧縣：治所在今河北省陽原縣。《畿輔通志》卷一四：
"西寧縣，本漢陽原縣，屬代郡。後漢省。東魏置北靈邱郡，北齊
省。唐開元中置橫野軍，天寶後廢。遼統和中置永寧縣，兼置弘州
永寧軍，後改博寧軍，屬西京道。金亦曰弘州，改軍曰保寧，尋

廢。大定七年改縣曰襄陰。元至元中以襄陰縣省入州,屬大同路。明初州廢,天順四年於故順聖縣築順聖川東城,於此築順聖川西城,俱屬萬全都指揮使司。本朝初屬蔚州衛,康熙三十二年改置西寧縣,以東城併入,屬宣化府。"

[9]順聖縣:見注[8]永寧縣。

[10]德州宣德縣:治所在今山西省左雲縣。據《山西通志》卷五〇:"左雲縣宣寧城,《金志》本遼德州昭聖軍宣德縣。"

[11]富民縣:治所在今内蒙古自治區呼和浩特市東陶卜齊古城遺址。本漢臨戎縣,屬朔方郡。遼改今名。

[12]振武縣:治所在今内蒙古自治區和林格爾縣西北土城子古城遺址。遼振武縣屬豐州,在漢爲定襄郡盛樂城。據《大清一統志》卷一六〇:"盛樂故城在歸化城(今内蒙古自治區呼和浩特市)南。"

[13]奉聖州:即新州。治所在今河北省涿鹿縣。

[14]永興縣:治所應在今河北省涿鹿縣。本漢涿鹿縣地。相傳黄帝與蚩尤戰於此。屬於上谷郡。

[15]礬山縣:治所在今河北省涿鹿縣礬山鎮。

[16]龍門縣:治所在今河北省赤城縣西南龍關鎮。

[17]望雲縣:治所在今河北省赤城縣北雲州鎮。

[18]歸化州:即武州。治所在今河北省張家口市宣化區。

[19]可汗州:治所在今河北省懷來縣。據本書卷四一《地理志五》"西京道",媯州改稱可汗州是在阿保機之先:"五代時,奚王去諸以數千帳徙媯州,自別爲西奚,號可汗州,太祖因之。"

[20]儒州:治所在今北京市延慶區。

[21]蔚州:治所在今河北省蔚縣。

[22]靈仙縣:治所在今河北省蔚縣中西部地區。

[23]定安縣:治所在今河北省蔚縣東北。據《大清一統志》卷四〇,"故址在蔚州東北,遼置,屬蔚州","在州東北六十里"。

[24]飛狐縣:古縣名。治所在今河北省淶源縣,其在隋、唐、

遼、宋、金、元時名飛狐縣。

[25] 靈丘縣：治所在今山西省靈丘縣。

[26] 廣陵縣：治所在今山西省廣靈縣。

[27] 應州：治所在今山西省應縣。

[28] 金城縣：治所在今山西省應縣東。遼代應州屬縣，非甘肅省金城縣。明初廢。

[29] 渾源縣：治所在今山西省渾源縣。

[30] 河陰縣：治所在今山西省山陰縣東南。

[31] 朔州：治所在今山西省朔州市。

[32] 鄯陽縣：治所在今山西省朔州市。據《明一統志》卷二一，"鄯陽廢縣在朔州城內"。

[33] 寧遠縣：治所在今山西省寧武縣。

[34] 馬邑縣：治所在今山西省朔州市城內。

[35] 金肅軍：治所在今內蒙古自治區准格爾旗西北。遼重熙十二年（1043）伐西夏置。 防秋：古代西北各游牧部落，往往趁秋高馬肥時南侵。屆時邊軍特加警衛，調兵防守，稱爲"防秋"。《舊唐書》卷一三九《陸贄傳》："又以河隴陷蕃已來，西北邊常以重兵守備，謂之防秋。"

[36] 神武縣：治所在今山西省山陰縣。

[37] 河清軍：據《三朝北盟會編》卷二五政宣上帙宣和七年（1125）十二月十九日："初，粘罕遣撒盧母使夏國，許割天德、雲內、武州及河東兜答、廝喇、曷童、野鵲、神崖、榆林、保大、裕民八館，河西金肅、河清（原刻誤爲'清河'）二軍，約入攻麟、府以牽河東之勢，至是夏人由金肅、河清軍渡河，取天德、雲內、河東八館及武州，以應粘罕之約，盡陷其地。"按河清軍應在河套地區，夏人由河清軍渡河可以到達河東。

聖宗統和二十三年，[1] 城七金山，建大定府，號中京。統縣九，轄軍、府、州、城二十三。草創未定，丁籍莫考，可見者一縣：

高州三韓縣丁一萬。[2]

[1]統和：遼聖宗年號（983—1012）。

[2]高州：治所在今內蒙古自治區敖漢旗東。遼統和八年（990）更名武安州，隸大定府。

大約五京民丁可見者，一百一十萬七千三百爲鄉兵。

屬國軍

遼屬國可紀者五十有九，朝貢無常。有事則遣使徵兵，或下詔專征；不從者討之。助軍衆寡，各從其便，無常額。又有鐵不得國者，興宗重熙十七年乞以兵助攻夏國，[1]詔不許。

[1]重熙：遼興宗年號（1032—1055）。 夏國：即西夏。以党項民族爲主體建立的政權（1038—1227）。公元 1038 年，李元昊叛宋稱帝，建立大夏王朝，傳十代，至 1227 年爲蒙古所滅。元昊稱帝以前，党項作爲北宋境內的地方割據政權，已經具有獨立性。西夏先後與遼、北宋及金、南宋並立於時中國境內。境土包括今寧夏回族自治區全部、甘肅省大部、陝西省北部以及青海省、內蒙古自治區的部分地區。

吐谷渾。[1]
鐵驪。[2]

靺鞨。[3]

兀惹。[4]

黑車子室韋。[5]

西奚。[6]

東部奚。

烏馬山奚。

斜離底。[7]

突厥。[8]

党項。[9]

小蕃。[10]

沙陀。[11]

阻卜。[12]

烏古。[13]

素昆那。[14]

胡母思山蕃。[15]

波斯。[16]

大食。[17]

甘州回鶻。[18]

新羅。[19]

烏孫。[20]

燉煌。[21]

賃烈。[22]

要里。[23]

回鶻。[24]

轄戛斯。[25]

吐蕃。[26]

黄室韋。[27]

小黄室韋。

大黄室韋。

阿薩蘭回鶻。[28]

于闐。[29]

師子。[30]

北女直。[31]

河西党項。[32]

南京女直。[33]

沙州燉煌。[34]

曷蘇館。[35]

沙州回鶻。[36]

查只底。[37]

蒲盧毛朵。[38]

蒲奴里。[39]

大蕃。[40]

高昌。[41]

回拔。[42]

頗里。[43]

達里底。[44]

拔思母。[45]

敵烈。[46]

粘八葛。[47]

梅里急。[48]

耶睹刮。[49]

鼻骨德。[50]

和州回鶻。[51]

斡朗改。[52]

高麗。[53]

西夏。

女直。

[1]吐谷渾：古代部族名。即吐渾。據《新五代史》卷七四《四夷附錄第三》，吐渾"自後魏以來，名見中國，居於青海之上。當唐至德中，爲吐蕃所攻，部族分散，其內附者，唐處之河西。其大姓有慕容、拓拔、赫連等族。懿宗時，首領赫連鐸爲陰山府都督，與討龐勛，以功拜大同軍節度使。爲晉王所破，其部族益微，散處蔚州界中"。"晉高祖立，割鴈門以北入於契丹，於是吐渾爲契丹役屬，而苦其苛暴"。另據《五代會要》卷二八《吐渾》："至開運中，捍虜於澶州，召承福等率其部眾從行，屬歲多暑熱，部下多死，復遣歸太原，移帳於嵐石州界。然承福馭下無法，多干軍令。其族白可久，名在承福之亞，因牧馬率本帳北遁，契丹授以官爵，復遣潛誘承福。承福亦思叛去，事未果，漢高祖知之，乃以兵環其部族，擒承福與其族白鐵櫃、赫連海龍等五家，凡四百有餘人，伏誅。籍其牛馬，命別部長王義宗統其餘屬。"

[2]鐵驪：古代族名。遼置鐵驪國王府，以統其眾。其地當在今黑龍江省東部松花江流域。

[3]靺鞨：古代民族名。據《舊唐書》卷一九九《靺鞨傳》："靺鞨，蓋肅慎之地，後魏謂之勿吉，在京師東北六千餘里，東至於海，西接突厥，南界高麗，北鄰室韋。其國凡爲數十部，各有酋帥，或附於高麗，或臣於突厥。而黑水靺鞨最處北方，尤稱勁健，每恃其勇，恒爲鄰境之患。"其粟末部，在唐代建立了渤海國。此

外，北部的黑水部也很强大，遼代的生女真主要爲該部，後建立金朝。遼置耎鞨國王府，以統其餘各部。

[4]兀惹：遼金時北邊族名。本書卷四六《百官志二》載："兀惹部，亦曰烏惹部。"遼屬國軍中有兀惹軍，並内遷此部人於松花江上游北端，在今吉林省農安市東北紅石壘建賓州城。遼金二代均曾征此部。

[5]黑車子室韋：部族名。室韋之一部，即《舊唐書》卷一九五《回紇傳》的"和解室韋"。其住地當今内蒙古自治區東部的呼倫湖東南，南與契丹接境。詳見王國維《觀堂集林》卷一四《黑車子室韋考》。

[6]西奚：奚族的一部分。據《五代會要》卷二八《奚》："自天祐初，契丹兵力漸盛，室韋、奚、霫皆受制焉。故奚之部族爲契丹代守邊土，暨虜人虐其首領，去諸怨之，以别部内附，徙於媯州，依北山而居，漸至數千帳，故有東、西奚之號。去諸卒，其子掃剌代立。後唐莊宗破幽州，賜掃剌姓李，名紹威。"所謂"西奚"，亦即内徙至媯州的那一部分奚族，因其住地在古北口外那部分奚人之西，故稱"西奚"。

[7]斜離底：本書卷四六《百官志二》："達里得部，亦曰達離底。"按下文有"達里底"，疑與此爲重出。即中華點校本認爲斜離底即達里得（達離底、達里底），但無其他佐證。

[8]突厥：古代族名。曾建立强大的突厥汗國，至公元 6 世紀分裂爲東西兩汗國。當阿保機建立契丹王朝時，突厥汗國早已滅亡。這裏所謂的"突厥"是指東突厥汗國的餘部。

[9]党項：中國古代族名。又稱"党項羌"，唐以後主要活動於靈、慶、銀、夏等州，即今甘肅、寧夏、陝西和内蒙古自治區交界地區。

[10]小蕃：契丹對某些吐蕃部落的稱呼。本書卷四六《百官志二》"北面屬國官"所列西蕃國王府、大蕃國王府、小蕃國王府和吐蕃國王府，當是指吐蕃各部。

[11]沙陀：中國古代族名。爲突厥別部，原來游牧於西北地區，唐末遷至河東（今山西省北部）。

[12]阻卜：即達旦、韃靼。元人諱言"達旦"，而稱達旦爲"阻卜"。詳見王國維《觀堂集林》卷一四《達旦考》。【靳注】有關"阻卜"和"韃靼"的辨析，自王國維《達旦考》一文發表以來，便成了近百年來中國北方民族史學界的一個焦點話題。它凝聚着幾代學人的學術興趣，以至於20世紀80年代出版的《遼金時代蒙古考》（史衞民編，內蒙古自治區文史館1984年11月版）一書幾乎成了討論這個話題的專輯。阻卜即韃靼説，目前在學界已成共識。但有關"阻卜"一詞的語源，爭議頗多。王靜如認爲來自藏語對蒙古人的稱呼Sog-po；余大均認爲《元朝秘史》和《史集》中的"主不兒"（蒙古語Jubur，原義是草原）是"阻卜"一詞的來源，爲當時這些部族的自稱；劉迎勝認爲《突厥語大辭典》中所記載的一個介於奚和達旦之間的強大部落Yabaqu，可以與《遼史》中的"尤不姑""直不姑"等阻卜別稱相聯繫；劉浦江則認爲"阻卜"一詞應該來源於契丹語，是契丹人對室韋系蒙古部落的他稱，不大可能是這些民族的自稱。以上詳參劉浦江《再論阻卜與韃靼》（《歷史研究》2005年第2期）一文。

[13]烏古：部族名。又稱"嫗厥律""于厥律"，居契丹西北。據中華點校本校勘記，本書卷七〇《屬國表》作"骨里國"，即烏骨里，亦作于骨里、于厥、于厥里。

[14]素昆那：山名。亦作部族名。本書卷二《太祖本紀下》天贊二年"曷剌等擊素昆那山東部族，破之"。

[15]胡母思山蕃：契丹西北方的吐蕃部落，阿保機西征曾到達該部。

[16]波斯：古代國家名。在今伊朗一帶。

[17]大食：唐、宋時期中國對阿拉伯人的專稱與對伊朗語地區穆斯林的泛稱。當時人們還不知阿拉伯人、波斯人、穆斯林三者的區別，統稱其爲大食。《遼史》有關於契丹遣嫁公主於大食王子等

記載，其中的大食顯然不是指遠在西方的阿拉伯人，而應是指中亞地區的某個穆斯林政權。

［18］甘州回鶻：遊牧於甘州一帶的回鶻。公元 9 世紀中，回鶻的一支西遷，分佈在甘州、沙州、涼州、賀蘭山、秦州、合羅川（今額濟納河）等地。其中以游牧於甘州一帶的"甘州回鶻"最爲强盛。

［19］新羅：朝鮮半島古國名。公元 4 世紀成爲半島東南部的强國。7 世紀中滅百濟和高句麗，不久，統一半島大部。至 9 世紀衰落，公元 935 年爲王氏高麗所取代。

［20］烏孫：古代民族名。漢代至拓跋魏中葉居於天山北麓伊犁河上游、伊塞克湖畔及納林河流域的游牧部族。它的族屬有突厥族、亞利安族諸説，尚無定論。

［21］燉煌：此與下文"沙州燉煌""沙州回鶻"爲重出。皆指唐、五代間"沙州"割據政權。唐置河西節度使，治涼州（今甘肅省武威市），統涼、甘、肅、伊、西、瓜、沙七州。唐德宗年間，吐蕃陷涼州，大曆中河西軍移治沙州（今甘肅省敦煌市）。貞元中又爲吐蕃所陷。大中間，沙州人張義潮率所屬十州地歸唐，因改置歸義軍，至宋初復陷於西夏。

［22］賃烈：不詳所屬。本書卷四《太宗本紀下》作"紐没里"。

［23］要里：不詳所屬。本書卷七〇《屬國表》載，會同七年（944）"賃烈、要里等國來貢"。

［24］回鶻：古代民族名。即回紇。本突厥别部。北魏時稱"袁紇"，亦曰烏護、烏紇，至隋稱韋紇。大業元年（605），因反抗突厥的壓迫，與僕固、同羅、拔野古等成立聯盟，總稱回紇。唐天寶三載（744）破東突厥，建政權於今鄂爾渾河流域，有今蒙古高原之地。唐時助平安史之亂，屢尚公主。唐貞元四年（788）自請改稱回鶻。開成五年（840），爲轄戛斯所破，部衆分三支西遷：一支遷吐魯番盆地，稱高昌回鶻或西州回鶻；一支遷蔥嶺以西楚河一

帶，即蔥嶺以西回鶻；一支遷河西走廊，稱河西回鶻或甘州回鶻。歷五代、遼、金，回鶻皆嘗入貢。元明時稱畏吾兒。其族在唐時奉摩尼教，宋元以來改奉回教。

[25]轄戛斯：唐代西北民族名。又稱"黠戛斯"。原居西伯利亞葉尼塞河流域。契丹興起並據有漠北時，稱轄戛斯遼朝在其地設有轄戛斯大王府。金代稱之爲紇里迄斯（即吉尔吉斯），蒙古人稱之爲吉利吉斯，清代依准噶爾人的叫法稱之爲布魯特。西遼的西遷和13世紀蒙古的西征都影響到轄戛斯，促成部分轄戛斯人南遷。15世紀以後，轄戛斯人被准噶爾人驅逐到中亞費爾干納一帶。18世紀中葉，清朝平定准噶爾，部分轄戛斯返回七河流域故居。俄羅斯至今有哈卡斯自治共和國，首府阿巴坎，其主體民族哈卡斯即古代的轄戛斯。

[26]吐蕃：原爲中國古代藏族政權名，公元7至9世紀在青藏高原建立。吐蕃政權崩潰以後，宋元及明初史籍稱青藏高原上的土著族、部爲吐蕃。

[27]黃室韋：亦即突呂不室韋。有大、小黃室韋，阿保機建國前已將其降伏。

[28]阿薩蘭回鶻：即高昌回鶻，是回鶻西遷、匯合後主要的一支，直到元代，它仍自認是回鶻的嫡系。其疆域東至今哈密烏納格什湖，西通天山西部，南接酒泉，北達天山北麓。首府設在喀拉和卓，陪都設在天山北麓別失八里（即北庭）。其王早期稱阿薩蘭汗（意爲獅子王），較晚則稱亦都護。此與下文"師子""高昌""和州回鶻"爲重出。

[29]于闐：塞克族於今新疆維吾爾自治區和田地區建立的政權。自漢至唐，皆入貢中國。安史之亂，絕不復至。晉天福中，其王李聖天自稱唐之宗屬，遣使來貢。晉高祖册聖天爲大寶于闐國王。宋初訖於宣和，朝享不絕。塞克族，古稱塞種。其語言屬印歐語系東伊朗語族。近代發現的于闐文書使用同慶、天興、中興、天壽等年號，或採用唐代官稱，或並用漢文、于闐文，或夾用漢字，

足見于闃塞克族深受唐代政治、文化影響。

[30]師子：即阿薩蘭回鶻，又稱高昌回鶻。詳見注[28]。

[31]北女直：當是指東北地區南部的熟女直的一部。有北女直兵馬司，統管東北南部各州的軍事。

[32]河西党項：河西走廊地區的党項各部，對遼叛服不常。

[33]南京女直：【劉校】據中華點校本校勘記，本書卷一四《聖宗本紀五》統和二十二年（1004）九月"丙午，幸南京。女直遣使獻所獲烏昭慶妻子"。卷七〇《屬國表》誤作"南京女直遣使獻烏昭慶妻子"。此"南京女直"似沿襲《屬國表》之誤。卷二四《紀》大安元年（1085）十一月，"以南女直詳穩蕭袍里爲北府宰相"。檢上文有北女直，則此目當作南女直。即《金史·世紀》所謂其在南者籍契丹，號熟女直；其在北者不在契丹籍，號生女直。下文不冠南北之女直，似指完顏強大以後之女直。

[34]沙州燉煌：此指唐宣宗大中五年（851）至宋仁宗景祐三年（1036）的沙州地方割據政權。安史之亂時，吐蕃乘虛進攻隴右、河西，德宗貞元三年（787）沙州被吐蕃攻陷，直至唐宣宗大中二年（848），沙州漢族人民在張議潮領導下舉行起義，趕走吐蕃鎮將，河西地區纔復歸唐朝。大中五年朝廷定在沙州置歸義軍，以張議潮爲歸義軍節度使、十一州觀察使。但僖宗後，沙州歸義軍所轄唯瓜、沙二州。唐亡時，張氏自立"金山國"。數年後，曹氏代替張氏掌握沙州地方政權，仍稱歸義軍節度使，向五代、北宋諸政權奉表入貢。至宋景祐三年（一說景祐二年）亡於西夏。

[35]曷蘇館：即熟女真。《松漠紀聞》卷上稱："居混同江之南者謂之熟女真，以其服屬契丹也。江之北爲生女真，亦臣於契丹。"

[36]沙州回鶻：即沙州燉煌。唐莊宗時回鶻來朝，沙州留後曹義金亦遣使附回鶻以來，故有"沙州回鶻"之稱。詳見注[34]。

[37]查只底：不詳所屬。本書卷六九《部族表》載，"太平七年，查只底部來附"。是部，非屬國。

[38]蒲盧毛朵：女真部族。遼屬部，爲遼國外十部之一。

[39]蒲奴里：遼東北部族名。與越里篤、剖阿里、奧里米和越里吉統稱五國部。

[40]大蕃：契丹對某些吐蕃部落的稱呼。本書卷四六《百官志二》"北面屬國官"所列西蕃國王府、大蕃國王府、小蕃國王府和吐蕃國王府，當是指吐蕃各部。

[41]高昌：此指阿薩蘭回鶻。詳見注[28]。

[42]回拔：即回跋部，遼朝時期女真部族名。當時東北地區有大量的女真人，分佈在南部者稱"熟女真"；中部地區則有回跋女真，隸屬咸州（今遼寧省開原市老城）兵馬司；其在北者則是"生女真"。

[43]頗里：又作"婆離"。本書卷二〇《興宗本紀三》："于越摩梅欲之子不葛一及婆離八部夷離菫虎鼗等內附。"

[44]達里底：即遼金時北邊族名。即敵烈，又譯迪烈、迭烈德。遼時以游牧、捕獵爲業，分佈於臚朐河（今克魯倫河）流域。有八部，稱爲八部敵烈或八石烈敵烈。與烏古部並稱爲北邊大部。遼聖宗以敵烈部降人置迭魯敵烈部和北敵烈部。開泰四年（1015），築董城於臚朐河北，安置敵烈、烏古降人。壽昌二年（1096），徙敵烈、烏古於烏納水西。金末元初，敵烈人逐漸與女真人、蒙古人等同化。此與下文"敵烈"爲重出。

[45]拔思母：見注[49]"耶睹刮"。

[46]敵烈：見注[44]"達里底"。

[47]粘八葛：遼西北方鄰近阻卜的部族。本書卷二六《道宗本紀六》壽昌三年（1097），"阻卜長猛撒葛、粘八葛長禿骨撒、梅里急長忽魯八等請復舊地，貢方物，從之"。

[48]梅里急：遼西北方鄰近阻卜的部族。參見注[47]"粘八葛"。【劉校】據中華點校本校勘記，"按《紀》保大五年作密兒紀，即金、元之篾兒乞"。

[49]耶睹刮：遼朝西北部叛服不常的部族之一。本書卷九四《耶律那也傳》："大安九年，爲倒塌嶺節度使。明年冬，以北阻卜

長磨古斯叛，與招討都監耶律胡呂率精騎二千往討，破之。那也薦胡呂爲漢人行宮副部署。壽隆元年，復討達理得、拔思母等有功，賜詔褒美，改烏古敵烈部統軍使，邊境以寧。部民乞留，詔許再任。"這場由阻卜長磨古斯開始的西北諸部叛亂，茶扎刺、拔思母、耶睹刮等部也同時參加，直至壽昌末年纔被平定。

[50]鼻骨德：又作"鱉古德""鼻古德"等。遼時黑龍江流域部族名。聖宗時分置伯斯鼻古德部與撻馬鼻古德部，均屬東北路統軍司。所在地相當於今黑龍江省富錦市至俄羅斯境內哈巴羅夫斯克（伯力）沿江一帶。【劉校】據中華點校本校勘記，按本書卷四六《百官志二》作"鼻國德"。

[51]和州回鶻：回鶻之一部。又稱"西州回鶻""高昌回鶻"。和州，治所在今新疆維吾爾自治區吐魯番市以東高昌故城。

[52]斡朗改：部族名。又作"嫗娘改"。其地不祥。【劉校】據中華點校本校勘記，"斡朗改"及"嫗娘改"本書屢見，一爲屬國，一爲部族。劉師培《左盦集》卷五《遼史部族表書後》云，均烏梁海之轉音，《元秘史》作"兀良合"。

[53]高麗：指王建創建的高麗王朝（918—1392）。公元918年，泰封君主弓裔部下起事推翻弓裔，擁立王建爲王，935年合併新羅，936年滅後百濟，實現了"三韓一統"。統治地域大體在今朝鮮半島中南部，首都在開京（今朝鮮開城市）。多次與遼爆發戰爭，從1034年到1044年，高麗築起"千里長城"，自鴨綠江江口到東朝鮮灣，作爲與遼的分界綫。

　　遼之爲國，鄰於梁、唐、晉、漢、周、宋。[1]晉以恩故，始則父子一家，終則寇讎相攻；梁、唐、周隱然一敵國；[2]宋惟太宗征北漢，遼不能捄，餘多敗衄，縱得亦不償失。良由石晉獻土，中國失五關之固然也。高麗小邦，屢喪遼兵，非以險阻足恃故歟！西夏彈丸之地，南敗宋、東抗遼。雖西北士馬雄勁，元昊、諒祚智勇過人，[3]能使党項、阻卜掣肘大國，蓋亦襟山帶河有以助其勢耳。雖然，宋久失地利，而舊《志》言兵，唯以敵宋爲務。踰三關，[4]聚議北京，猶不敢輕進。豈不以大河在前、三鎮在後，臨事好謀之審，不容不然歟。

[1]梁：指後梁（907—923），五代之一。907 年朱温代唐稱帝，建都汴（今河南省開封市），國號梁，史稱後梁。有今河南、山東兩省和陝西、山西、河北、寧夏、湖北、安徽、江蘇各一部分。　周：指後周（951—960），五代之一。郭威所建。都開封。盛時疆域約爲今山東、河南兩省，陝西、安徽、江蘇的大部，河北南部、湖北北部及内蒙古自治區、寧夏、甘肅、山西的一部分。

[2]隱然一敵國：【劉校】原作“德然然敵國”，中華修訂本據明抄本、南監本、北監本、殿本改。今從改。

[3]元昊：李元昊（1003—1048）。小字嵬理，李德明長子。1032 年，李德明死後嗣位，宋授爲定難軍節度、夏銀綏宥靜等州觀察處置押蕃落使、西平王。遼封其爲夏國王。宋寶元元年（1038）十月，李元昊更名曩霄，建國號大夏，年號天授禮法延祚，自稱皇帝。進表宋朝，要求承認建國稱帝的既成事實，宋朝不允，雙方即發生戰爭。七年後，雙方重新媾和。西夏國主稱臣，宋朝同意每年給予銀、絹、茶、采共二十五萬五千兩、匹、斤。夏宋媾和後，夏遼矛盾隨即激化。西夏景宗與遼興平公主婚後失和，再加這時遼境内的党項部落多叛附西夏，糾紛益形擴大。遼興宗親征西夏，遭遇失敗。從此夏、宋、遼三方鼎峙的局勢形成。

[4]三關：宋與契丹分界的三關，即淤口關（位於今河北省霸州市東）、益津關（位於今河北省霸州市）、瓦橋關（位於今河北省雄縣）。【靳注】一説無淤口關，代以草橋關（位於今河北省高陽縣東）。

二帳、十二宮一府、五京,有兵一百六十四萬二千八百。宮丁、大首領、諸部族,中京、頭下等州、屬國之衆皆不與焉。不輕用之,[1]所以長世。

[1]不輕用之:【劉校】“用”原本作“州”,據明抄本、南監本、北監本和殿本改。中華點校本和修訂本徑改。

邊境戍兵

又得高麗《大遼事跡》,[1]載東境戍兵,以備高麗、女直等國,見其守國規模,布置簡要,舉一可知三邊矣。

[1]又得:【劉校】原本作“人得”,據殿本改。中華點校本和修訂本徑改。

東京至鴨淥西北峰爲界:
　　黃龍府正兵五千。
　　咸州正兵一千。[1]

[1]咸州:治所在今遼寧省鐵嶺市東北。

東京沿女直界至鴨淥江:
　　軍堡凡七十,[1]各守軍二十人,計正兵一千四百。

[1]七十:【劉校】原本作“十七”,據明抄本、南監本、北監

本和殿本改。中華點校本及修訂本徑改。

來遠城宣義軍營八：[1]

太子營正兵三百。

大營正兵六百。

蒲州營正兵二百。

新營正兵五百。

加陀營正兵三百。

王海城正兵三百。

柳白營正兵四百。

沃野營正兵一千。

[1]來遠城：位於鴨緑江西岸。築成後，成爲這一帶遼軍統帥部所在地。遼在東部邊境上是夾江設防的，而非僅在西岸設防。江東與來遠城隔江相望的開州也是遼所築。《武經總要》前集卷一六下《戎狄舊地》載：“開州，渤海古城也。遼主東討，新羅國都其城，要害，建爲州，仍曰開遠軍，西至來遠城一百二十里，西南至吉州七十里，東南至石城六十里。遼中庚戌年討新羅國，得要害地，築城以守之，即中國大中祥符三年也。”依據這一記載，開州初建爲開遠軍，屬新羅。庚戌年（遼統和二十八年，宋大中祥符三年，1010），遼聖宗親自率軍東討，得到了開遠軍這一“要害地”，又建城守之。按，創建來遠等城的時間，是在統和十二年。《高麗史》卷三《成宗世家》載，（甲午）十三年（遼統和十二年，994）春二月，蕭遜寧致書曰：“近奉宣命：但以彼國信好早通，境土相接，雖以小事大，固有規儀，而原始要終，須存悠久。若不設於預備，慮中阻於使人。遂與彼國相議，便於要衝路陌創築城池者。尋準宣命，自便斟酌，擬於鴨江西里，創築五城，取三月初擬到築城處，下手修築，伏請大王預先指揮，從安北府至鴨江東，計二百八

十里踏行穩便田地，酌量地里遠近，并令築城，發遣役夫，同時下手。其合築城數，早與回報。所貴交通車馬，長開貢覲之途，永奉朝廷，自協安康之計。"按，來遠城故址位於今遼寧省丹東市九連城鎮。

　　神虎軍城正兵一萬。大康十年置。[1]

　　[1]大康：遼道宗年號（1075—1084）。

　　右一府、一州、二城、七十堡、八營，計正兵二萬二千。

　　　　　　　　　　　　（李錫厚注　劉鳳翥校）

遼史　卷三七

志第七

地理志一

　　帝堯畫天下爲九州，[1]舜以冀、青地大，分幽、并、營，[2]爲州十有二。幽州在渤、碣之間，[3]并州北有代、朔，[4]營州東暨遼海。[5]其地負山帶海，其民執干戈、奮武衛，風氣剛勁，自古爲用武之地。太祖以迭剌部之衆代遙輦氏，[6]起臨潢，建皇都，[7]東併渤海，[8]得城邑之居百有三。[9]太宗立晉，[10]有幽、涿、檀、薊、順、營、平、蔚、朔、雲、應、新、嬀、儒、武、寰十六州，[11]於是割古幽、并、營之境而跨有之。東朝高麗，[12]西臣夏國，[13]南子石晉而兄弟趙宋，[14]吳越、南唐航海輸貢。[15]嘻，其盛矣！

　　[1]九州：《漢書·地理志》：“堯遭洪水，襃山襄陵，天下分絶，爲十二州，使禹治之。水土既平，更制九州，列五服，任土作貢。”師古曰：“‘襃’字與‘懷’同。懷，包也；襄，駕也。言水

大汎溢，包山而駕陵也。”師古曰：“九州之外有并州、幽州、營州，故曰十二。”按，營州乃東漢始置。《後漢書·袁紹傳》：“初平元年乃分遼東爲遼西、中遼郡，並置太守。越海收東萊諸縣，爲營州刺史。”

[2]幽、并、營：皆上古州名。幽州，其地相當於今北京市、河北省北部及遼西一帶。《漢書·地理志》：“東北曰幽州：其山曰醫無閭。”并州，其地相當於今山西省及河北省、内蒙古部分地區。《漢書·地理志》：“正北曰并州：其山曰恒山。”營州，其地相當於今遼寧省及周邊地區。

[3]幽州在渤、碣之間：言幽州在渤海、碣石之間。《史記·夏本紀》“夾右碣石入於海”，《集解》孔安國曰：“碣石，海畔山也。”《史記索隱》引《漢書·地理志》云：“樂浪遂城縣有碣石山，長城所起。”又《水經》云：“在遼西臨渝縣南水中。”

[4]代：古地名。指代郡。始置於趙武靈王。 朔：古地名。指朔方郡。始置於漢武帝元朔二年（前127）。

[5]遼海：指今遼東地區。

[6]迭剌部：契丹部族名。據本書卷三二《營衛志中·部族上》，遙輦氏時期，原來耶律（即世里）有七部，後合併爲一，成爲迭剌部。 遙輦氏：契丹氏族。開元二十三年（734），可突于殘黨泥禮殺李過折，立阻午可汗，傳九世，至公元907年阿保機建國。遙輦九可汗繼位後各建宮衛，遼朝立國後，有遙輦九帳大常袞司之設，掌遙輦九世宮分之事務。

[7]皇都：即遼上京臨潢府，治所在今内蒙古自治區巴林左旗林東鎮。

[8]渤海：靺鞨粟末部在今東北地區建立的政權。唐武后聖曆元年（698），靺鞨粟末部首領大祚榮建立振國（亦稱震國）。唐玄宗先天二年（713，當年十二月改元“開元”）遣使封大祚榮爲左驍衛大將軍、渤海郡王，又設置忽汗州，加授大祚榮爲忽汗州大都督，並改稱渤海。寶應元年（762）晉爲國。天顯元年（926）爲

遼所滅，改稱東丹。【劉注】渤海國最初的國號爲"靺鞨"，不爲"震國"或"振國"。《新唐書》卷二一九《渤海傳》："睿宗先天中（應爲'玄宗先天二年'），遣使拜祚榮爲左驍衛大將軍、渤海郡王。以所統爲忽汗州，領忽汗州都督，自是始去靺鞨號，專稱渤海。"這裏不稱"始去震國之號，專稱渤海"，而稱"始去靺鞨之號，專稱渤海"。可見，稱"大祚榮建立震國"是混淆了封號與國號的區別。《新唐書》卷二一九《渤海傳》稱"武后封乞四比羽爲許國公，乞乞仲象（大祚榮之父）爲震國公"。"許國公"和"震國公"都是封號，並不意味着有"許國""震國"等政权。乞乞仲象死後。他兒子大祚榮繼承了"震國公"的封號，但他不滿足"公"級別，所以"自號震國王"。"震國王"僅僅是封號，並不意味着有"震國"。少數民族往往以其民族名爲國號，如"契丹""蒙古"等。渤海也應如此。

[9]城邑之居：渤海統治下的東北東部是農耕地區，這裏的居民與遊牧民族契丹不同，有城郭邑屋。

[10]晉：即石敬瑭創立的後晉（936—946），五代第三個王朝。初，後唐河東節度使石敬瑭起兵造反，獲遼太宗耶律德光率大軍馳援，推翻後唐。公元936年（後唐清泰三年，遼天顯十一年）十一月，耶律德光册石敬瑭"爲大晉皇帝，約爲父子之國"。少帝石重貴繼位後，與契丹交惡，爲契丹所滅。

[11]十六州：本書卷四《太宗本紀》會同元年（938）"晉復遣趙瑩奉表來賀，以幽、薊、瀛、莫、涿、檀、順、媯、儒、新、武、雲、應、朔、寰、蔚十六州并圖籍來獻"。【劉注】據中華點校本校勘記，"《紀》會同元年十一月，十六州內有瀛、莫，無營、平。《考異》謂遼得瀛、莫後未久旋失，後人因以營、平計入十六州，蓋相沿之誤"。

[12]高麗：指王建創建的高麗王朝（918—1392）。統治地域在今朝鮮半島，首都在開京（今朝鮮開城市）。

[13]夏國：以党項民族爲主體建立的政權（1038—1227）。公

元 1038 年，元昊叛宋稱帝，建立大夏王朝，傳十代，至 1227 年爲蒙古所滅。元昊稱帝以前，作爲北宋境内的地方割據政權，已經具有獨立性。史稱西夏，先後與遼、北宋及金、南宋並立於中國境内。境土包括今寧夏回族自治區全部、甘肅省大部、陝西省北部以及青海省、内蒙古自治區的部分地區。

[14]趙宋：指北宋。

[15]吳越（907—978）：五代時十國之一。都杭州。共歷五主，七十二年。　南唐（937—975）：五代時十國之一。公元 937 年李昇代吳稱帝，建都金陵（今江蘇省南京市），國號唐，史稱南唐。曾滅閩楚，極盛時有今江蘇、安徽淮河以南和福建、江西、湖南及湖北東部。975 年爲北宋所滅。共歷三主，三十九年。

遼國其先曰契丹，[1]本鮮卑之地，[2]居遼澤中，去榆關一千一百三十里，[3]去幽州又七百一十四里。南控黄龍，[4]北帶潢水，[5]冷陘屏右，[6]遼河塹左。[7]高原多榆柳，下隰饒蒲葦。當元魏時有地數百里，[8]至唐，大賀氏竄食扶餘、室韋、奚、靺鞨之區，[9]地方二千餘里。貞觀三年以其地置玄州，[10]尋置松漠都督府，[11]建八部爲州，各置刺史：達稽部曰峭落州，紇便部曰彈汗州，獨活部曰無逢州，芬阿部曰羽陵州，突便部曰日連州，芮奚部曰徒河州，墜斤部曰萬丹州，伏部曰匹黎、赤山二州。[12]以大賀氏窟哥爲使持節十州軍事。分州建官，蓋昉於此。

[1]契丹：【劉注】一爲中國北方古代民族名。源於東胡後裔鮮卑。金富軾《三國史記》卷一八《小獸林王》八年（378）條："九月，契丹犯北邊，陷八部落。"這是契丹之名見於史書的最早確

切年代。《魏書》始立《契丹傳》。是後《北史》《隨書》《舊唐書》《新唐書》《舊五代史》《新五代史》均有契丹傳。二爲朝代名。公元907年，耶律阿保機建國稱契丹。此後時稱契丹時遼。而契丹文字中則稱"契丹遼"或"遼契丹"的雙國號。公元1125年被金所滅。此處指遼朝最早的國號爲契丹。

[2]鮮卑：中國古代少數民族名。其語言屬東胡語系。秦、漢時曾居於遼東，附於匈奴。東漢時北匈奴西遷後，鮮卑進入匈奴故地，勢力漸盛，分東、中、西三部，各置大人統領。晉初分爲數部，其中以慕容、拓跋二氏爲最強。拓跋氏建號魏，史稱北魏，後分裂成東魏和西魏。取代東魏的北齊和取代西魏的北周，其統治者也都是鮮卑人或鮮卑化的漢人。隋、唐以後境内的鮮卑人逐漸融合於漢民族中。

[3]榆關：清人閻若琚《潛邱剳記》卷六《與趙秋穀書》："榆，當作'渝'，音'喻'，水名。又曰'臨渝關'，在永平府撫寧縣東，今山海關即其移而更名者。"

[4]黃龍：契丹黃龍府在今吉林省農安縣。

[5]潢水：今内蒙古自治區境内的西拉木倫河。

[6]冷陘：山名。《新唐書》卷二三五《北狄傳》載，契丹"地直京師東北五千里而贏，東距高麗，西奚，南營州，北靺鞨、室韋，阻冷陘山以自固"。《舊唐書》卷二一二《北狄傳》："契丹，居潢水之南，黃龍之北，鮮卑之故地，在京城東北五千三百里。東與高麗鄰，西與奚國接，南至營州，北至室韋。冷陘山在其國南，與奚西山相崎。"據此，冷陘山當在契丹舊地與奚族地區相鄰處。

[7]遼河：發源於今内蒙古自治區境内，經今遼寧省入渤海。

[8]元魏：即拓跋部建立的北魏。拓跋氏後改姓元，故稱元魏。

[9]扶餘：古國名。位於松花江平原。吉林省扶餘市（今吉林省松原市）即其故地。晉太康年間爲鮮卑族慕容氏所破，後復頻受他族襲擾，至南朝宋、齊間消亡。　室韋：部族名。北魏始見於記載，分佈於今黑龍江、嫩江流域，唐時分爲許多部，多爲契丹役

屬。 奚：部族名。爲奚族的一部分。契丹強大後，奚爲其役屬，其中一部分不堪忍受契丹奴役者，在首領去諸率領下，歸附中原，遷居嬀州（今河北省懷來縣）。唐稱新、嬀、儒、武等州爲“山後”，又稱“山北”。“山北奚”當即是指這部分南遷的奚族。 靺鞨：部族名。爲肅慎、勿吉後裔。隋唐時“稱靺鞨”，分爲數十部，其中的粟末部建渤海國。此外，北部的黑水部也很強大，遼代的生女真主要爲該部，後建立金朝。遼置靺鞨國王府，以統其餘各部。

［10］貞觀：唐太宗年號（627—649）。

［11］松漠：契丹原住地。即今内蒙古自治區東部西遼河上游地區，又稱“平地松林”，唐初在此置松漠都督府。據《新唐書》卷二一九《契丹傳》，在唐太宗貞觀二十二年（648）四月，契丹辱紇主（一部首領）曲據帥衆内附，唐以其地置玄州，以曲據爲刺史，隸營州都督府。當時的營州治所在柳城（今遼寧省朝陽市）。同年十一月，契丹首領窟哥舉部内屬，唐置松漠都督府以窟哥爲都督，封爲無極男，賜姓李，並以契丹八部住地爲州，以各部首領辱紇主爲刺史：達稽部爲峭落州，紇便部爲彈汗州，獨活部爲無逢州，芬問部爲羽陵州，突便部爲日連州，芮奚部爲徒何州，墜斤部爲萬丹州，伏部爲匹黎、赤山二州，外加辱紇主曲據一部——隸屬營州都督的玄州，恰好十州。另據《新唐書》卷四三《地理志三》載，松漠都督府係“貞觀二十二年以内屬契丹窟哥部置，其別帥七部分置峭落等八州，李盡忠叛後廢，開元二年復置”。

［12］赤山：今内蒙古自治區赤峰市境内紅山。

迨于五代，闢地東西三千里。遙輦氏更八部曰旦利皆部、乙室活部、實活部、納尾部、頻没部、内會雞部、集解部、奚嗢部，[1]屬縣四十有一。每部設刺史，縣置令。太宗以皇都爲上京，升幽州爲南京，改南京爲東京，[2]聖宗城中京，[3]興宗升雲州爲西京，[4]於是五京備焉。又以征伐俘户建州襟要之地，多因舊居名之，加以私奴置投下州。[5]總京五，府六，州、軍、城百五十有六，縣二百有九，部族五十有二，屬國六十。東至于海，西至金山，暨于流沙，[6]北至臚朐河，[7]南至白溝，[8]幅員萬里。

[1]遙輦氏更八部：指唐至五代时契丹分爲八部。唐開元二十三年（734）可突于殘黨泥禮殺李過折，立阻午可汗，傳九世，至907年阿保機建國。五代時期遙輦氏仍統八部。據《五代會要》卷二九《契丹》，其名稱分別是旦利皆部、乙室活部、實活部、納尾部、頻没部、内會雞部、集解部和奚嗢部。

[2]"以皇都爲上京"三句：據本書卷四《太宗本紀》是在會同元年（938）十一月。

[3]城中京：事在統和二十五年（1007）。中京遺址在今内蒙古自治區寧城縣大明鎮。

[4]雲州：治所在今山西省大同市。

[5]投下州：即頭下州，詳本卷注釋"頭下"條。

[6]流沙：據《漢書·地理志》顔師古注，流沙在燉煌（今甘肅省敦煌市）西。

[7]臚朐河：黑龍江支流。據《水道提綱》卷二五："克魯倫河，即臚朐河，源出肯忒山東南百餘里支峰西南麓。"

[8]白溝：【劉注】此處的白溝是河名。即今拒馬河，爲遼、宋界河。非指今集鎮名白溝鎮。

上京道

上京臨潢府，本漢遼東郡西安平之地，新莽曰北安平。[1]太祖取天梯、蒙國、別魯等三山之勢于葦甸，[2]射金鏃箭以識之，謂之龍眉宮。神册三年城之，[3]名曰皇都。天顯十三年更名上京，[4]府曰臨潢。

[1]"西安平"與"北安平"：據《漢書·地理志》"西安平"注謂王莽改曰北安平。《後漢書·東夷傳》："句驪一名貊耳，有別種依小水爲居，因名曰小水貊，出好弓，所謂'貊弓'是也。"注引《魏氏春秋》曰："遼東郡西安平縣北有小水，南流入海，句驪別種因名之小水貊。"是北安平原住民小水貊，爲高麗別種，屬東夷，與屬於北狄的契丹不同種。將臨潢府與漢遼東郡西安平聯繫在一起，是沒有根據的。

[2]天梯、蒙國、別魯等三山：【劉校】"蒙國"二字原脱，中華點校本據本書卷一一六《國語解》補。今從。

[3]神册：遼太祖耶律阿保機年號（916—922）。

[4]天顯：遼太祖耶律阿保機年號（926—938）。天顯元年，阿保機崩，遼太宗耶律德光即位而未改元。

淶流河自西北南流，[1]遶京三面，東入于曲江，[2]其北東流爲按出河。又有御河、沙河、黑河、潢河、鴨子河、他魯河、狼河、蒼耳河、輞子河、臚朐河、陰涼河、豬河、鴛鴦湖、興國惠民湖、廣濟湖、鹽濼、百狗濼、火神淀、馬盂山、兔兒山、野鵲山、鹽山、鑿山、松山、平地松林、大斧山、列山、屈劣山、勒得山唐所封大賀氏勒得王有墓存焉。[3]

[1]淶流河：河流名。即今黑龍江、吉林兩省交界處的拉林河。下文"按出河"則爲淶流河支流。淶流河流經金上京境内。此處《遼史》纂修者却以爲是遼上京境内的河流，誤以金上京爲遼上京。

元人犯這種錯誤並不奇怪。遼亡以後，遼上京很快就失去作爲京城的地位，衹稱臨潢府，"地名西樓，遼爲上京。國初因稱之，天眷元年改爲北京。天德二年改北京爲臨潢府路，以北京路都轉運司爲臨潢府路轉運司，天德三年罷。貞元元年以大定府爲北京後，但置北京臨潢路提刑司。大定後罷路，併入大定府路"（《金史》卷二四《地理志上》）。由於朝代變更、名稱變易，早在宋金時期，中原人分不清遼上京與金上京者就已經大有人在。宋代洪皓《松漠紀聞》載："自上京至燕。二千七百五十里。上京即西樓也。"洪皓於建炎三年（1129）奉命使金，被扣留在金上京會寧府，直到紹興十二年（1142）纔被釋返回南宋。他記述了自己從會寧府出發，直到燕京所經行的六十多個鋪遞——驛站以及它們之間相距的里程，並且計算出總里程。他滯留金國期間，遼上京已經更名、降格。或許他原來就不知道遼、金各有一個上京，於是誤認爲他到達的金上京"即西樓也"。其實西樓即遼上京臨潢府（今内蒙古自治區巴林左旗林東鎮）。遼上京至燕京没有這樣遠的距離，也不需經行榆關（山海關）、瀋州（今遼寧瀋陽市），更不需渡混同江（松花江），而是出古北口北行即可。《遼史》纂修者繼洪皓之後又犯同樣的錯誤。淶流河以下皆含遼、金兩上京地名、水名。

[2]曲江：地名。在金上京，非河流名。據《金史》卷二四《地理志上》："曲江，初名鎮東，大定七年置，十三年更今名。"

[3]御河：【劉校】據中華點校本校勘記，《永樂大典》卷七七〇二作"枯河"。　黑河：河流名。據本書本卷慶州條："在州西二十里。有黑山、赤山、太保山、老翁嶺、饅頭山、興國湖、轄失濼、黑河。"【劉注】黑河即今内蒙古自治區巴林右旗境内的查干沐淪河。"查干沐淪"爲蒙古語音譯，意爲"白河"。因清代忌諱"黑"，故改"黑河"爲"白河"。　他魯河：【劉校】據中華點校本校勘記，"按本書《遊幸表》作撻魯河"。即今洮兒河。　鴛鴦湖：【劉校】據中華點校本校勘記，"按《紀》、《傳》及《遊幸表》並作鴛鴦濼"。　火神淀：【劉校】中華修訂本校勘記謂"原

作‘大神淀’，據《通考》三四六及《國志》四、五、六、一三各卷改”。今從改。　馬盂山：【劉注】因其形狀像馬盂而得名。即今河北省平泉市柳溪鎮上臥鋪村之北的光頭山，亦稱光禿山、光禿嶺。　兔兒山：又作吐兒山。清代張穆《蒙古游牧記》謂今内蒙古自治區扎魯特旗右翼圖爾山即遼上京之兔兒山。據中華點校本校勘記，本書卷三二《營衛志中》作“吐兒山”。　鑿山：【劉校】據中華點校本校勘記，《永樂大典》卷七七〇二作“鑒山”。　平地松林：遼上京地區的平原。《新五代史》卷七三胡嶠《陷虜記》載，自上京東去四十里，至真珠寨，始食菜。明日，東行，地勢漸高，西望平地松林鬱然數十里。遂入平川。　列山：【劉注】又稱“烈山”“裂峰山”，因該山的山峰裂了一個縫而得名，即今内蒙古自治區阿魯科爾沁旗罕蘇木蘇木古日班胡碩嘎查的朝克圖山。出土於該地的《耶律羽之墓誌銘》稱“以壬寅年三月六日庚申，葬於裂峰之陽”。出土於同地的耶律羽之之孫《耶律元寧墓誌銘》稱“以開泰四年四月十二日葬於烈山之陽”。出土於同地的《耶律道清墓誌銘》亦稱“葬於烈山之陽”。　屈劣山：【劉注】又作“渠劣山”，即今内蒙古自治區巴林左旗白音烏拉蘇木的白音罕山。出土於此地的《韓匡嗣墓誌銘》稱“以統和三年十月九日卜葬於渠劣山之陽”。出土於同地的《耶律（韓）遂正墓誌銘》稱“備禮葬於上京西北之屈劣山”。屈劣，爲契丹字🗚的音譯，意爲“曠野、空曠”。

户三萬六千五百，轄軍、府、州、城二十五，[1]統縣十：

臨潢縣，太祖天贊初南攻燕薊，[2]以所俘人户散居潢水之北，縣臨潢水，故以名，地宜種植。户三千五百。

長泰縣本渤海國長平縣民，太祖伐大諲譔，[3]先得是邑，遷其人於京西北，與漢民雜居。户四千。

定霸縣本扶餘府強師縣民，[4]太祖下扶餘，遷其人於京西，與漢人雜處，分地耕種。統和八年以諸宮提轄司人户置，[5]隸長寧宮。[6]户二千。

保和縣本渤海國富利縣民，太祖破龍州，[7]盡徙富利縣人散居京南。統和八年以諸宮提轄司人户置，隸彰愍宮。[8]户四千。

潞縣本幽州潞縣民，[9]天贊元年太祖破薊州，掠潞縣民，布於京東，與渤海人雜處，隸崇德宮。[10]户三千。

易俗縣本遼東渤海之民，太平九年大延琳結搆遼東夷叛，[11]圍守經年乃降，盡遷於京北，置縣居之。是年，又徙渤海叛人家屬置焉。户一千。

遷遼縣本遼東諸縣渤海人，大延琳叛，擇其謀勇者置之左右，後以城降，戮之，徙其家屬於京東北，故名。户一千。

渤海縣本東京人，因叛，徙置。

興仁縣，開泰二年置。[12]

宣化縣本遼東神化縣民，太祖破鴨淥府，[13]盡徙其民居京之南。統和八年以諸宮提轄司人户置，隸彰愍宮。户四千。

[1]轄軍、府、州、城二十五：【劉校】據中華點校本校勘記，"按'二十五'與下文所列軍、府、州、城實數不合"。

[2]南攻燕薊：據本書卷二《太祖本紀下》："天贊元年春二月

庚申，複徇幽薊地。""幽薊"即"燕薊"，亦即今北京市、天津市周圍地區。

[3]大諲譔：渤海國末代國王。國破後被遼俘虜。

[4]扶餘府：原渤海國地名。治所在今吉林省農安縣。

[5]提轄司：隸屬宮衛的軍事機構。遇有戰事，負責點集兵馬。遼在南京（今北京市）、西京（今山西省大同市）、奉聖州（今河北省涿鹿縣）和平州（今河北省盧龍縣）以及中京、東京和上京等處設提轄司，隸屬諸宮衛。提轄司所管轄的人户也是有軍籍的。

[6]長寧宮：應天皇太后述律氏宮分。

[7]龍州：據本書卷三八《地理志二》，龍州"本渤海扶餘府。太祖平渤海還，至此崩，有黃龍見，更名"。治所在今吉林省農安縣。

[8]彰愍宮：遼景宗耶律賢宮分。

[9]潞縣：後晉縣名。遼因之，金升爲通州，今北京通州區。

[10]崇德宮：承天太后宮分。

[11]太平：遼聖宗年號（1021—1030）。 大延琳（？—1030）：渤海人。遼東京軍將。反遼鬥爭領導人。

[12]開泰：遼聖宗年號（1012—1020）。

[13]鴨淥府：高麗故地。渤海國時爲西京。據《新唐書·北狄傳》，"西京，曰鴨淥府，領神、桓、豐、正四州"。遼因之，隸屬東京留守司。

上京，太祖創業之地，負山抱海，天險足以爲固。地沃宜耕植，水草便畜牧。金齪一箭二百年之基，壯矣。天顯元年平渤海歸，乃展郛郭，建宮室，名以天贊。起三大殿：曰開皇、安德、五鑾。[1]中有歷代帝王御容，每月朔望、節辰、忌日，在京文武百官並赴致祭。[2]又於内城東南隅建天雄寺，奉安烈考宣簡皇帝遺像。[3]是歲太祖崩，應天皇后於義節寺斷腕，瘞太祖陵。[4]即寺建斷腕樓，樹碑焉。太宗援立，晉遣宰相馮道、劉昫等持節，[5]具鹵簿、法服至此，[6]冊上太宗及應天皇后尊號。太宗詔蕃部並依漢制，御開皇殿，闢承天門受禮，因改皇都爲上京。

[1]五鑾：【劉校】中華修訂本謂原作“五鑾”，據本書卷三《太宗紀》上、卷一五《聖宗紀六》、卷一六《聖宗紀七》、卷二四《道宗紀四》改。

[2]致祭：【劉校】據中華點校本校勘記，《大典》卷七七〇二作“致敬”。

[3]宣簡皇帝：阿保機之父撒剌的尊號。廟號德祖。其畫像安放在天雄寺，是阿保機主持修建的寺廟，在上京城內東南隅，今已不存。

[4]太祖陵：遼太祖耶律阿保機的葬所。位於祖州西五里，其地在今内蒙古自治區巴林左旗查干哈達蘇木石房子嘎查。

[5]馮道（882—954）：字可道。瀛州景城（今河北省滄州市）人。歷仕後唐、後晉、後漢、遼和後周，居相位。晚年自稱“長樂老”，頗以能在時勢多變的情況下自保榮華富貴而得意。但亦能提醒統治者不忘民間疾苦。此外，他還是首先宣導雕印“九經”者。

劉昫（888—947）：涿州（今屬河北省）人。後唐明宗時拜相。後晉天福初，爲東都留守，判河南府事。曾奉使契丹。開運初復拜相。契丹德光陷汴京，仍舊以昫爲宰相。同年以病卒。《通鑑》卷二八一《後晉紀》高祖天福三年（938）載：“帝上尊號於契丹主及太后，[八月]戊寅，以馮道爲太后冊禮使。”考異引《周世宗實錄·馮道傳》云：“虜遣使加徽號於晉祖，晉亦獻徽號於虜。始命兵部尚書王權銜其命，權辭以老病。晉祖謂道曰：‘此行非卿不可。’道無難色。”“按《晉高祖實錄》：‘天福三年八月戊寅，道爲契丹太后册禮使。十月戊寅，北朝命使上帝徽號。戊子，王權以不受北狄使，停任。'周世宗實錄誤也。""左僕射劉昫爲契丹主册禮使，備鹵簿、儀仗、車輅，詣契丹行禮，契丹主大悦。"【劉校】劉昫，原本作"劉煦"，中華點校本及修訂本據南監本、北監本、殿本和《新五代史》卷五五《劉昫列傳》改。今從改。

[6]鹵簿：禮制儀仗名。帝王、皇親貴族、諸侯、大臣等出行時所用的儀仗、侍衛，兼作護衛。始自秦漢時期。漢代蔡邕《獨斷》卷下謂："天子出，車駕次第謂之鹵簿。有大駕，有小駕，有法駕。大駕則公卿奉引，大將軍參乘，太僕御。屬車八十一乘，備千乘萬騎。在長安時出祠天於甘泉備之，百官有其儀注，名曰'甘泉鹵簿'。中興以來，希用之。先帝時，時備大駕。上原陵也，不常用，唯遭大喪乃施之。法駕，公卿不在鹵簿。"　法服：官員不同等級的服飾。宋人孟元老《東京夢華錄·車駕宿大慶殿》："宰執百官皆服法服，其頭冠各有品從。"

　　城高二丈，不設敵樓，[1]幅員二十七里。[2]門，東曰迎春，曰鴈兒；南曰順陽，曰南福；[3]西曰金鳳，曰西鴈兒。其北謂之皇城，高三丈，有樓櫓。門，東曰安東，南曰大順，西曰乾德，北曰拱辰。中有大内。内南門曰承天，[4]有樓閣，東門曰東華，西曰西華。此通内出入之所。正南街東留守司衙，[5]次鹽鐵司，[6]次南門，龍寺街。南曰臨潢府，其側臨潢縣。縣西南崇孝寺，承天皇后建。[7]寺西長泰縣，又西天長觀。西南國子監，監北孔子廟，廟東節義寺。又西北安國寺，太宗所建。寺東齊天皇后故宅，[8]宅東有元妃宅，即法天皇后所建也。[9]其南貝聖尼寺，[10]綾錦院、内省司、麴院、贍國、省司二倉，皆在大内西南，八作司與天雄寺對。[11]南城

謂之漢城,[12]南當橫街,各有樓對峙,下列井肆。東門
之北潞縣,又東南興仁縣。南門之東回鶻營,[13]回鶻商
販留居上京,置營居之。西南同文驛,[14]諸國信使居
之。驛西南臨潢驛,以待夏國使。驛西福先寺。寺西宣
化縣,西南定霸縣,縣西保和縣。西門之北易俗縣,縣
東遷遼縣。

[1]敵樓:城墙上禦敵的城樓。也叫譙樓。宋人程大昌《演繁
露》卷四《更點》:"南齊宮城有卻敵樓,樓上施鼓,持夜以應
更唱。"

[2]幅員二十七里:據考古工作者實測,遼上京城垣規模,現
存皇、漢兩城周長 8838.63 米。按唐制大里每里 543.6 米計算,合
16.25 里,與《遼史·地理志》所記相差 10.75 里。

[3]南曰順陽,曰南福:【劉校】順陽,《大典》作"順歸"。
"曰南福"三字,原舛在"曰西鴈兒"下,《大典》引同,中華點
校本據上下文改。今從改。

[4]門曰承天:承天門是歷代皇城正門。北京紫禁城正門,明
時亦稱承天門,清順治八年(1651)重建後改稱天安門。《唐六
典·尚書工部》:"若元正、冬至、大陳設、燕會、赦過宥罪、除舊
布新、受萬國之朝貢、四夷之賓客,則御承天門以聽政。"

[5]留守司:實爲統轄上京的行政機構。《歷代職官表》卷三
二《順天府》:"遼雖分建五京,而每歲四時巡幸,春水、秋山,實
無定所,並不常在京師。故五京皆置留守司,令兼府尹之事,軍民
俱歸統轄。"

[6]鹽鐵司:財政機構。宋人王溥《五代會要》卷二七《泉
貨》載後晉天福三年(938)十二月詔:"宜令三京、鄴都、諸道州
府無問公私應有銅者,並許鑄錢。仍以天福元寶爲文,左環讀之。
委鹽鐵司鑄樣,頒下諸道。"

[7]承天皇后：應是承天太后（？—1009）。諱綽，小字燕燕，北府宰相蕭思温女。景宗即位，選爲貴妃。尋册爲皇后，生聖宗。景宗崩，尊爲皇太后，攝國政。統和元年（983），上尊號曰承天皇太后。

[8]齊天皇后（982—1032）：聖宗皇后。姓蕭氏，小字菩薩哥，睿智皇后弟隗因之女。年十二，選入掖庭。統和十九年（1001），册爲齊天皇后。生皇子二，皆早卒。開泰五年（1016），宮人蕭耨斤生興宗，齊天皇后養爲子。興宗即位後，耨斤自立爲太后。齊天皇后被害，年五十。追尊仁德皇后。與欽愛皇后並祔永慶陵。本書卷七一有傳。

[9]法天皇后：即蕭耨斤。聖宗元妃，興宗生母。本書卷一八《興宗本紀一》：“［太平］十一年六月己卯聖宗崩，即皇帝位於柩前。壬午，尊母元妃蕭氏爲皇太后。”重熙元年（1032）“十一月己卯，帝率群臣上皇太后尊號曰法天應運仁德章聖皇太后”。

[10]貝聖尼寺：【劉校】“貝”原本作“具”，據中華點校本校勘記，南監本、北監本及乾隆殿本並作“具”，《大典》卷七七〇二亦作“具”。道光殿本改作“有”。

[11]八作司：據《文獻通考·職官考》，宋有“東、西八作司，掌京城内外繕修之事”。

[12]漢城：契丹境内各地漢人聚居地，皆稱爲“漢城”。此處指遼上京南部部分。

[13]回鶻：古代民族名。即回紇。本突厥別部。北魏時稱袁紇，亦曰烏護、烏紇，至隋稱韋紇。大業元年（605）因反抗突厥的壓迫，與僕固、同羅、拔野古等成立聯盟，總稱回紇。唐天寶三載（744）破東突厥，建政權於今鄂爾渾河流域，有今蒙古高原之地。唐時助平安史之亂，屢尚公主。唐貞元四年（788）自請改稱回鶻。開成五年（840）爲轄戛斯所破，部衆分三支西遷：一支遷吐魯番盆地，稱高昌回鶻或西州回鶻；一支遷蔥嶺以西楚河一帶，即蔥嶺以西回鶻；一支遷河西走廊，稱河西回鶻。歷五代遼金，回

鶻皆嘗入貢。元明時稱畏吾兒。其族在唐時奉摩尼教，宋元以來改奉回教。

　　[14]同文驛：宋稱同文館，掌接待高麗使節。

　　周廣順中，[1]胡嶠《記》曰：[2]上京西樓，[3]有邑屋市肆，交易無錢而用布。[4]有綾錦諸工作，宧者、翰林、伎術、教坊、角觝、儒、僧尼、道士［等］，[5]［皆］中國人，［而］并、汾、幽、薊爲多。

　　[1]周（951—960）：五代之一。郭威所建。都開封。盛時疆域約爲今山東、河南兩省，陝西、安徽、江蘇的大部，河北南部、湖北北部及内蒙古、寧夏、甘肅、山西等省區的一部分。歷三帝（二姓），共十年。　廣順：【劉注】後周太祖郭威年號（951—953）。

　　[2]胡嶠《記》：即胡嶠《陷虜記》。《遼史》删節失當，以致里候錯亂。《新五代史》卷七三《四夷附録第二》的一段文字可據以校補：

　　　《陷虜記》：初，蕭翰聞德光死，北歸，有同州部陽縣令胡嶠爲翰掌書記，隨入契丹。而翰妻爭妒，告翰謀反，翰見殺，嶠無所依，居虜中七年。當周廣順三年，亡歸中國，略能道其所見。云：“自幽州西北入居庸關，明日，又西北入石門關，關路崖狹，一夫可以當百，此中國控扼契丹之險也。又三日，至可汗州，南望五臺山，其一峰最高者，東臺也。又三日，至新武州，西北行五十里有雞鳴山，云唐太宗北伐聞雞鳴于此，因以名山。明日，入永定關，此唐故關也。又四日，至歸化州。又三日，登天嶺，嶺東西連亘，有路北下，四顧冥然，黃雲白草，不可窮極。契丹謂嶠曰：‘此辭鄉嶺也，可一南望而爲永訣。’同行者皆慟哭，往往絶而復蘇。又行三四日，至黑榆林，時七月，寒如深冬。又明日，入斜谷，谷長五十里，高崖峻谷，仰不見日，而寒尤甚。已出谷，得平地，氣稍温。又行二日，渡湟水。又明日，渡黑水。又二日，至湯城淀，地氣最温，契丹若大寒，則就温于此。其水泉清冷，草軟如茸，可藉以寢。而多異花，記其二種：一曰旱金，大如掌，金色爍人；一曰青囊，如中國金燈，而色類藍可愛。又二日，至儀坤州，渡麝香河。自幽州至此無里候，其所向不知爲南北。又二日，至赤崖。翰與兀欲相及，遂及述律戰于沙河。述律兵敗而北，兀欲追至獨樹渡，遂囚述律於撲馬山。又行三日，遂至上京，所謂西樓也。西樓有邑屋市肆，交易無錢而用布。有綾錦諸工作、宦者、翰林、伎術、教坊、角抵、秀才、僧、尼、道士等，皆中國人，而并、汾、幽、薊之人尤多。自上京東去四十里，至真珠寨，始食菜。明日，東行，地勢漸高，西望平地松林鬱然數十里。遂入平川，多草木，始食西瓜，云契丹破回紇得此種，以牛糞覆棚而種，大如中國冬瓜而味甘。又東行，至裹潭，始有柳，而水草豐美，有息雞草尤美，而本大，馬食不過十本而飽。自裹潭入大山，行十餘日而出，過一大林，長二三里，皆蕪荑，枝葉有芒刺如箭羽，其地皆無草。兀欲時卓帳於此，會諸部人葬德光。自此西南行，日六十里，行七日，至大山門，兩高山相去一里，而長松豐草，珍禽野卉，有屋室碑石，曰：‘陵所也。’兀欲入祭，諸部大人惟執祭器者得入。入而門闔。明日開門，曰‘抛盞’，禮畢。問其禮，皆秘不肯言。”嶠所目見囚述律、葬德光等事，與中國所記差異。

已而，翰得罪被鎖，嶠與部曲東之福州。福州，翰所治也。嶠等東行，過一山，名十三山，云此西南去幽州二千里。又東行，數日，過衛州，有居人三十餘家，蓋契丹所虜中國衛州人，築城而居之。嶠至福州而契丹多憐嶠，教其逃歸，嶠因得其諸國種類遠近。云：“距契丹國東至于海，有鐵甸，其族野居皮帳，而人剛勇。其地少草木，水鹹濁，色如血，澄之久而後可飲。又東，女真，善射，多牛、鹿、野狗。其人無定居，行以牛負物，遇雨則張革爲屋。常作鹿鳴，呼鹿而射之，食其生肉。能釀糜爲酒，醉則縛之而睡，醒而後解，不然，則殺人。又東南，渤海，又東，遼國，皆與契丹略同。其南海曲，有魚鹽之利。又南，奚，與契丹略同，而人好殺戮。又南，至于榆關矣，西南至儒州，皆故漢地。西則突厥、回紇。西北至嫗厥律，其人長大，髡頭，酋長全其髮，盛以紫囊。地苦寒，水出大魚，契丹仰食。又多黑、白、黃貂鼠皮，北方諸國皆仰足。其人最勇，鄰國不敢侵。又其西，轄戛，又其北，單于突厥，皆與嫗厥律略同。又北，黑車子，善作車帳，其人知孝義，地貧無所產。云契丹之先，常役回紇，後背之走黑車子，始學作車帳。又北，牛蹄突厥，人身牛足，其地尤寒，水曰瓠䚞河，夏秋冰厚二尺，春冬冰徹底，常燒器銷冰乃得飲。東北，至轄劫子，其人髡首，披布爲衣，不鞍而騎，大弓長箭，尤善射，遇人輒殺而生食其肉，契丹等國皆畏之。契丹五騎遇一轄劫子，則皆散走。其國三面皆室韋，一曰室韋，二曰黃頭室韋，三曰獸室韋。其地多銅、鐵、金、銀，其人工巧，銅鐵諸器皆精好，善織毛錦。地尤寒，馬溺至地成冰堆。又北，狗國，人身狗首，長毛不衣，手捕猛獸，語爲犬嗥，其妻皆人，能漢語，生男爲狗，女爲人，自相婚嫁，穴居食生，而妻女人食。云嘗有中國人至其國，其妻憐之使逃歸，與其箸十餘隻，教其每走十餘里遺一箸，狗夫追之，見其家物，必銜而歸，則不能追矣。"其說如此。又曰："契丹嘗選百里馬二十匹，遣十人賚乾餱北行，窮其所見。其人自黑車子，歷牛蹄國以北，行一年，經四十三城，居人多以木皮爲屋，其語言無譯者，不知其國地、山川、部族、名號。其地氣，遇平地則温和，山林則寒冽。至三十三城，得一人，能鐵甸語，其言頗可解，云地名頡利鳥于邪堚。云'自此以北，龍蛇猛獸、魑魅群行，不可往矣'。其人乃還。此北荒之極也。"

契丹謂嶠曰：“夷狄之人，豈能勝中國？然晉所以敗者，主暗而臣不忠。”因具道諸國事，曰：“子歸悉以語漢人，使漢人努力事其主，無爲夷狄所虜，吾國非人境也。”嶠歸，録以爲《陷虜記》云。

[3] 西樓：契丹建築。據《新五代史》卷七二《四夷附録第一》，阿保機“以其所居爲上京，起樓其間，號西樓，又於其東千里起東樓，北三百里起北樓，南木葉山起南樓，往來射獵四樓之間”。本卷也有關於“四樓”的記載：“西樓”在上京，故上京又稱西樓。但陳述先生曾撰《阿保機營建四樓説證誤》（見《契丹社會經濟史稿·附録》，生活·讀書·新知三聯書店1978年版），認爲所謂“西樓”，也就是“世里”的異譯。而“四樓”則是漢人根據契丹有“西樓”附會而成，其實並無營建四樓之事。

[4] 交易無錢而用布：遼朝歷代雖然皆鑄銅錢，不過主要是紀念意義，而與商業流通並無太大關係。1962年内蒙古自治區考古工作者在遼上京遺址進行鑽探勘察，有貨幣66枚出土，除有唐代“開元通寶”10枚，“乾元重寶”1枚，其餘55枚均爲北宋錢幣（内蒙古自治區文物考古研究所：《遼上京城址勘查報告》，見《内蒙古自治區文物考古文集》第一輯，中國大百科全書出版社1994年版）。這説明當時上京地區的確缺少錢幣，能在商品交易中作爲流通手段而使用的少量錢幣也是唐、宋錢。

[5] 伎術：古人稱卜筮爲伎術。宋人洪邁《容齋續筆》卷八《蓍龜卜筮》：“漢《藝文志》劉向所輯《七略》，自龜書夏龜之屬凡十五家，至四百一卷，後世無傳焉。今之揲蓍者率多流入於影象，所謂龜策，惟市井細人始習此藝，其得不過數錢，士大夫未嘗過而問也。伎術標榜，所在如織，五星、六壬、衍禽、三命、軌析、太一、洞微、紫微、太素、遁甲，人人自以爲君平，家家自以爲季主。”　教坊：官署名。負責宮廷中表演的機構。有衆多樂舞表演者，《唐會要》卷三載，貞元二十一年（805）三月“出後宮及教坊女妓六百人，聽其親戚迎於九仙門，百姓莫不叫呼大喜”。

角觝：類似今日的摔跤，宋人稱之爲“相撲”。

　　宋大中祥符九年，[1]薛映《記》曰：[2]上京者，中京正北八十里至松山館，[3]七十里至崇信館，九十里至廣寧館，五十里至姚家寨館，五十里至咸寧館，三十里度潢水石橋，旁有饒州，[4]唐於契丹嘗置饒樂州，[5]今渤海人居之。五十里保和館，度黑水河，[6]七十里宣化館，五十里長泰館。館西二十里有佛舍、民居，即祖州。又四十里至臨潢府。[7]自過崇信館乃契丹舊境，其南奚地也。入西門，門曰金德，内有臨潢館。子城東門曰順陽。北行至景福門，又至承天門，内有昭德、宣政二殿，與氈廬皆東向。臨潢西北二百餘里號涼淀，[8]在饅頭山南，避暑之處多豐草，掘地丈餘即有堅冰。

[1]大中祥符：宋真宗年號（1008—1016）。

[2]薛映：宋人。字景陽。《宋史》卷三〇五有傳，稱其“好學有文，該覽強記，善筆札，章奏尺牘，下筆立成”。據《續資治通鑑長編》卷八八，真宗大中祥符九年九月己酉，時爲樞密直學士、工部侍郎的薛映，受命爲契丹國主生辰使，與副使張士遜使遼。《長編》所載薛映所記行程，證明《遼史》有刪節的記載是歪曲了事實的：“映、士遜始至上京，自中京正北八十里至臨都館，又四十里至官窯館，又七十里至松山館，又七十里至崇信館，又九十里至廣寧館，又五十里至姚家寨館，又五十里至咸寧館，又三十里度潢水石橋，旁有饒州，蓋唐朝嘗於契丹置饒樂州也，今渤海人居之。又五十里至保和館，度黑河，七十里至宣化館，又五十里至長泰館，西二十里許有佛寺、民舍，云即祖州，亦有祖山，山中有阿保機廟，所服靴尚在，長四五尺許。又四十里至上京臨潢府。自

過崇信館，即契丹舊境，蓋其南皆奚地也。入西門，門曰金德，內有臨潢館。子城東門曰順陽，入門北行至景福門，又至承天門，內有昭德、宣政二殿，皆東向，其氊廬亦皆東向。臨潢西北二百餘里號涼淀，在漫頭山南，避暑之處，多豐草，掘丈餘即堅冰云。"又《契丹國志》卷二四所引《富鄭公行程録》是僞作，完全抄自薛映《記》。傅樂焕先生説："薛映《記》與《富鄭公行程録》又祇是一件東西，而其確實的主人應當是薛映。現在先來證明兩者之應爲一物，然後再確定其究應誰屬。按兩者的内容幾於完全相同，如我們稍加比較，便可發見。不過，過去我國考證《遼史》的人，如厲樊榭以及《熱河志》《承德府志》的編纂者，竟全然不曾覺到。每當引用的時候，他們常將兩者兼列並舉。即在不久以前，金毓黻在《遼海叢書》本《陳襄語録》的跋語中，也仍將兩者並論。所以，這個問題實在仍有提出的必要。"（《遼史叢考》，中華書局1984年版，第7—8頁）中華點校本校勘記也一再徵引富弼《行程録》，不知點校者對傅氏考證結論持何種立場。

　　[3]中京正北八十里至松山館：中華點校本校勘記以富弼《行程録》爲參考，"由中京至臨都館、官窯館，再至松山館，爲一百九十里"。不確，此段行程應據《薛映記》校正。見注[2]。

　　[4]饒州：治所在今内蒙古自治區林西縣東櫻桃溝古城遺址。《武經總要》前集卷一六下《戎狄舊地》："饒州，唐建饒樂府都督以處奚人部落，契丹建爲饒州。在潢水之北，石橋傍，以渤海人居之。西南至平地松林百里，南至中京五百里，北至沱河十里，東至上京三十里，西北至祖州七十里。"潢水即西拉木倫河，石橋遺址位於今内蒙古自治區林西縣新城子鎮黄土坑村南一公里處。

　　[5]唐於契丹嘗置饒樂州：【劉校】"州"字原脱，據中華點校本校勘記，據《契丹國志》卷二四補。

　　[6]黑水河：即黑河之誤。《遼史》中數見"黑河"。

　　[7]"中京正北八十里至松山館"至"又四十里至臨潢府"：據《武經總要》前集卷一六下《戎狄舊地》："中京舊鮮卑之地，在

饒樂府西南，本奚王國牙帳之地。奚部落南距古北口、北距潢水、東即營州千餘里，皆其境土，後爲契丹所併。景德中，遼主築宫室、城垣，建爲中京，僞造號大定府。東至營州界青山嶺一百七十里，西即山後儒州界，東南至建州二百三十里，南至幽州九百里（一路由松亭關，一路由古北口），北至上京六百九十里，正北八十里至臨都館，又四十里至宮室館，又七十里至松亭館，又七十里至崇信館，又九十里至廣寧館，又五十里至桃砦館，又五十里至咸寧館，又三十里渡漢石橋，傍有饒州，蓋唐朝常於契丹至饒樂州。又五十里至保和館，又七十里渡黑水河至宣化館，又五十里至長秦館，西二十里即祖州，又四十里至上京。東微北至木葉山五百一十里。”

[8]涼淀：【劉校】據中華點校本校勘記，“按《紀》天顯四年六月、八月以下及《遊幸表》並作涼陘”。

祖州，天成軍，上，節度。本遼右八部世没里地。[1]太祖秋獵多於此，始置西樓，後因建城，號祖州。[2]以高祖昭烈皇帝、曾祖莊敬皇帝、祖考簡獻皇帝、皇考宣簡皇帝所生之地，故名。城高二丈，無敵棚，幅員九里。門，東曰望京，南曰大夏，西曰液山，北曰興國。西北隅有内城，殿曰兩明，奉安祖考御容；曰二儀，以白金鑄太祖像；曰黑龍，曰清秘，各有太祖微時兵仗器物及服御皮毳之類，[3]存之以示後嗣，使勿忘本。内南門曰興聖，凡三門，上有樓閣，東西有角樓。東爲州廨及諸官廨舍。綾錦院、班院祇候，蕃、漢、渤海三百人，供給内府取索。[4]東南横街，四隅有樓對峙，下連市肆。東長霸縣，西咸寧縣。有祖山，山有太祖天皇帝廟，御靴尚存。又有龍門、黎谷、液山、液泉、白馬、獨石、天梯之山。水則南沙河、西液泉。太祖陵鑿山爲殿，曰明殿。殿南嶺有膳堂，以備時祭。門曰黑龍。東偏有聖蹤殿，立碑述太祖遊獵之事；殿東有樓，立碑以紀太祖創業之功。皆在州西五里，天顯中太宗建。隸弘義宮，統縣二、城一：

長霸縣本龍州長平縣民遷於此，戶二千。

咸寧縣本長寧縣，破遼陽，遷其民置，戶一千。

越王城，太祖伯父于越王述魯西伐党項、吐渾，[5]俘其民放牧於此，因建城。在州東南二十里。戶一千。

[1]"祖州，天成軍"至"右八部世没里地"：【劉校】據中華點校本校勘記，"天成軍，《大典》同。本書《太祖紀》《太宗紀》《聖宗紀》並作"天城軍"。右八部，疑當作"右大部"。本書卷三二《營衛志中》阻午可汗二十部中有"右大部"，下文儀坤州亦有"右大部"之名。

[2]祖州：州名。遼置，因阿保機的高祖、曾祖、祖、父皆出生於此，故名。治所在今内蒙古自治區巴林左旗哈達英格乡石房子村。轄境相當於今内蒙古自治區巴林左旗、巴林右旗的一部分。金天會八年（1130）改爲奉州。阿保機秋季多在此狩獵。這是一座漢城，據《武經總要》前集卷一六下《戎狄舊地》："祖州，阿保機既創西樓，又西南築一城，以貯漢人，今名祖州，在唐置饒樂府西北祖山之陽，因爲州名。阿保機葬所也，今號天成軍。南至饒州百八十里，北至上京四十里。"

[3]各有太祖微時兵仗器物及服御皮毳之類：【劉校】"仗"原作"伐"，中華修訂本據明抄本、南監本、北監本和殿本改。今從改。按《大典》卷七七〇二引《遼史·地理志》作"戈"。

[4]内府：皇室的倉庫。

[5]于越：契丹語官名。爲契丹貴官，非有大功德者不授。位在北、南大王之上。　党項：中國古代族名。又稱党項羌，唐以後主要活動於靈、慶、銀、夏等州，即今甘肅、寧夏、陝西和内蒙古自治區交界地區。　吐渾：古代部族名。即吐谷渾。據《新五代史》卷七四《四夷附錄第三》，吐渾“自後魏以來，名見中國，居於青海之上。當唐至德中，爲吐蕃所攻，部族分散，其内附者，唐處之河西。其大姓有慕容、拓拔、赫連等族。懿宗時，首領赫連鐸爲陰山府都督，與討龐勛，以功拜大同軍節度使。爲晉王所破，其部族益微，散處蔚州界中”。“晉高祖立，割鴈門以北入於契丹，於是吐渾爲契丹役屬，而苦其苛暴”。另據《五代會要》卷二八《吐渾》：“至開運中，捍虜（契丹）於澶州”，“其族白可久，名在承福之亞，因牧馬率本帳北遁，契丹授以官爵，復遣潛誘承福。承福亦思叛去，事未果，漢高祖知之，乃以兵環其部族，擒承福與其族白鐵櫃、赫連海龍等五家，凡四百有餘人，伏誅。籍其牛馬，命別部長王義宗統其餘屬”。

懷州，奉陵軍，上，節度。本唐歸誠州，[1]太宗行帳放牧於此。天贊中從太祖破扶餘城，[2]下龍泉府，[3]俘其人築寨居之。會同中掠燕薊所俘亦置此。太宗崩，葬西山，曰懷陵。[4]大同元年世宗置州以奉焉。[5]是年，有騎十餘，獵于祖州西五十里大山中，見太宗乘白馬獨追白孤，射之，一發而斃，忽不見，但獲狐與矢。是日太宗崩於欒城。[6]後於其地建廟，又於州之鳳凰門繪太宗馳騎貫狐之像。穆宗被害，葬懷陵側，建鳳凰殿以奉焉。有清涼殿，爲行幸避暑之所，皆在州西二十里。隸永興宮。[7]統縣二：

扶餘縣本龍泉府，太祖遷渤海扶餘縣降户於此，世宗置縣。户一千五百。

顯理縣本顯理府人，太祖伐渤海，俘其王大諲譔，遷民於此，世宗置縣。户一千。

[1]歸誠州：唐以契丹別部所置的刺史州。《通鑑》卷二〇四武后垂拱三年（687）五月"或誣［劉］禕之受歸誠州都督孫萬榮金"。胡注："貞觀二十一年，以契丹別部置歸誠州，屬松漠都督府。"

[2]天贊中從太祖破扶餘城：【劉校】據中華點校本校勘記，"按《紀》，破扶餘城在天顯元年正月"。

[3]龍泉府：渤海國上京。治所在今黑龍江省寧安市渤海鎮東京城。

[4]懷陵：遼太宗德光、穆宗璟之陵，位於懷州境内。大同元年（947）遼置懷州奉陵軍，州隸永興宮。治所在今内蒙古自治區巴林右旗幸福之路蘇木崗根嘎查舊城。

[5]大同：遼太宗年號（947）。

[6]欒城：治所在今河北省石家莊市欒城區。《舊五代史》卷一〇九《杜重威傳》載："［開運］三年冬，晉少帝詔重威與李守貞等率師經略瀛、鄚。師至瀛州城下，晉騎將梁漢璋進與契丹接戰，漢璋死焉。重威即時命回軍，次武强，聞契丹主南下，乃西趨鎮州，至中渡橋，與契丹夾滹水而營。十二月八日，宋彦筠、王清等率軍數千人渡滹沱，陣於北岸，爲敵所破。時契丹游軍已至欒城，道路隔絶，人情危懾，重威密遣人詣敵帳，潛布腹心。"

[7]永興宮：太宗德光宮分。

慶州，玄寧軍，[1]上，節度。本太保山黑河之地，巖谷險峻。穆宗建城，號黑河州，每歲來幸，射虎障鷹，軍國之事多委大臣，後遇弑於此。以地苦寒，統和八年州廢。[2]聖宗秋畋，愛其奇秀，建號慶州。遼國五代祖勃突貌異常，有武略，力敵百人，衆推爲王。生于勃突山，因以名；没，葬山下。在州二百里。[3]慶雲山，本黑嶺也。聖宗駐蹕，愛羨，曰：“吾萬歲後，當葬此。”興宗遵遺命，建永慶陵。[4]有望仙殿、御容殿。置蕃、漢守陵三千户，並隸大内都總管司。在州西二十里。有黑山、赤山、太保山、老翁嶺、饅頭山、興國湖、轄失灤、黑河。景福元年複置，[5]更隸興聖宫。統縣三：

玄德縣本黑山黑河之地。景福元年括落帳人户，從便居之。户六千。

孝安縣。

富義縣本義州，太宗遷渤海義州民於此。[6]重熙元年降爲義豐縣，後更名。隸弘義宫。

[1]慶州，玄寧軍：【劉校】據中華點校本校勘記，“按《紀》大康十年十二月，改慶州大安軍曰興平”。玄寧應是大安以前或興平以後軍號。

[2]統和：遼聖宗年號（983—1012）。

[3]在州二百里：【劉校】據中華點校本校勘記，“州”字下疑脱方位字。

[4]永慶陵：即慶陵，包括遼聖宗耶律隆緒和仁德皇后、欽愛皇后的永慶陵，遼興宗耶律宗真和仁懿皇后的永興陵，遼道宗耶律弘基和宣懿皇后的永福陵。位於今内蒙古自治區巴林右旗索博日嘎鎮西北約十餘公里的瓦林茫哈地方。聖宗永慶陵中保存有壁畫，繪有人物、山水，尤以象徵四時捺鉢的四季山水圖彌足珍貴。三陵出土遺物多已散失，僅存石刻哀册。其中漢文哀册有聖宗、仁德皇

后、欽愛皇后、道宗、宣懿皇后的各一合，仁懿皇后哀册僅存篆蓋。契丹小字哀册有道宗、宣懿皇后的各一合。1922 年還從陵中抄寫出興宗和仁懿皇后的契丹小字哀册册文，原石仍埋墓中。

[5]景福：遼興宗年號（1031—1032）。

[6]於此：【劉校】原本闕“此”字，中華修訂本據明抄本、南監本、北監本、殿本補。今從。

泰州，德昌軍，節度。本契丹二十部族放牧之地。因黑鼠族累犯通化州，民不能禦，遂移東南六百里，來建城居之，以近本族。黑鼠穴居，膚黑，吻鋭類鼠，故以名。州隸延慶宮，[1]兵事屬東北統軍司。統縣二：

樂康縣。倚郭。

興國縣。本山前之民，[2]因罪配遞至此，興宗置縣。戶七百。

[1]延慶宮：遼興宗宮分。

[2]山前：石敬瑭割讓給契丹的十六州地，分爲山前、山後兩部分。其中幽、薊、瀛、莫、涿、澶、順等七州被稱爲山前，是中原防範北方遊牧民族南下的一道天然屏障，軍事上極爲重要。

長春州，[1]韶陽軍，下，節度。本鴨子河春獵之地。[2]興宗重熙八年置。隸延慶宮，兵事隸東北統軍司。統縣一：

長春縣。本混同江地。[3]燕薊犯罪者流配於此。戶二千。

[1]長春州：治所在今吉林省前郭爾羅斯蒙古族自治縣西北部

松花江畔的塔虎城。《武經總要》前集卷一六下《戎狄舊地》："長春州，契丹國舊地，仍曰昭陽軍，亦爲罪謫者配隸之所。北至黃龍府百里，東北至龍化州四百里，南至微州三百五十里，西至新州四百里，西北至上京二百里。"

[2]春獵：四時捺鉢"春水"期間的活動。春水，意春漁於水。地點多在長春州漁兒濼（又稱"長濼""長泊"）。因其活動多在水上，故稱"春水"。

[3]混同江：即松花江。

　　烏州，靜安軍，刺史。本烏丸之地，[1]東胡之種也。遼北大王撥剌占爲牧，[2]建城，後官收，隸興聖宮。有遼河、夜河、烏丸川、烏丸山。統縣一：

　　愛民縣，撥剌王從軍南征俘漢民置於此，户一千。

[1]烏丸：古代部族名。又作"烏桓"，東胡的一支，原附匈奴，漢武帝擊敗匈奴後，始轉而附漢。建安十二年（207），曹操將其一部分遷至中原。撥剌所征之烏丸應是留居東北地區烏桓之後裔。

[2]遼北大王撥剌占爲牧：【劉校】據中華點校本校勘記，按"牧"下應有"地"或"場"字，文意始完。

　　永州，[1]永昌軍，觀察。承天皇太后所建，太祖於此置南樓。[2]乾亨三年置州於皇子韓八墓側。[3]東潢河，南土河，[4]二水合流，故號永州。冬月牙帳多駐此，謂之冬捺鉢。[5]有木葉山，[6]上建契丹始祖廟，奇首可汗在南廟，可敦在北廟，繪塑二聖并八子神像。相傳有神人乘白馬，自馬盂山浮土河而東，有天女駕青牛車由平地松林泛潢河而下。至木葉山，二水合流，相遇爲配偶，生八子。其後族屬漸盛，分爲八部。每行軍及春秋時祭，必用白馬青牛，示不忘本云。興王寺，有白衣觀音像。太宗援石晉主中國，[7]自潞州廻，[8]入幽州，幸大悲閣，指此像曰：“我夢神人令送石郎爲中國帝，即此也。”因移木葉山，建廟，春秋告賽，尊爲家神。興軍必告之，乃合符傳箭於諸部。又有高淀山、柳林淀，亦曰白馬淀。[9]隸彰愍宮。統縣三：

長寧縣本顯德府縣名，太祖平渤海遷其民於此，戶四千五百。

義豐縣本鐵利府義州，遼兵破之，遷其民於南樓之西北，仍名義州。重熙元年廢州改今縣，在州西北一百里。又嘗改富義縣，屬泰州。[10]始末不可具考，今兩存之。戶一千五百。

慈仁縣，太宗以皇子只撒古亡，[11]置慈州墳西。重熙元年州廢，改今縣。戶四百。

[1]永州：在今西拉木倫河與老哈河合流處。《武經總要》前集卷一六下《戎狄舊地》：“永州在木葉山之陽，潢［水］之北，契丹國舊地也。一路西北至鞾淀二百里，一路西北至上京三百里。”

[2]南樓：傳說阿保機建東、西、南、北四樓，陳述先生考證其於史實無據。見《契丹社會經濟史稿》附錄。

[3]乾亨：遼景宗年號（979—982）。 皇子韓八：景宗子。卒於乾亨三年（981）五月。本書《皇子表》所載景宗第四子藥師奴是否即此子，待考。《聖宗本紀》稱“王子藥師奴”，“皇子”不應稱“王子”。

[4]土河：即老哈河。流經今內蒙古自治區東部赤峰地區，與西拉木倫河匯合。

[5]冬捺鉢：在廣平淀，亦稱平淀，位於永州東南三十里。遼中期以後每年冬季在冬捺鉢召開北南臣僚會議，討論軍國大事。

[6]木葉山：此指永州境內一座山，契丹人視此山爲神山，其地在今西拉木倫河與老哈河匯合處附近一帶。上建契丹始祖廟，奇首可汗在南廟，可敦（可汗之妻）在北廟，“繪塑二聖並八子神像”。《長編》卷九七宋天禧五年（1021）八月甲申（《宋會要·蕃夷》作天禧四年）記載，宋綬等始至木葉山，“山在中京東微北。自中京東過小河……度土河，亦云撞撞水，聚沙成墩，少人煙，多林木，其河邊平處，國主曾於此過冬。凡八十里至張司空館，七十里至木葉館。離中京皆無館舍，但宿穹帳，欲至木葉三十里許，始有居人瓦屋及僧舍。又歷荊榛荒草，復渡土河，至木葉山，本阿保機葬處。又云祭天之地。東向設氊屋，署曰省方殿，無階，以氊藉地，後有二大帳。次北，又設氊屋，曰慶壽殿，去山尚遠。國主帳在氊屋西北，望之不見”。按，據本書《營衛志》“省方殿”是冬捺鉢的殿帳，冬捺鉢在廣平淀，在永州東南三十里。可知木葉山即距此不遠。

[7]太宗援石晉主中國：【劉校】據中華點校本校勘記，“宗”原誤“祖”。援石晉爲太宗時事，因據改。今從。

[8]潞州：治所在今山西省長治市。

[9]亦曰白馬淀：【劉校】“白”字原脱。中華點校本校勘記云，“據《紀》重熙七年十月及《營衛志中》補”。今從改。

[10]又嘗改富義縣，屬泰州：【劉校】據中華點校本校勘記，按上文富義縣屬慶州。

[11]皇子只撒古：本書《皇子表》不載。

儀坤州，啓聖軍，[1]節度。本契丹右大部地，應天皇后建州。回鶻糯思居之，至四世孫容我梅里生應天皇后述律氏，[2]適太祖。太祖開拓四方，平渤海，后有力焉。俘掠有伎藝者多歸帳下，謂之屬珊。[3]以所生之地置州。州建啟聖院，中爲儀寧殿，太祖天皇帝、應天地皇后銀像在焉。隸長寧宮，統縣一：[4]

廣義縣本回鶻部牧地，應天皇后以四征所俘居之，因建州縣。統和八年以諸宮提轄司戶置來遠縣，[5]十三年併入。戶二千五百。

[1]儀坤州，啓聖軍：治所在今內蒙古自治區翁牛特旗西北。《武經總要》前集卷一六下《戎狄舊地》："宜坤州，契丹爲啓聖軍節度，即應天太后所生地也。東至長泊十五里，西南至上京二百里，北至踏弩河二千里，河北至大水泊五十里。"

[2]梅里：又作"梅録"，契丹部族官名。即蒙語的"梅林"。

[3]屬珊：本書卷四六《百官志二》："屬珊軍詳穩司。應天皇太后置，軍二十萬。選蕃漢精兵，珍美如珊瑚，故名。""屬珊"可能非漢語，"珍美如珊瑚"，或是以漢語解釋非漢語詞。

[4]統縣一：【劉校】原本闕"一"字，中華修訂本據明抄本、南監本、北監本和殿本補。今從。

[5]提轄司：【靳校】"轄"原本誤作"割"，從中華點校本及修訂本改。

龍化州，[1]興國軍，[2]下，節度。本漢北安平縣地。契丹始祖奇首可汗居此，稱龍庭。太祖於此建東樓。唐天復二年太祖爲迭烈部夷離董，[3]破代北，[4]遷其民，建城居之。明年伐女直，[5]俘數百戶實焉。天祐元年增修東城，[6]制度頗壯麗。十三年太祖於城東金鈴岡受尊號曰"大聖大明天皇帝"，建元神册。天顯元年崩於東樓。太宗升節度。隸彰愍宫，兵事屬北路女直兵馬司。刺史州一，未詳。統縣一：

龍化縣，太祖東伐女直、南掠燕薊所俘建城置邑，户一千。

[1]龍化州：【劉注】今内蒙古自治區庫倫旗扣河子鎮酒局子村古城址爲遼代龍化州州治。

[2]興國軍：遼軍鎮名。治所在龍化州，其地在今内蒙古自治區奈曼旗東北。

[3]天復：唐昭宗年號（901—904）。 迭烈部：即迭剌部。

[4]代北：唐河東道代北軍。又稱"鴈門軍"，治代州（今山西省代縣），領代、忻二州，光啓中併入河東節度使。

[5]女直：部族名。本作"女真"，因避遼興宗宗真名諱改稱女直。遼時居東北地區東部。其在南者入遼籍，稱"熟女真"或"合蘇館女真"；在北者不入遼籍，稱"生女真"。

[6]天祐：唐昭宗和末代皇帝哀帝年號（904—907）。

降聖州，[1]開國軍，下，刺史。本大部落東樓之地，太祖春月行帳多駐此。應天皇后夢神人金冠素服，執兵仗，貌甚豐美，異獸十二隨之。中有黑兔躍入后懷，因而有娠，遂生太宗。時黑雲覆帳，火光照室，有聲如雷，諸部異之。穆宗建州。四面各三十里，禁樵採放牧。先屬延昌宫，[2]後隸彰愍宫。統縣一：

永安縣本龍原府慶州縣名，太祖平渤海，破懷州之永安，遷其人置寨於此，建縣。户八百。

[1]降聖州：遼代降聖州城址位於赤峰市敖漢旗瑪尼罕鄉五十家子的孟克河左岸一級臺地上，五十家村之西側。1996年公佈爲自治區級重點文物保護單位。現在城垣爲長方形，南北約250米，東西寬225米，殘高2米左右，其外又有圍城牆，邊長約600米，但因耕作平整，祇見灰土帶。城內外有多處建築基址，1974年農田大會戰時均被夷爲平地。城內中軸綫偏北立一磚砌佛塔，爲八角形密簷空心式，塔簷十三級，高34米，底邊寬6米，塔刹部分爲元代維修時另加的，其餘爲遼代建築（此據博雅文化旅游網）。《武經總要》前集卷一六下《戎狄舊地》："降聖州，契丹國舊地。東，遼河；西，野狐山；東南至暉州三十里；南，平頂山；北至龍化州五十里。"【劉注】《東北歷史地理》下冊謂，遼代降聖州州城故址在今內蒙古自治區庫倫旗水泉鄉昆都嶺村西城子屯古城址。

[2]延昌宮：遼穆宗宮分。

饒州，匡義軍，中，節度。本唐饒樂府地，貞觀中置松漠府，太祖完葺故壘。有潢河、長水濼、没打河、青山、大福山、松山。隸延慶宮。統縣三：

長樂縣本遼城縣名。太祖伐渤海，遷其民，建縣居之。户四千，內一千户納鐵。

臨河縣本豐永縣人，[1]太宗分兵伐渤海，遷於潢水之曲。户一千。

安民縣。太宗以渤海諸邑所俘雜置。户一千。

[1]豐永縣：【劉校】據中華點校本校勘記，按下文遼陽府仙鄉縣條作"永豐縣"。

頭下軍州[1]

頭下軍州，[2]皆諸王、外戚、大臣及諸部從征俘掠，或置生口，各團集建州縣以居之。橫帳諸王、國舅、公主許創立州城，[3]自餘不得建城郭。朝廷賜州縣額。其節度使朝廷命之，刺史以下皆以本主部曲充焉。[4]官位九品之下及井邑商賈之家，徵稅各歸頭下；[5]唯酒稅課納上京鹽鐵司。

[1]此標題原本無，從中華點校本加。【劉校】中華點校本校勘記謂："頭下軍州：原無此目。按'頭下軍州'皆因諸王、外戚、大臣私城所建，與以上州軍不盡同。《國志》別出'投下州'一項。今仿下文'邊防城'例，增此一目。"頭下，又稱頭下戶。大批漢族人作爲"生口"，被俘掠到契丹境內，脫離了原來的戶貫及一切社會關係。契丹統治者要重新安置他們，必須先將他們組織起來，辦法就是"團集"。所謂"團集"也就是唐朝人所說的"團結"，即將這些互不聯繫的個人編制爲"團"，並以其中一人爲"團頭"，餘者即是所謂"頭下戶"。團頭對頭下戶有監管之責。這種頭下制度是當時管理"生口"、組織他們生產並防止他們逃跑的唯一可行的辦法。頭下的規模不可能很大，因爲團頭是與一般頭下戶身份相同的勞動者，他祇能管理數量有限的人戶。頭下之制很早以前就出現在唐朝的軍隊當中了。

[2]頭下軍州：又稱頭下州軍，是以頭下戶爲主建立的州。遼朝頭下軍州是歷史上首次將頭下制度納入國家行政體制。然而，究竟什麼是頭下軍州，分析本卷開頭關於頭下軍州的定義即可發現，它是自相矛盾的。先說頭下軍州"皆諸王、外戚、大臣及諸部從征俘掠，或置生口，各團集建州縣以居之"。然後又說"橫帳諸王、國舅，公主，許創立州城，自餘不得建城郭。朝廷賜州縣額"。如果後面所說的"橫帳諸王"就是前面所說的"諸王"，而"外戚"

又包含了"國舅"，那麼除此之外，"大臣及諸部"到底可不可以建州縣城郭呢？按照上述定義是不可以的，但本書中另外兩處關於頭下軍州的定義，對這個問題又作了肯定的回答。本書卷五九《食貨志》説："各部大臣從上征伐，俘掠人户，自置郛郭爲頭下軍州。"本書卷四八《百官志四·南面方州官》也説："其間宗室、外戚、大臣之家築城賜額謂之頭下州軍。"《遼史》中關於頭下軍州的定義之所以自相矛盾，問題就在於將"建城郭"與"朝廷賜州縣額"這樣相互聯繫的兩個問題完全混爲一談了。因爲祇要是"從征俘掠"或"從上征伐"，不論是諸王、外戚還是大臣，都會得到一定數量的"生口"，主要是漢人和渤海人。如前所述，這些農業生產者都是城郭以居的，如果不許建城郭，參與征伐者如何安置俘獲的"生口"？豈不是等於祇準他們"從征"，而不許他們"俘掠"嗎？因此，祇要是被允許"從征俘掠"者，遼朝廷都得允許他們建城郭。但是，並非所有的城郭都是"頭下州軍"。州是五京管轄下的第一級行政單位。頭下可以組成州，如果規模較小，則可以建成低級的行政單位統轄："不能州者謂之軍，不能縣者謂之城，不能城者謂之堡"（《遼史·百官志四》）。這樣的州、縣、城、堡都是在由"置生口"、經"團集"而成爲頭下的基礎上建立的。朝廷賜州縣額的城郭即爲頭下州、縣，不賜州縣額的漢城，因其規模較小，則可以成爲"城"或"堡"。遼朝祇允許宗室、外戚、公主建頭下州、縣，實際上就是以國家權力保證他們能够占有較大範圍的土地。在他們占有的頭下州、縣範圍內，有衆多的作爲頭下户的漢人爲他們納税。那些不屬於宗室、外戚的權貴們，朝廷不賜與州縣額，即不允許他們建立頭下州、縣，這樣不僅限制了他們占有土地的範圍，而且他們也享受不到向頭下户徵税的特權。

　　[3]橫帳：本書卷四五《百官志一》："玄祖伯子麻魯無後，次子巖木之後曰孟父房；叔子釋魯曰仲父房；季子爲德祖，德祖之元子是爲太祖天皇帝，謂之橫帳；次曰剌葛，曰迭剌，曰寅底石，曰安端，曰蘇，皆曰季父房。"契丹以玄祖之後爲皇族，分爲三房：

孟父房、仲父房和季父房。季父房一系中太祖阿保機子孫爲"橫帳"。本書卷一六《聖宗本紀七》載開泰八年（1019）冬十月癸巳詔："橫帳、三房不得與卑小帳族爲婚；凡嫁娶，必奏而後行。"

[4]部曲：其身份是賤口，但高於奴婢。部曲、客女對主人有很强的人身隸屬關係，他們祇注家籍，而不隸籍州縣。他們中的很大一部分是隨從、僕役、私家武裝之類，並不從事生產勞動。

[5]徵税：【靳校】原本作"征税"，今據文意當改爲"徵税"。

徽州，[1]宣德軍，節度。景宗女秦晉大長公主所建。媵臣萬户，在宜州之北二百里，因建州城。北至上京七百里。節度使以下皆公主府署。户一萬。

[1]徽州：該州位置在宜州（今遼寧省義縣）之北二百里。【靳注】據《東北歷史地理》下册，該州治所在今遼寧省阜新蒙古族自治縣舊廟鄉他不郎村古城址。

成州，長慶軍，節度。聖宗女晉國長公主以上賜媵臣户置，在宜州北一百六十里因建州城。[1]北至上京七百四十里，户四千。

[1]宜州北一百六十里：【劉校】原本誤作"宜州北然百六十里"，明抄本、南監本、北監本和殿本均不誤。中華點校本及修訂本徑改。今從改。

懿州，[1]廣順軍，節度。聖宗女燕國長公主以上賜媵臣户置，在顯州東北二百里因建州城。西北至上京八百里，户四千。

[1]懿州：【劉注】今遼寧省阜新蒙古族自治縣塔營子鎮塔營子村古城址爲遼代頭下州懿州州治。

渭州，[1]高陽軍，節度。駙馬都尉蕭昌裔建。尚秦國王隆慶女韓國長公主，[2]以所賜媵臣建州城。顯州東北二百五十里。[3]遼制，皇子嫡生者，其女與帝女同。户一千。

[1]渭州：【劉注】今遼寧省法庫縣葉茂臺鎮二臺子村北古城址爲遼代渭州州治。

[2]秦國王：【劉校】據中華點校本校勘記，本書卷六四《皇子表》、《契丹國志》卷一四並作"秦晉國王"。　隆慶（？—1016）：隆緒同母弟。統和中進封爲梁國王，拜南京留守，手握重兵，稱雄一方。統和十七年（999）南征，隆慶率軍爲先鋒，至瀛州（今河北省河間市），與宋將范廷召相遇，隆慶命蕭柳迎戰，將宋軍擊潰，並圍而殲之。十九年（1001），隆慶復敗宋人於行唐（今河北省行唐縣），其權勢、地位不斷上升，威脅着遼聖宗。《宋朝事實類苑》卷七七引《乘軺録》稱其"調度之物，悉侈於隆緒"。

[3]顯州：治所在今遼寧省北鎮市。

壕州，[1]國舅宰相南征俘掠漢民，[2]居遼東西安平縣故地。在顯州東北二百二十里，西北至上京七百二十里。[3]户六千。

[1]壕州：【劉注】今遼寧省彰武縣小南窪村古城址爲遼代壕州州治。

[2]宰相：契丹部族官名。契丹可汗之下有北、南二府，各部族則分屬二府，故北宰相亦稱北府宰相，南宰相亦稱南府宰相。

[3]"壕州"至"七百二十里"：顯州處在遼上京道與東京道鄰界，其東北二百二十里當不在上京道境内。稱壕州"居遼東西安平縣故地"，其地與遼上京無涉，已見前注。以下原州、神州既均在漢安平縣境，則均不在上京道。

原州本遼東北安平縣地，顯州東北三百里，國舅金德俘掠漢民建城。西北至上京八百里。户五百。

福州，國舅蕭寧建。南征俘掠漢民，居北安平縣故地。在原州北二十里，西北至上京七百八十里。户三百。

横州，國舅蕭克忠建。部下牧人居漢故遼陽縣地，因置州城。在遼州西北九十里，[1]西北至上京七百二十里。有横山。户二百。

[1]遼州：遼置。故治在今遼寧省瀋陽市西北一百八十里新民縣。

鳳州，槀離國故地，[1]渤海之安寧郡境，[2]南王府五帳分地。在韓州北二百里，西北至上京九百里。户四千。[3]

[1]槀離國：《滿州源流考》卷九《疆域·沃沮·濊》："東明爲百濟之祖，自槀離渡河，以之名地。當與槀離國相近。考遼志槀離爲鳳州、韓州，皆在今開原境。"

[2]渤海之安寧郡：《滿州源流考》卷一〇《疆域·渤海國

境》：“《遼史》上京‘鳳州，槀離國故地，渤海之安寧郡境，在韓州北二百里，西北至上京九百里’。按：鳳州與韓州相鄰，皆槀離故地。此安寧郡當爲鄭頡府之支郡，今附於此。”

[3]戶四千：【劉校】據中華點校本校勘記，本書卷三六《兵衛志下》，“鳳州丁一千。按一戶二丁通例，戶、丁數疑誤”。

　　遂州本高州地，[1]南王府五帳放牧於此。在檀州西二百里，[2]西北至上京一千里。戶五百。

　　[1]高州：統和八年（990）更名武安州，隸大定府。治所在今內蒙古自治區敖漢旗東。
　　[2]檀州：唐始置，治所在今北京市密雲區。

　　豐州本遼澤大部落，[1]遙輦氏僧隱牧地。北至上京三百五十里。戶五百。

　　[1]豐州：僑置。據本書卷四一《地理志五》豐州振武縣條：“太祖神册元年伐吐渾還，攻之，盡俘其民以東。”在東部置豐州。【劉注】今內蒙古自治區翁牛特旗烏丹鎮爲遼代頭下軍州豐州治所。

　　順州本遼隊縣地。[1]橫帳南王府俘掠燕薊順州之民，建城居之。在顯州東北一百二十里，西北至上京九百里。戶一千。

　　[1]順州：契丹南下俘掠燕薊地區的順州（今北京市順義區）之民在遼東地區僑置。【靳注】據《東北歷史地理》下册，該州治所在今遼寧省阜新蒙古族自治縣大巴鎮五家子村。

　　閭州，羅古王牧地，近醫巫閭山。在遼州西一百三十里，西北至上京九百五十里。[1]戶一千。

　　[1]西北至上京九百五十里：此處記載方位有誤。醫巫閭山在顯州（今遼寧省北鎮市）境內，據本書本卷載，顯州東北二百二十里有壕州，其西北至上京祇有七百二十里。推測顯州境內的醫巫閭山距上京亦不會有九百五十里。【靳注】今據現代衛星地圖實測，醫巫閭山距遼上京臨潢府（今內蒙古自治區巴林左旗林東鎮）約三百三十公里，合計六百六十里。

　　松山州本遼澤大部落，[1]橫帳普古王牧地，有松山。北至上京一百七十里。戶五百。

　　[1]松山州：【劉注】今內蒙古自治區巴林右旗白音查幹鄉布敦花村古城址爲遼代頭下松山州州治。

　　豫州，[1]橫帳陳王牧地。南至上京三百里。戶五百。

　　[1]豫州：【劉注】今內蒙古自治區扎魯特旗格日朝魯鄉格日朝魯村古城址爲遼代頭下州豫州州治。

　　寧州本大賀氏勒得山，[1]橫帳管寧王放牧地。在豫州東八十里，西南至上京三百五十里。戶三百。

　　[1]寧州：【靳注】據《東北歷史地理》下冊，該州治所當在今內蒙古自治區扎魯特旗巴雅爾吐胡碩鄉駐地巴雅爾吐胡碩村東之古城址。

邊防城

遼國西北界防邊城因屯戍而立，務據形勝，[1]不資丁賦。具列如左：

靜州，觀察。本泰州之金山，[2]天慶六年升。[3]

[1]形勝：【靳校】"形"原本作"刑"，今從中華點校本及修訂本改。

[2]泰州：治所在今吉林省白城市東南。

[3]天慶：天祚皇帝年號（1111—1120）。

鎮州，建安軍，節度。本古可敦城，[1]統和二十二年皇太妃奏置。[2]選諸部族二萬餘騎充屯軍，專捍禦室韋、羽厥等國，[3]凡有征討，不得抽移。渤海、女直、漢人配流之家七百餘户，[4]分居鎮、防、維三州。東南至上京三千餘里。

[1]可敦城：即鎮州。故址在今蒙古國布爾干省青托羅蓋古城。陳得芝《耶律大石北行史地雜考》（《歷史地理》第二輯）説，遼朝統治漠北屬部的最高軍政機構是西北路招討司（又稱西北路都招討司），遼聖宗統和十二年（994）因西北"阻卜"諸部作亂，以蕭撻凜爲西北路招討使，命隨皇太妃（齊王妃）出征，"屯西鄙臚駒兒河，西捍轄戛，盡降之"。蕭撻凜鑒於達旦諸部叛服不常，上表乞建三城以鎮之。統和二十二年（1004）三城完工，設置鎮、防、維三州。

[2]皇太妃：即齊妃，太宗第二子罨撒葛之妻。景宗即位，進封罨撒葛爲齊王，保寧四年（972）閏二月戊申薨，"追册爲皇太叔"，故其妻稱"皇太妃"。《長編》卷五五宋真宗咸平六年

（1003）秋七月己酉遼降人李信言："［承天太后］蕭氏有姊二人，長適齊王，王死，自稱齊妃，領兵三萬屯西鄙驢駒兒河。嘗閱馬，見蕃奴達覽阿勤姿貌甚美，因召侍帳中。蕭氏聞之，縶達覽阿勤，抶以沙囊四百而離之。踰年，齊妃請于蕭氏，願以爲夫，蕭氏許之，使西捍達靼，盡降之，因謀帥其觸奔骨曆紮國，結兵以篡蕭氏。蕭氏知之，遂奪其兵，命領幽州。次適趙王，王死，趙妃因會飲實毒蕭氏，爲婢所發，蕭氏酖殺之。"

［3］羽厥：即于厥，又稱烏古。

［4］渤海、女直、漢人配流之家七百餘户：【劉校】渤海，原本誤作"流海"，明抄本、南監本、北監本和殿本均作"渤海"。中華點校本及修訂本徑改。今從改。

維州，刺史。

防州，刺史。

河董城本回鶻可敦城，語訛爲河董城。久廢，遼人完之以防邊患。高州界女直常爲盜，劫掠行旅，遷其族於此。東南至上京一千七百里。

靜邊城本契丹二十部族水草地，北鄰羽厥，每入爲盜，建城，置兵千餘騎防之。東南至上京一千五百里。

皮被河城，[1]地控北邊，置兵五百於此防托。[2]皮被河出回紇北，東南經羽厥入臚朐河，沿河董城北，東流合沱瀧河入于海。南至上京一千五百里。

［1］皮被河城：【靳注】據《東北歷史地理》下册，該城在今內蒙古自治區額爾古納旗黑山頭古城址。

［2］防托：邊防用語。有設防、備禦之義。《長編》卷二三五熙寧五年（1072）七月戊子載，已而雄州又言："有兩逃軍報北界，

云南朝欲以九月十日發兵二十萬取燕京，契丹見聚兵二十万防托。”又卷五一三秋七月丙寅：“蘭州未有金城以前，每歲河凍，非用兵馬防托，不敢開城門。”

　　招州，綏遠軍，刺史。開泰三年以女直户置，隸西北路招討司。

　　塔懶主城，[1]大康九年置，在臚朐河。

　　[1]塔懶主城：【劉校】據中華點校本校勘記，“塔懶”即“撻覽”；“主”應作“王”。

（李錫厚注　劉鳳翥校）

遼史　卷三八

志第八

地理志二

東京道

東京遼陽府本朝鮮之地。[1]周武王釋箕子囚,[2]去之朝鮮,因以封之。作八條之教,[3]尚禮義,富農桑,外户不閉,人不爲盜,傳四十餘世。燕屬真番、朝鮮,始置吏築障。秦屬遼東外徼。[4]漢初,燕人滿王故空地。[5]武帝元封三年,定朝鮮爲真番、臨屯、樂浪、玄菟四郡,[6]後漢出入青、幽二州。[7]遼東、玄菟二郡沿革不常。[8]漢末爲公孫度所據,[9]傳子康,孫淵自稱燕王,[10]建元紹漢,魏滅之。晉陷高麗,後歸慕容垂,[11]子寶以勾麗王安爲平州牧居之。[12]元魏太武遣使至其所居平壤城。[13]遼東京本此。唐高宗平高麗,於此置安東都護府,[14]後爲渤海大氏所有,大氏始保挹婁之東牟山。[15]武后萬歲通天中爲契丹盡忠所逼,[16]有乞乞仲象者,度遼水自固,武后封爲震國公,傳子祚榮,[17]建都邑,自稱震王，併吞海北，地方五千里，兵數十萬。中宗賜所都曰忽汗州，封渤海郡王。十有二世至彝震，[18]僭號改元，擬建宮闕，有五京、十五府、六十二州，爲遼東盛國。忽汗州即故平壤城也，[19]號中京顯德府。[20]太祖建國，攻渤海，拔忽汗城，俘其王大諲譔，[21]以爲東丹王國，立太子圖欲爲人皇王以主之。[22]神册四年葺遼陽故城，以渤海、漢户建東平郡，爲防禦州，[23]天顯三年遷東丹國民居之，升爲南京。

[1]朝鮮之地：説遼"本朝鮮之地"，實屬"張冠李戴"，蓋因本書本卷"東京道"將朝鮮半島上的一條名爲"浿水"的河流，"移"到了遼陽附近所致。中華點校本本卷校勘記認爲"東京遼陽府至中京顯德府"一節是"誤以遼陽爲平壤"。其實不止於此。以下在述及遼陽附近的河流時，除了遼河、渾河、大梁水（太子河）等河流之外，又説到有浿水。並説："遼陽縣。本渤海國金德縣地。漢浿水縣，高麗改爲勾麗縣，渤海爲常樂縣。"浿水縣，漢屬樂浪郡。據《漢書·地理志》："樂浪郡，武帝元封三年開。莽曰樂鮮。屬幽州。"該郡下轄二十五縣，其中浿水縣因水得名，"水西至增地入海"。浿水縣不在遼陽，它所屬的樂浪郡，應劭注"故朝鮮國也"。此外，樂浪郡的另一屬縣朝鮮縣，應劭注"武王封箕子於朝鮮"。

[2]箕子：殷宗室，殷亡前遭紂王關押。《通鑑》卷一〇漢高祖三年（前202）"武王入殷，表商容之閭，釋箕子之囚，封比干之墓"。胡注："紂囚箕子，殺比干。武王克殷，釋箕子囚，封比干墓。"宋人徐兢《宣和奉使高麗圖經》卷一《始封》："高麗之先蓋周武王封箕子胥餘於朝鮮，寔子姓也。歷周、秦至漢高祖十二年，燕人衛滿亡命，聚黨椎結服役蠻夷，寖有朝鮮之地而王之。自子姓

有國八百餘年而爲衛氏。"

[3]八條之教：《漢書·地理志》："殷道衰，箕子去之朝鮮，教其民以禮義，田蠶織作。樂浪、朝鮮民犯禁八條：相殺以當時償殺；相傷以穀償；相盜者男没入爲其家奴，女子爲婢，欲自贖者，人五十萬。雖免爲民，欲猶羞之，嫁取無所讎，是以其民終不相盜，無門户之閉，婦人貞信不淫辟。"

[4]秦屬遼東外徼：【劉校】"秦"原本作"泰"，明抄本、南監本、北監本和殿本均作"秦"。中華點校本及修訂本徑改。今從改。

[5]燕人滿：《史記·朝鮮列傳》："王滿者，故燕人也。自始全燕時，嘗略屬真番朝鮮，爲置吏、築鄣塞。秦滅燕，屬遼東外徼。漢興，爲其遠，難守，復修遼東故塞，至浿水爲界，屬燕。燕王盧綰反，入匈奴，滿亡命，聚黨千餘人，魋結蠻夷服而東走出塞，渡浿水，居秦故空地上下鄣，稍役屬真番、朝鮮蠻夷及故燕、齊亡命者王之，都王險。"

[6]四郡：《漢書·朝鮮傳》載元封三年（前108）"定朝鮮爲真番、臨屯、樂浪、玄菟四郡"。另據《漢書·武帝本紀》，"以其地爲樂浪、臨屯、玄菟、真番郡"。注曰："《茂陵書》，臨屯郡治東朓縣，去長安六千一百三十八里，十五縣；真番郡，治霅縣，去長安七千六百四十里，十五縣。"

[7]後漢：東漢（25—220）。 青：青州。《漢書·地理志》顏師古注"青州"曰："東北據海，西南距岱。岱即太山也。""太山"即泰山。

[8]遼東：郡名。據《漢書·地理志》顏師古注，該郡"秦置，屬幽州"。

[9]公孫度（150—204）：遼東襄平（今遼寧省遼陽市）人。字升濟。初平元年（190），被董卓任命爲遼東太守。不久，中原亂起，公孫度趁機自立爲遼東侯、平州牧。繼則東伐高句麗，西擊烏桓，南取遼東半島，越海取膠東半島北部東萊諸縣，成爲割據遼東

地區軍閥。死後，子公孫康繼承其位。

[10]淵：公孫淵（？—238）。遼東太守公孫度之孫、公孫康之子。字文懿。太和二年（228），魏明帝拜淵爲遼東太守、大司馬，封樂浪公。淵在孫吳與曹魏之間首鼠兩端，景初元年（237），在擊敗前來討伐的毌丘儉後叛魏，自立爲燕王。次年，魏遣太尉司馬懿率軍討伐。淵大敗，並其子爲魏俘斬。

[11]慕容垂（326—396）：昌黎棘城（今遼寧省義縣）鮮卑族人。十六國時期前燕文明帝慕容皝的第五子。因爲太傅慕容評所逼而出走前秦，並受到前秦君主苻堅的寵信。淝水之戰後慕容垂乘時而起，建立後燕。後在與北魏交戰中發病而亡。

[12]勾麗王安：“勾麗”即高句麗。《魏書·劉芳傳》附永傳，記載劉永“神龜中，兼大鴻臚卿，持策拜高麗王安，還，除范陽太守”。“神龜”是北魏孝明帝年號（518—520）

[13]元魏太武帝遣使至其所居平壤城：此處與《魏書》記載不符。太武帝拓跋燾，424年至451年在位，後六十餘年魏始遣使至高句麗。

[14]安東都護府：原置於平壤，《通鑑》卷二〇二唐高宗儀鳳元年（676）二月甲戌“徙安東都護府於遼東故城”。注引《考異》曰：“《實錄》咸亨元年，楊昉、高侃討安舜，始拔安東都護府，自平壤城移於遼東州。儀鳳元年二月甲戌，以高麗餘衆反叛，移安東都護府於遼東城，蓋咸亨元年言移府者，終言之也。儀鳳元年言高麗反者，本其所以移也。《會要》無咸亨元年移府事，此年云移於遼東故城，今從之。”按，安舜爲高麗王藏外孫，咸亨元年（670）高麗酋長劍牟岑反，立安舜爲主。唐以左監門大將軍高侃爲東州道行軍總管，發兵討之。此役已經將安東都護府移至遼東。

[15]東牟山：唐武則天時，粟末靺鞨首領大祚榮據此山，自號震國王。地處太白山（今長白山）東北。《舊唐書·渤海傳》載大祚榮“率其衆東保桂婁（《新唐書》作“挹婁”）之故地，據東牟山，築城以居之”。後大祚榮受唐封爲渤海郡王，其都城稱渤海舊

京。東牟山在舊京附近。今吉林省敦化市敖東城爲舊京遺址，城東南二十餘里有城子山古城，或即東牟山所在地。

[16]盡忠：即李盡忠，契丹首領窟哥之孫。唐初受封爲松漠都督，與其妻兄孫萬榮皆居於營州城側。武則天萬歲通天元年（696）五月，盡忠自稱“無上可汗”，以萬榮爲前鋒，叛唐。略地攻城，所至皆下，武則天更號孫萬榮爲“孫萬斬”，李盡忠爲“李盡滅”，又連命梁王武三思、建安王武攸宜率軍出征。唐軍與契丹戰於平州，抵擋不住，衹好堅壁清野，向南退却。漁陽（今天津市薊州區）、幽州（今北京市）等地先後被攻陷，契丹進至趙州（今河北省趙縣）一帶。後來，借助突厥的力量始在次年將這次反叛鎮壓下去。

[17]祚榮：即大祚榮（？－719）。靺鞨民族粟末部人。乞乞仲象之子，渤海國建立者。698年至719年在位。

[18]彝震：即大彝震。渤海國第十一代君主。830年至857年在位。

[19]忽汗州：渤海上京龍泉府。治所在今黑龍江省寧安市渤海鎮。

[20]“東京遼陽府”至“號中京顯德府”：【劉校】“本朝鮮之地”，中華點校本校勘記云：“據《史記》一一五《朝鮮傳》、《漢書》二八下《地理志》，應作“本燕國地”。本節誤以遼陽爲平壤。又據《新唐書》二一九《渤海傳》，忽汗州爲上京龍泉府，非平壤城，亦非遼陽。”

[21]大諲譔：渤海國末王。其世不詳。公元906年即位，926年春正月，契丹攻陷渤海都城，大諲譔降而復叛，被俘，送遼上京西，築城居之。契丹更其名爲烏魯古，其妻名阿里只。烏魯古與阿里祇是遼太祖及述律后受諲譔降時所乘二馬之名。按，契丹征渤海的時間，《高麗史》之記載要早於《遼史》之記載。《高麗史》卷一《太祖世家》於八年（乙酉）秋九月庚子載：“渤海禮部卿大和鈞均、老司政大元鈞、工部卿大福謨、左右衛將軍大審理等率民一

百户來附。渤海本粟末靺鞨也，唐武后時高句麗人大祚榮走保遼東，睿宗封爲渤海郡王。因自稱渤海國，並有扶餘、肅慎等十餘國，有文字、禮樂、官府制度，五京、十五府、六十二州，地方五千餘里，衆數十萬，鄰於我境而與契丹世仇。至是契丹主謂左右曰：‘世仇未雪，豈宜安處。’乃大舉攻渤海大諲譔，圍忽汗城。大諲譔戰敗乞降，遂滅渤海。於是其國人來奔者相繼。”

[22]人皇王：即遼太祖阿保機長子耶律倍（898—936）。契丹名圖欲（突欲），生母爲淳欽皇后述律氏。天顯元年（926），阿保機滅渤海建東丹國，突欲被册爲人皇王，主東丹國政。據其傳載“神册元年春立爲皇太子”。阿保機死後，其母述律氏立德光，突欲被迫浮海投奔後唐。後唐明宗賜其姓名李贊華。清泰三年（遼天顯十一年，936），石敬瑭率軍攻入洛陽，後唐末帝李從珂約突欲與之同死，突欲不從，遇害。本書卷七二有傳。

[23]“太祖建國，攻渤海，拔忽汗城”至“建東平郡，爲防禦州”：阿保機建元稱帝是在神册元年（916），攻渤海拔忽汗城是在天顯元年（926）。中華點校本校勘記認爲，“葺遼陽故城、建東平郡在前，攻渤海、拔忽汗城在後，敘次倒舛。疑神册四年之前脱‘先是’二字”。此説非確。所謂“敘次倒舛”是因爲將兩件事合而爲一了。實際情況爲：前一件事是攻渤海拔忽汗城建東丹國，都發生在忽汗城（今黑龍江省寧安市東京城）；後一件事是説神册四年至天顯三年遼陽城的變化。

城名天福，[1]高三丈，有樓櫓，[2]幅員三十里。八門：東曰迎陽，東南曰韶陽，南曰龍原，西南曰顯德，西曰大順，西北曰大遼，北曰懷遠，東北曰安遠。宮城在東北隅，高三丈，具敵樓，南爲三門，壯以樓觀，四隅有角樓，相去各二里。宮牆北有讓國皇帝御容殿。[3]大内建二殿，不置宮嬪，唯以内省使副、判官守之。

《大東丹國新建南京碑銘》在宮門之南。外城謂之漢城，分南北市，中爲看樓：晨集南市，夕集北市。街西有金德寺、大悲寺、駙馬寺鐵幡竿在焉、趙頭陀寺、留守衙、戶部司、[4]軍巡院。歸化營軍千餘人，河朔亡命皆籍于此。[5]東至北烏魯虎克四百里，南至海邊鐵山八百六十里，西至望平縣海口三百六十里，北至挹婁縣范河二百七十里。[6]東、西、南三面抱海。遼河出東北山口爲范河，西南流爲大口，入于海。東梁河自東山西流，[7]與渾河合爲小口，會遼河入于海。又名太子河，亦曰大梁水。渾河在東梁、范河之間。[8]沙河出東南山西北流，徑蓋州入于海。[9]有蒲河、清河，淠水亦曰泥河，[10]又曰蒒芋濼，水多蒒芋之草。駐蹕山，唐太宗征高麗，駐蹕其巔數日，勒石紀功焉，俗稱手山，[11]山巔平石之上有掌指之狀，泉出其中，取之不竭。又有明王山、白石山亦曰橫山。天顯十三年改南京爲東京，府曰遼陽。

[1]城名天福：天福城原爲忽汗城，即渤海上京龍泉府，治所在今黑龍江省寧安市渤海鎮。後來東丹國遷遼陽，東京遼陽亦稱天福城。

[2]樓櫓：《後漢書·南匈奴傳》：“初，帝造戰車，可駕數牛，上作樓櫓，置於塞上，以拒匈奴。”注：“櫓即樓也。《釋名》曰：樓無屋爲櫓也。”

[3]讓國皇帝：即遼太祖長子耶律倍。

[4]戶部司：官署名。梁、陳並置左戶尚書，並掌戶籍，兼知工官之事。後魏、北齊有度支尚書，亦左民、右戶之任。隋初曰度支尚書，開皇三年（583）改爲民部司。唐朝因之，貞觀二十三年（649）改爲戶部司。爲戶部所屬四司之首，掌全國戶口籍帳、土

地、賦役等。

[5]河朔亡命：河、朔一帶自行逃亡到契丹境內的漢人。

[6]挹婁縣：嘉慶《大清一統志》卷六〇《奉天府》："挹婁故城在鐵嶺縣南六十里，遼置興州中興軍，治常安縣。屬東京道。金大定二十九年改爲挹婁縣，屬瀋州。元廢，明時訛爲'懿路'。城周三里有奇，永樂五年修築，置左、中二千戶所於此。"今爲懿路村，在遼寧省鐵嶺市新臺子鎮南。

[7]東梁河：《滿洲源流考》卷一〇："《金史》瀋州章義縣，遼舊廣州，皇統三年降爲縣，來屬。有遼河、東梁河、遼河大口。按：東梁河即太子河，亦名大梁河。《明志》章義故城在瀋陽中衛西南六十里，有章義站。"

[8]渾河：河流名。遼河支流，流經今遼寧省瀋陽市。 范河：一名"泛河"，遼河支流。據《大清一統志》卷五九，范河在鐵嶺縣南三十里。

[9]蓋州：嘉慶《大清一統志》卷六〇《奉天府》："蓋州故城，今蓋平縣治。"治所在今遼寧省蓋州市。

[10]浿水：關於浿水與樂浪郡，《高麗史》卷五八《地理志·樂浪郡》有如下記載："周武王克商，封箕子於朝鮮，是爲後朝鮮。逮四十一代孫準時有燕人衛滿亡命，聚黨千餘人，來奪準地，都於王險城（原注：險，一作'儉'，即平壤），是爲衛滿朝鮮。其孫右渠不肯奉詔，漢武帝元封二年遣將討之，定爲四郡，以王險爲樂浪郡"，"有大同江（原注：既浿江，又名'王城江'。江之下流爲九津溺水）"。樂浪郡治所設在王險城，亦即今朝鮮平壤市。浿水或浿江，即流經平壤的大同江。皆與遼之疆域無涉。

[11]手山：據清人楊鑣、施鴻纂修《遼陽州志》卷七"首山""城西南十五里，一作手山，山頂石上有掌指狀泉出其中，挹之不竭。晉司馬懿圍公孫淵於襄平，有星墜首山，即此。唐太宗征高麗，嘗駐蹕於上數日，勒石紀功，改爲駐蹕山。上有清風寺。"

户四萬六百四。轄州、府、軍、城八十七。[1]統縣九：

遼陽縣本渤海國金德縣地，漢浿水縣，[2]高麗改爲勾麗縣，渤海爲常樂縣。户一千五百。

仙鄉縣本漢遼隊縣，[3]渤海爲永豐縣。《神仙傳》云：[4]"仙人白仲理能煉神丹、點黄金，以救百姓。"户一千五百。

鶴野縣本漢居就縣地，[5]渤海爲雞山縣。昔丁令威家此，[6]去家千年，化鶴來歸，集於華表柱，[7]以咮畫表云："有鳥有鳥丁令威，去家千年今來歸；城郭雖是人民非，何不學仙塚纍纍。"户一千二百。

析木縣本漢望平縣地，[8]渤海爲花山縣。户一千。

紫蒙縣本漢鏤芳縣地，[9]後拂涅國置東平府，[10]領蒙州紫蒙縣。後徙遼城併入黄嶺縣。渤海復爲紫蒙縣。户一千。

興遼縣本漢平郭縣地，[11]渤海改爲長寧縣。唐元和中，渤海王大仁秀南定新羅，[12]北略諸部，開置郡邑，遂定今名，[13]户一千。

蕭慎縣，以渤海户置。

歸仁縣。

順化縣。

[1]轄州、府、軍、城八十七：【劉校】據中華點校本校勘記，"八十七"與下文所列州、府、軍、城之數不合。

[2]漢浿水縣：漢屬樂浪郡。據《漢書·地理志》："樂浪郡，武帝元封三年開。莽曰樂鮮。屬幽州。"該郡下轄二十五縣，其中

浿水縣因水得名。

[3]漢遼隊縣：漢代縣名。據《漢書·地理志》，該縣爲遼東郡屬縣，注謂“莽曰順睦”。

[4]《神仙傳》：書名。歷代以《神仙傳》爲名目者有多種。《四庫全書總目提要·道家類》著録《神仙傳》十卷，晉人葛洪撰（兩淮鹽政采進本）。“是書據洪自序，蓋於《抱樸子·內篇》既成之後，因其弟子滕升問仙人有無而作，所録凡八十四人。序稱秦大夫阮倉所記凡數百人，劉向所撰又七十一人，今復抄集古之仙者見於仙經、服食方、百家之書、先師所説、耆儒所論以爲十卷。又稱劉向所述殊甚簡略，而自謂此傳有愈於向。今考其書惟容成公彭祖二條與《列仙傳》重出，餘皆補向所未載。其中如黃帝之見廣成子、盧敖之遇若士，皆莊周之寓言。不過鴻蒙云將之類，未嘗實有其人。淮南王劉安謀反自殺，李少君病死，具載《史記》《漢書》，亦實無登仙之事，洪一概登載，未免附會。”此外，宋人王觀國《學林》卷四《王喬》又載：“近世有《王氏神仙傳》一集。”

[5]漢居就縣：據嘉慶《大清一統志》卷六〇《奉天府》：“居就故城在遼陽州西南。”

[6]丁令威：丁令威傳説是傳自《續搜神記》。宋人張淏《雲谷雜記》卷三載：“前輩詩文中多用化鶴事，其事有二，雖若相類，其實不同。《神仙傳》：蘇仙公者，桂陽人（原注：《洞仙傳》云，蘇公名眈）。漢文帝時得道，有白鶴數十降於門，乃跪白母曰‘某當仙，被召有期，即便拜辭’。遂升雲漢而去，後白鶴來，止郡城東北樓上。或挾彈彈之鶴，以爪攫樓板，似漆書云‘城郭是人民非，三百甲子一來歸，吾是蘇君彈何爲’此一事也。《續搜神記》：遼東城門華表柱忽有白鶴來集，人或欲射之，於空中歌曰‘有鳥有鳥丁令威，去家千歲今來歸，城郭猶是人民非’（原注：又《洞仙傳》云，令威，遼東人，少隨師學，得仙道分身，任意所欲。嘗暫歸化爲白鶴，集郡城門，餘同上）。此又一事也。”

[7]集於華表柱：【劉校】“柱”原本作“桂”，明抄本、南監

本、北監本和殿本均作"柱"。中華點校本及修訂本徑改。今從改。

[8]漢望平縣：據《漢書·地理志》漢遼東郡有望平縣，注："大遼水出塞外，南至安市入海，行千二百五十里。"另據嘉慶《大清一統志》卷六五《錦州府》："望平舊城在廣寧縣東北，漢置縣，屬遼東郡，後漢因。""按《水經注》'大遼水自塞外東流，直遼東之望平縣西。'漢縣蓋在遼河之東，故晉初改屬玄菟郡。金縣在河西，非漢故縣也。遼金二《志》又謂山東縣本漢望平，亦誤。"

[9]漢鏤芳縣：【劉注】據中華點校本校勘記，鏤芳，《漢書·地理志》和《後漢書·郡國志》均作"鏤方"。另據《漢書·地理志》，漢鏤方縣屬樂浪郡，當在今朝鮮境內。

[10]拂涅國："拂涅"爲古部族名。唐時數入貢。據《滿洲源流考》卷一一，"《明一統志》，遼濱廢縣，在瀋陽衛西北一百八十里，本拂涅國地，遼爲遼州治"。

[11]漢平郭縣：嘉慶《大清一統志》卷六〇《奉天府》："平郭故城，在蓋平縣南，漢置縣，屬遼東郡。"

[12]大仁秀（？—830）：渤海國第十代君主，818年至830年在位，在位期間渤海國達到鼎盛。廟號宣王。　新羅：朝鮮半島古國，公元4世紀成爲半島東南部的強國。7世紀中滅百濟和高句麗，不久，統一半島大部。至9世紀衰落，公元935年爲王氏高麗所取代。

[13]遂定今名：【劉校】"名"原本作"民"，明抄本、南監本、北監本和殿本均作"名"。中華點校本及修訂本徑改。今從改。

開州，鎮國軍，節度。本濊貊地，[1]高麗爲慶州。渤海爲東京龍原府，[2]有宮殿，都督慶、鹽、穆、賀四州事；故縣六：曰龍原、永安、烏山、壁谷、熊山、白楊，皆廢。疊石爲城，周圍二十里。唐薛仁貴征高麗，[3]與其大將溫沙門戰熊山，擒善射者於石城，即此。

太祖平渤海，徙其民于大部落，城遂廢。聖宗伐高麗還，[4]周覽城基，復加完葺。開泰三年遷雙、韓二州千餘戶實之，號開封府開遠軍，節度，更名鎮國軍。隸東京留守，兵事屬東京統軍司。[5]統州三、縣一。

開遠縣本柵城地，高麗爲龍原縣，[6]渤海因之，遼初廢。聖宗東討，復置以軍額。民戶一千。

鹽州本渤海龍河郡，故縣四：海陽、接海、格川、龍河，皆廢。戶三百，隸開州，相去一百四十里。

穆州，保和軍，刺史。本渤海會農郡，故縣四：會農、水歧、順化、美縣，皆廢。戶三百，隸開州，東北至開州一百二十里。統縣一：

會農縣。

賀州，刺史。本渤海吉理郡，故縣四：洪賀、送誠、吉理、石山，皆廢。戶三百，隸開州。

[1]濊貊：《漢書・食貨志》：“彭吳穿濊貊、朝鮮，置滄海郡。”師古曰：“彭吳，人姓名也，本皆荒梗，始開通之也，故言穿也。”按，“穢貊”同“濊貊”。另據明時朝鮮人所撰《朝鮮史略》卷一載：“濊貊本朝鮮之地，南與辰韓、北與高句麗、沃沮接，東窮大海，西至樂浪。漢武帝元朔五年，濊君南閭叛降於漢，以其地爲滄海郡。濊即今江陵府，貊即今春川府。”

[2]渤海爲東京龍原府：《滿洲源流考》卷一〇《渤海國境》：“按《一統志》，開州，遼末復入於高麗，謂之蜀莫郡，開遠廢縣，故開州治也，渤海爲龍原縣，慶州治焉。則慶州爲龍原府附郭之州，而龍原縣爲附郭之縣，永安、烏山、壁谷、熊山、白楊五縣亦爲慶州所屬明矣，非朝鮮慶尚道之慶州也。”按此説，渤海東京龍原府即遼開州，是在今朝鮮境內。又嘉慶《大清一統志》卷六〇

《奉天府》："開州故城，即今岫巖廳所轄鳳凰城。""《全遼志》：開州城在遼陽城東三百六十里，即今鳳凰山堡。四面石崖峭壁，東、北二門，城隨山鋪砌，可容十萬衆。唐太宗駐驛於此，城今廢。"按，鳳凰城治所在今遼寧省鳳城市。東京龍原府爲鳳凰城説不確，參見本卷注釋來遠城條。

[3]薛仁貴（614—683）：名禮，字仁貴。河東道絳州龍門縣（今山西省河津市）人。唐初名將，自貞觀末年以來，征戰數十年，曾大敗九姓鐵勒，降伏高句麗，擊破突厥。高宗時，累官至瓜州長史、右領軍衛將軍，封平陽郡公。

[4]聖宗伐高麗還：【劉校】高麗，據中華點校本校勘記，原誤"新羅"，"據《紀》統和三年七月、十年正月改"。今從改。

[5]東京統軍司：遼設於東京的軍事機構。

[6]高麗爲龍原縣：《滿洲源流考》卷一〇則謂："開遠縣，本柵城地，高麗爲龍原縣，渤海因之。"治所在今朝鮮境內。

定州，保寧軍。高麗置州，故縣一，曰定東。聖宗統和十三年升軍，遷遼西民實之。隸東京留守司。統縣一：

定東縣，高麗所置，遼徙遼西民居之。户八百。

保州，宣義軍，節度。高麗置州，故縣一，曰來遠。聖宗以高麗王詢擅立，問罪不服，統和末高麗降，[1]開泰三年取其保、定二州，於此置榷場。隸東京統軍司。統州、軍二，縣一：

來遠縣，初徙遼西諸縣民實之，又徙奚、漢兵七百防戍焉。[2]户一千。

宣州，定遠軍，刺史。開泰三年徙漢户置。隸保州。

懷化軍，下，刺史。開泰三年置，隸保州。

[1]統和末高麗降：【劉校】據中華點校本校勘記，"統和末高麗降"六字，原誤在"開泰三年，取其保、定二州"之下，時間倒舛，今改。

[2]漢兵：也稱"漢軍"。遼朝有衆多的漢軍，其中有阿保機收編的"山北八軍"以及趙延壽的軍隊。此外，遼朝還有自己按照中原軍隊編制組建的漢軍，其中最重要的是燕京等地的禁軍。據《長編》卷五五宋真宗咸平六年（1003）七月己酉記李信云："國中所管幽州漢兵，謂之神武、控鶴、羽林、驍武等，約萬八千餘騎。"其中"羽林""控鶴"是唐、五代禁軍舊有的名號。因此可以斷定李信所説的遼燕京的"漢兵"就是戍衛京城的禁軍。

辰州，奉國軍，節度。本高麗蓋牟城。[1]唐太宗會李世勣攻破蓋牟城，[2]即此。渤海改爲蓋州，又改辰州，以辰韓得名。[3]井邑駢列，最爲衝會。遼徙其民於祖州。初曰長平軍，户二千，隸東京留守司。統縣一：

建安縣。

[1]蓋牟城：即蓋州（辰州）故城。在今遼寧省蓋州市。

[2]李世勣（594—669）：唐初名將。因避太宗諱，稱李勣。原名徐世勣，字懋功，曹州離狐（今山東省菏澤市東明縣）人。唐太宗時曾征戰高句麗。一生功勛卓著，爲凌煙閣二十四功臣之一。

[3]辰韓：公元前2世紀末至公元4世紀前後朝鮮半島南部"三韓"部落集團之一。因其居民中多有秦朝遺民，又稱"秦韓"。《滿洲源流考》卷八以今蓋州爲辰州，"辰州，即今之蓋州，今爲蓋平縣"。辰州之名與辰韓無關。

盧州，玄德軍，刺史。本渤海杉盧郡，故縣五：山陽、杉盧、漢陽、白巖、霜巖，皆廢。户三百。在京東一百三十里。兵事屬南女直湯河司。統縣一：

熊岳縣。西至海一十五里，傍海有熊岳山。[1]

[1]熊岳山：山名。在今遼寧省營口市鮁魚圈區。按，《滿洲源流考》卷一〇以爲熊岳山在渤海東京龍原府。非是。東京龍原府爲渤海國五京之一，按前述龍原府治所或在今朝鮮境内，與此地亦相距甚遠。

來遠城本熟女直地。[1]統和中伐高麗，以燕軍驍猛，置兩指揮，建城防戍。兵事屬東京統軍司。

[1]來遠城：該城確址，本書《地理志》中並無明確記載。本書卷一五《聖宗本紀六》載統和二十九年（1011）春正月乙亥朔，遼軍“班師，所降諸城復叛。至貴州南峻嶺谷，大雨連日，馬駝皆疲，甲仗多遺棄，霽乃得渡。己丑，次鴨渌江。庚寅，皇后及皇弟楚國王隆祐迎于來遠城”。據《高麗史》卷四《顯宗世家》，正月“癸卯，契丹主渡鴨緑江引去”。這就是説，遼聖宗退兵至鴨渌江邊，半月後他纔渡江。而在他到達鴨渌江的次日，皇后及皇弟楚國王隆祐已經在來遠城迎接他了，表明來遠城是在江的東岸。如以來遠城爲地標，則其東面還有屬於遼朝的保州和開州。《中國歷史地圖集》第六册圖八、九，以開州、開遠及來遠爲同一地，值得商榷。《中國歷史地圖集釋文彙編（東北卷）》第136頁引《武經總要》前集卷一六下上述一段文字，在“遼中庚戌年”之前加“來遠城”三字，作：“來遠城。遼中庚戌年。”似與本義不符。因爲這一年遼得到的是開州而不是來遠城。書中所載“東至新羅興化鎮四

十里，南至海三十里，西至保州四十里"，也是開州（開遠軍）的方位，而不是來遠城的方位。按，一説來遠城故址或在遼寧省丹東市九連城鎮境内。

鐵州，建武軍，刺史。本漢安市縣，[1]高麗爲安市城。唐太宗攻之不下，薛仁貴白衣登城，即此。渤海置州，故縣四：位城、河端、蒼山、龍珍，[2]皆廢。户一千。在京西南六十里。統縣一：

湯池縣。

[1]漢安市縣：嘉慶《大清一統志》卷六〇《奉天府》："安市故城在蓋平縣東北，漢置縣，屬遼東郡，後漢及晉初因之，後入高句麗爲安市城……金時蓋州所統有湯池縣，即遼鐵州，高麗安市城，故漢縣也。考今湯池堡去安市廢縣僅十里耳，良是。"

[2]河端：【劉校】據中華點校本校勘記，道光殿本《考證》引《永樂大典》作"河瑞"。

興州，中興軍，節度。本漢海冥縣地。[1]渤海置州，故縣三：盛吉、蒜山、鐵山，皆廢。户二百。在京西南三百里。

[1]漢海冥縣：據《漢書·地理志》，海冥縣西漢屬玄菟郡，劉昭《續漢志·郡國志》則稱東漢時該縣屬東浪郡。

湯州本漢襄平縣地。[1]渤海置州，[2]故縣五：靈峰、常豐、白石、均谷、嘉利，皆廢。户五百。在京西北一百里。

[1]漢襄平縣：嘉慶《大清一統志》卷六〇《奉天府》：“襄平故城，在遼陽州北，漢置縣，爲遼東郡治……賈耽曰：自營州東百八十里至燕郡城，又經汝羅守捉，渡遼水至安東都護府五百里。府故漢襄平城地。”

[2]渤海置州：【劉校】據中華點校本校勘記，“渤海置州”四字原脱，道光殿本據《通考》補。今從之。

崇州，[1]隆安軍，刺史。本漢長岑縣地。[2]渤海置州，故縣三：崇山、潙水、緑城，皆廢。户五百。在京東北一百五十里。統縣一：

崇信縣。

[1]崇州：參見本卷貴德州條。

[2]漢長岑縣：《後漢書·崔駰傳》：“〔竇〕憲不能容，稍疏之。因察駰高第，出爲長岑長。”李賢注：“長岑縣，屬樂浪郡，其地在遼東。”

海州，南海軍，節度。本沃沮國地。[1]高麗爲沙卑城，唐李世勣嘗攻焉。渤海號南京南海府。[2]疊石爲城，幅員九里，都督沃、晴、椒三州。故縣六：沃沮、鷲巖、龍山、濱海、昇平、靈泉，皆廢。太平中大延琳叛，[3]南海城堅守，經歲不下，別部酋長皆被擒，乃降。因盡徙其人於上京，置遷遼縣，移澤州民來實之。[4]户一千五百。統州二、縣一：

臨溟縣。

耀州，[5]刺史。本渤海椒州，故縣五：椒山、貂嶺、漸泉、尖山、巖淵，皆廢。户七百，隸海州。東北至海州二百里。統縣一：

巖淵縣，東界新羅，故平壤城在縣西南。東北至海州一百二十里。

嬪州，柔遠軍，刺史。本渤海晴州，故縣五：天晴、神陽、蓮池、狼山、仙巖，皆廢。户五百，隸海州。東南至海州一百二十里。

[1]沃沮國：《後漢書·東夷傳》："東沃沮在高句驪蓋馬大山之東。"注："蓋馬，縣名，屬玄菟郡，其山在今平壤城西。"

[2]渤海號南京南海府：《新唐書》卷二一九《渤海傳》渤海以"沃沮故地爲南京曰南海府"。【靳注】南京南海府，渤海國五京之一。故址在今朝鮮咸興市。或有別説。

[3]大延琳（？—1030）：渤海人。遼東京軍將。反遼鬥爭領導人。

[4]澤州：遼太祖俘蔚州民，在松亭關以北立寨居之，採煉陷河銀冶。開泰中大延琳反叛被鎮壓之後，原東京海州下轄的刺史州澤州民被遷移至此，置澤州。《武經總要》前集卷一六下《戎狄舊地》："澤州，松亭關北，遼澤之地。"【靳注】松亭關，故址在今河北省寬城滿族自治縣西南。

[5]耀州：《武經總要·戎狄舊地》："耀州，地控新羅界，胡中要害之地，東鴨綠江女真界，西大遼南石城，北至東京百五十里。"

淥州，[1]鴨淥軍，節度。本高麗故國，渤海號西京鴨淥府。城高三丈，廣輪二十里，都督神、桓、豐、正四州事。故縣三：神鹿、神化、劍門，皆廢。大延琳叛，遷餘黨於上京，置易俗縣居之。在者户二千。隸東京留守司。統州四、縣二：

弘聞縣。

神鄉縣。

桓州，高麗中都城，故縣三：桓都、神鄉、淇水，[2]皆廢。高麗王於此創立宮闕，[3]國人謂之新國。五世孫釗，晉康帝建元初爲慕容皝所敗，[4]宮室焚蕩。戶七百，隸渌州，在西南二百里。

豐州，渤海置盤安郡，故縣四：安豐、渤恪、隰壤、硤石，皆廢。戶三百，隸渌州，在東北二百一十里。

正州本沸流王故地，國爲公孫康所併。渤海置沸流郡。有沸流水。[5]戶五百，隸渌州，在西北三百八十里。統縣一：

東那縣本漢東耐縣地，[6]在州西七十里。

慕州本渤海安遠府地，故縣二：慕化、崇平，久廢。戶二百。隸渌州。在西北二百里。

[1]渌州：《滿洲源流考》卷一〇：“按：渌州城在平壤西境，因鴨綠江爲名也。鴨綠江之‘綠’，《北史》《新唐書》《遼史》俱作‘渌’。”遼東京轄區包括鴨綠江以東女真地區，渌州下轄的州縣當在這一地區或渤海西京轄區，即今朝鮮境內。

[2]淇水：【劉校】據中華點校本校勘記，趙萬里《元一統志》卷二記有浿水。“淇”字誤。

[3]高麗王於此：【劉校】原本作“於高麗王於此”，衍“於”字，中華點校本及修訂本徑改。今從改。

[4]慕容皝（297—348）：前燕創建者。字元真，小字萬年。

昌黎棘城（今遼寧省義縣）人，鮮卑族。西晉遼東公慕容廆第三子，十六國時期創建前燕，稱文明帝。

[5]沸流水：《滿洲源流考》卷一〇："按《通考》魏正始五年，幽州刺史毌丘儉出玄菟，討高麗，戰於沸流，高麗王位宮敗走，儉追至楨嵧，登丸都山，屠其所都。則沸流固應與桓都相近，亦今朝鮮境內地。"

[6]本漢東耐縣地：【劉校】據中華點校本校勘記，"道光殿本《考證》謂，漢無東耐縣，或是《後漢書・郡國志》東暆、不而之脫誤。《索隱》疑是唐羈縻代那州"。

顯州，[1]奉先軍，上，節度。本渤海顯德府地。世宗置，以奉顯陵。顯陵者，[2]東丹人皇王墓也。人皇王性好讀書，不喜射獵，購書數萬卷，置醫巫閭山絕頂，[3]築堂曰望海。山南去海一百三十里。大同元年世宗親護人皇王靈駕歸自汴京，[4]以人皇王愛醫巫閭山水奇秀，因葬焉。山形掩抱六重，於其中作影殿，制度宏麗。州在山東南，遷東京三百餘戶以實之。應曆元年穆宗葬世宗於顯陵西山，[5]仍禁樵採。有十三山，有沙河。隸長寧、積慶二宮，[6]兵事屬東京都部署司。統州三、縣三：

奉先縣本漢無慮縣，[7]即醫巫閭，幽州鎮山。世宗析遼東長樂縣民以爲陵戶，隸長寧宮。

山東縣本漢望平縣，穆宗割渤海永豐縣民爲陵戶，隸積慶宮。

歸義縣，初置顯州，渤海民自來助役，世宗嘉憫，因籍其人戶置縣，隸長寧宮。

嘉州，嘉平軍，下，刺史。隸顯州。

遼西州，阜成軍，中，刺史。本漢遼西郡地，[8]世宗置州，隸長寧宮，屬顯州。統縣一：

長慶縣，統和八年以諸宮提轄司人戶置。[9]

康州，下，刺史。世宗遷渤海率賓府人戶置，屬顯州。初隸長寧宮，後屬積慶宮。統縣一：

率賓縣本渤海率賓府地。[10]

[1]顯州：地名。治所在今遼寧省北鎮市，即顯陵所在之顯州，非渤海顯德府之顯州，兩個顯州名稱雖相同，但時空不一致。遼朝所建的顯州在遼西北鎮，而渤海國中京顯德府雖然也稱顯州，卻在今吉林省敦化市。《長編》卷七四宋真宗大中祥符三年（1010）九月戊辰載："知雄州李允則言契丹由顯州東侵高麗。"這證明該顯州靠近高麗，亦即原渤海顯德府在遼仍稱顯州。這樣，遼朝實際上存在兩個顯州，但《地理志》卻將兩個顯州合而爲一，並將這個顯州説成是原渤海顯德府，然後又説顯陵和醫巫閭山也在原顯德府。一錯再錯。

[2]顯陵：東丹王耶律倍陵寢。在顯州醫巫閭山。

[3]醫巫閭山：遼西地區的名山。位於今遼寧省北鎮市。

[4]大同：遼太宗年號（947）。

[5]應曆：遼穆宗年號（951—969）。

[6]積慶宮：遼世宗宮分。

[7]漢無慮縣：嘉慶《大清一統志》卷六五《錦州府》："無慮故城，今廣寧縣治，漢置縣，屬遼東郡……［遼］顯州奉先縣當在今縣東南。又考渤海顯德府，在渤海上京之南，吉林南境。《遼史》爲顯州本顯德府地，誤。"按清廣寧縣，即今遼寧省興城市。

[8]漢遼西郡：《明一統志》卷二五《登州府》："秦以幽州爲遼西郡，營州爲遼東郡，漢初因之。武帝拓朝鮮地，並割遼東屬邑

置樂浪、玄菟、真番、臨屯四郡。"

[9]提轄司：隸屬宮衛的軍事機構，遇有戰事，負責點集兵馬。遼在南京（今北京市）、西京（今山西省大同市）、奉聖州（今河北省涿鹿縣）和平州（今河北省盧龍縣）以及中京、東京和上京等處設提轄司，隸屬諸宮衛。提轄司所管轄的人户也是有軍籍的。

[10]率賓縣本渤海率賓府地：【劉校】據中華點校本校勘記，《索隱》："既云遷率賓府人户置，則非故地。"

宗州，[1]下，刺史。在遼東石熊山，耶律隆運以所俘漢民置。聖宗立爲州，隸文忠王府。王薨，屬提轄司。統縣一：
熊山縣本渤海縣地。

[1]宗州：《武經總要》前集卷一六下《戎狄舊地》："宗州，石熊山之陽，管熊山一縣。古遼東之地，東遼水，南至顯州一百里，北潢水。"

乾州，[1]廣德軍，上，節度。本漢無慮縣地。聖宗統和三年置，[2]以奉景宗乾陵。[3]有凝神殿。隸崇德宮，兵事屬東京都部署司。統州一、縣四：
奉陵縣本漢無慮縣地。括諸落帳户，助營山陵。[4]
延昌縣，析延昌宮户置。
靈山縣本渤海靈峰縣地。
司農縣本渤海麓郡縣，併麓波、雲川二縣入焉。
海北州，廣化軍，中，刺史。世宗以所俘漢户置。地在閭山之西，[5]南海之北。初隸宣州，[6]後屬乾州。統縣一：

　　開義縣。

　　[1]乾州：在顯州附近。《三朝北盟會編》卷二〇政宣上帙許
亢宗《宣和乙巳奉使行程録》載：“第二十二程至顯州，出榆關以
東行，南瀕海而北限大山，盡皆戴石不毛。至此，山忽峭拔摩空，
蒼翠萬仞，全類江左，乃醫巫閭山也。成周之時，幽州以醫巫閭作
鎮，其遠如此。契丹原欲葬於此山，離［顯］州七里，別建乾州，
以奉陵寢。”《明一統志》卷二五《登州府》：“乾州城在廣寧衛西
南七里，本漢無慮縣地，遼置乾州廣德軍。”
　　[2]聖宗統和三年置：【劉校】據中華點校本校勘記，“按
《紀》乾亨四年十一月置乾州”。
　　[3]乾陵：遼景宗陵寢。
　　[4]山陵：帝、后的墳墓。《水經注》卷一九《渭水三》：“秦
名天子塚曰山，漢曰陵，故通曰山陵矣。”
　　[5]閭山：即醫巫閭山。
　　[6]宣州：【劉校】據中華點校本校勘記，“宣”應作“宜”。
“此即中京道宜州。屬縣開義，《金史·地理志》同，本書中京道
宜州條下作‘聞義’”。

　　貴德州，[1]寧遠軍，下，節度。本漢襄平縣地，漢
公孫度所據。[2]太宗時察割以所俘漢民置。[3]後以弑逆
誅，没入焉。聖宗建貴德軍，[4]後更名。有陀河、大寶
山。[5]隸崇德宮，兵事屬東京都部署司。統縣二：
　　貴德縣本漢襄平縣，渤海爲崇山縣。
　　奉德縣本渤海緣城縣地，[6]嘗置奉德州。

[1]貴德州：《滿洲源流考》卷一一引趙萬里《元一統志》：
"公孫廢城在貴德州。漢末公孫度爲遼東太守，治襄平，傳子至孫，
據有其地，遺址猶存。"按其故城址當在今遼寧省撫順市城北高爾
山前。

[2]漢公孫度所據：【劉校】據中華點校本校勘記，依上下文
例，"漢"下脱"末"字。

[3]察割：即耶律察割，遼皇族，其父即明王安端，爲阿保機
同母弟。世宗即位，察割封泰寧王。天禄五年（951）九月，南伐
途中行弑逆，隨即被誘殺。

[4]聖宗建貴德軍：【劉校】"建"原作"外"，中華修订本據
明抄本、南監本、北監本和殿本改。今從改。

[5]大寶山：《滿洲源流考》卷一一引趙萬里《元一統志》：
"大寶城在廢貴德州。"是大寶城因山得名。

[6]本渤海緣城縣地：中華點校本本卷校勘記謂"緣城，上文
崇州條作綠城"。所言甚是。崇州原屬渤海，故縣三：崇山、灊水、
綠城。遼滅渤海後，三縣皆廢，以渤海崇山縣民置貴德縣，以綠城
縣民置奉德縣。二縣皆非故地，而是在貴德州境内。渤海崇州屬中
京顯德府。治所在崇山縣（今吉林省敦化市東北大山咀子鎮）。轄
境約當今吉林省敦化市東北牡丹江流域一帶。疑遼無崇州。參見本
卷集州條。

瀋州，[1]昭德軍，中，節度。本挹婁國地。渤海建
瀋州，故縣九，皆廢。[2]太宗置興遼軍，後更名。初隸
永興宮，[3]後屬敦睦宮，[4]兵事隸東京都部署司。統州
一、縣二：

樂郊縣，太祖俘薊州三河民建三河縣，[5]後更名。

靈源縣，太祖俘薊州吏民建漁陽縣，[6]後更名。

巖州，白巖軍，下，刺史。本渤海白巖城，太宗撥

屬瀋州。初隸長寧宮，後屬敦睦宮。統縣一：

　　白巖縣，渤海置。

　　[1]瀋州：治所在今遼寧省瀋陽市。《武經總要》前集卷一六下《戎狄舊地》："瀋州，德光所建，仍曰昭德軍，契丹舊地也，東至大遼水。水東即女真界。"

　　[2]渤海建瀋州，故縣九，皆廢：【劉校】據中華點校本校勘記，道光殿本《考證》："按《元一統志》，渤海建定理府，都督瀋、定二州，領定理、平邱、巖城、慕美、安夷、瀋水、安定、保山、能利九縣，並廢。"

　　[3]永興宮：太宗德光宮分。【劉校】中華點校本校勘記云，此處"宮"字原脫，據本書《營衛志》補。

　　[4]敦睦宮：孝文皇太弟耶律隆慶宮分。

　　[5]薊州：治所在今天津市薊州區。　三河：縣名，治所在今河北省三河縣。【劉校】薊州三河民，原本和南監本作"蘇州三河民"，中華點校本及修訂本據北監本和殿本改。今從改。

　　[6]太祖俘薊州吏民：【劉校】原本和南監本作"太祖俘蘇州吏民"，據北監本和殿本改。　漁陽縣：唐以後之薊州以漁陽爲治。治所在今天津市薊州區。

　　集州，[1]懷衆軍，下，刺史。古陴離郡地，[2]漢屬險瀆縣，[3]高麗爲霜巖縣，渤海置州。統縣一：

　　奉集縣，渤海置。

　　[1]集州：《金史》卷二四《地理志》："貴德州，刺史，下。遼貴德州寧遠軍，國初廢軍，降爲刺郡。戶二萬八百九十六。縣二：貴德（倚，有范河），奉集（遼集州懷遠軍。奉集縣本渤海舊縣，有渾河。）"《滿洲源流考》卷一〇："按奉集廢縣在今撫順城

南八十里。"

[2]古陴離郡：《晉書》卷九七《四夷傳‧裨離等十國》："裨離國在肅慎西北，馬行可二百日，領户二萬。"據此，陴（裨）離當遠在今俄羅斯西伯利亞地區。

[3]漢險瀆縣：據《漢書‧地理志》，遼東郡有險瀆縣。注引應劭曰："朝鮮王滿都也，依水險，故曰險瀆。"臣瓚曰："王險城在樂浪郡，浿水之東。此自是險瀆也。"師古曰："瓚説是也。"按，奉集縣其地變遷過程是，高句麗時地近王險城，渤海時屬集州，遼俘其民於貴德州境內建奉集縣。遼應再無集州。貴德州如"奉德"與"奉集"非同一縣則應統縣三。

廣州，[1]防禦，漢屬襄平縣，高麗爲當山縣，渤海爲鐵利郡。太祖遷渤海人居之，建鐵利州。統和八年省。開泰七年以漢户置。統縣一：

昌義縣。

[1]廣州：《金史》卷二四《地理志上》載，瀋州章義縣"遼舊廣州，皇統三年降爲縣，來屬。有遼河、東梁河、遼河大口"。《松漠紀聞》卷二記載從金上京至燕京的行程，途經"瀋州六十里至廣州"。即廣州在瀋州（今遼寧省沈陽市）西南六十里處。

遼州，[1]始平軍，下，節度。本拂涅國城，渤海爲東平府。唐太宗親征高麗，李世勣拔遼城，高宗詔程振、蘇定方討高麗，[2]至新城大破之，皆此地也。太祖伐渤海，先破東平府，遷民實之。故東平府都督伊、蒙、陀、黑、北五州，[3]共領縣十八，皆廢。太祖改爲州，軍曰東平，太宗更爲始平軍。有遼河、羊腸河、錐

子河、蛇山、狼山、黑山、巾子山。隸長寧宮，兵事屬
北女直兵馬司。統州一、縣二：

遼濱縣。

安定縣。

[1]遼州：遼置。《滿洲源流考》卷一〇：“按《志》云遼州有
遼河、羊腸河、錐子河、蛇山、狼山、黑山、巾子山。今考羊腸河
在廣寧縣城東四十五里；錐子河在廣寧城東北四十里，即珠子河
也。遼河亦經廣寧縣東北二百三十里。蛇山一在廣寧城東三十里，
一在東北九十五里；狼山在廣寧城東北二十里，今名狼虎山；黑山
在廣寧城東北八十里；又有西黑山在城東北七十五里；大黑山在城
東七十里；小黑山在城東六十里。則渤海之東平府實在今廣寧東北
也。遼東平府治遼濱縣，故城在今承德西北。”綜上所述可知，遼
東平府非渤海東平府，渤海之東平府在廣寧（今遼寧省興城市），
而遼之東平府則在清承德縣（今遼寧省瀋陽市）西北。《武經部要
前集》卷一六下《戎狄舊地》：“北白川州，遼州，遼縣故地，本朝
天禧中契丹建爲州，仍曰始平軍。東至乾州百二十里，西北至宜州
四十里，南至海二百里，北至中京五百五十里，北至醫巫閭山八十
里。”【劉注】今遼寧省新民市公主屯鎮濱塔村遼城址爲遼代遼州
州治。

[2]程振：係“程名振”之誤。《新唐書》卷三《高宗本紀》
載永徽六年（655）二月：“乙丑營州都督程名振、左衛中郎將蘇定
方伐高麗。五月壬午，及高麗戰於貴端水，敗之。” 蘇定方
（592—667）：唐朝傑出的軍事家。冀州武邑縣（今河北省武邑縣）
人。名烈，以字行。太宗時，曾隨李靖北伐東突厥，攻破頡利可汗
的牙帳，爲擊滅東突厥立下不朽戰功。

[3]伊、蒙、陀、黑、北五州：【劉校】據中華點校本校勘記，
“北”，《新唐書》卷二一九《渤海傳》作“比”。

祺州,[1]佑聖軍,下,刺史。本渤海蒙州地。太祖以檀州俘於此建檀州,[2]後更名。隸弘義宫,兵事屬北女直兵馬司。統縣一:

慶雲縣,太祖俘密雲民於此建密雲縣,後更名。

[1]祺州:《滿洲源流考》卷一〇:"按遼祺州統慶雲縣,以所俘檀州密雲民建州治所,金廢州,以慶雲縣隸咸平府。元又廢縣爲慶雲驛,在今鐵嶺西北五十里。"

[2]檀州:始置於唐。治所在今北京市密雲區。

遂州,[1]刺史。本渤海美州地,採訪使耶律頗德以部下漢民置。穆宗時,頗德嗣絕,没入焉。隸延昌宫。統縣一:

山河縣本渤海縣,併黑川、麓川二縣置。

[1]遂州:《滿洲源流考》卷一〇:"此遂州屬上京,與鳳州相鄰。鳳州亦槀離國地,在韓州北二百里,西北至上京九百里。遂州西北至上京千里,則與韓州相去止百里。"【劉注】今遼寧省昌圖縣七家子鄉駐地七家子村古城址爲遼代遂州州治。

通州,[1]安遠軍,節度。本扶餘國王城,渤海號扶餘城。太祖改龍州,聖宗更今名。保寧七年以黄龍府叛人燕頗餘黨千餘户置,[2]升節度。[3]統縣四:

通遠縣本渤海扶餘縣,併布多縣置。

安遠縣本渤海顯義縣,併鵲川縣置。

歸仁縣本渤海强帥縣,[4]併新安縣置。

漁谷縣本渤海縣。

[1]通州：《滿洲源流考》卷一〇"按"歷述遼之通州與龍州之區別："《遼史》既言改夫餘府爲龍州，又言改龍州爲通州，而所置諸縣或沿或併，尚仍其舊，史有訛誤，疑遼之龍州，其地本廣，因燕頗之役，舊治已廢。開泰中移黃龍府於東北，又分置通州也。黃龍府所屬長平等縣爲扶州屬邑，通州所屬夫餘等縣即爲仙州屬縣也。又按渤海夫餘府與契丹爲鄰，未能過開原以北。遼之黃龍府境又稍廣。《舊五代史》言北至混江僅百里，則又《遼史》遷府於東北之明證也。"

[2]保寧：遼景宗年號（969—978）。 燕頗：渤海人。燕頗殺守臣以叛，耶律吼之子何魯不討之，破於鴨淥江。坐不親追擊，以至失賊，受杖罰。

[3]"聖宗更今名"至"升節度"：【劉校】據中華點校本校勘記："按聖宗在景宗保寧之後。景宗保寧七年已增置户口，升節度，聖宗時，始更名通州。"

[4]強帥縣：【劉校】據中華點校本校勘記，《金史·地理志》作"強師縣"。

韓州，[1]東平軍，下，刺史。本槀離國舊治柳河縣。高麗置鄚頡府，都督鄚、頡二州。[2]渤海因之。今廢。太宗置三河、榆河二州。[3]聖宗併二州置。隸延昌宮，兵事屬北女直兵馬司。統縣一：

柳河縣本渤海粵喜縣地，併萬安縣置。

[1]韓州：《武經總要》前集卷一六下《戎狄舊地》："韓州，在三韓之地，本渤海西北邊之邑，舊有三州，契丹併爲韓州。"《滿

洲源流考》卷一〇“按”載：“榆河在科爾沁右翼前旗，遼河在左翼東南四百五十里，經左翼後旗入邊。又左翼東南四百七十里有阿拉瑪圖城，近開原邊外，當即遼韓州故城也。”

　　[2]鄭頡府，都督鄭、頡二州：【劉校】據中華點校本校勘記：“按《新唐書》二一九《渤海傳》，鄭頡府領鄭、高二州。”

　　[3]三河、榆河二州：榆河爲河流名。流經遼寧省西南部，入大靈河。契丹以俘虜三河（今屬河北省）及榆河流域的百姓置二州。

　　雙州，[1]保安軍，下，節度。本挹婁故地。渤海置安定郡，久廢。溫里僧王從太宗南征，以俘鎮、定二州之民建城置州。察割弑逆誅，没入焉。初隸延昌宮，後屬崇德宫，兵事隸北女直兵馬司。統縣一：
　　雙城縣本渤海安夷縣地。

　　[1]雙州：《滿洲源流考》卷一〇按語：“雙城故縣在鐵嶺西六十里，金時州廢，以縣屬瀋州。”《武經總要》前集卷一六下《戎狄舊地》：“雙州，契丹號保安軍，有通吴軍營壘，東至逆流河二里入生女真界，西至遼州七十里，南至瀋州七十里，北至渝州百二十里。”

　　銀州，[1]富國軍，下，刺史。本渤海富州，太祖以銀冶更名。隸弘義宫，兵事屬北女直兵馬司。統縣三：
　　延津縣本渤海富壽縣，境有延津故城，更名。
　　新興縣本故越喜國地，[2]渤海置銀冶，嘗置銀州。[3]
　　永平縣本渤海優富縣地，太祖以俘户置。舊有永平寨。

[1]銀州：《武經總要》前集卷一六《戎狄舊地》："銀州，阿保機所建，女真國舊地，東至逆流河五里入生女真界，西至雙州七十里，南至東京三百里，北至渤海州六十里。"

[2]越喜國地：本新興縣之地，渤海亦嘗置銀州，遼移其名。新興縣，金隸咸平府。《滿州源流考》卷九《疆域》志云："南有范河，北有柴河，西有遼河。以今水道考之，外遼河在鐵嶺城西十里；柴河源出城東南百八十里，繞至城北西入於遼；范河出城東南百二十里，西流過城南，西入遼河。則粵喜國城，正在今鐵嶺縣也。"按，"粵喜國"即"越喜國"。

[3]嘗置銀州：【劉校】"嘗"原本作"常"，中華點校本據南監本、北監本和殿本改。今從改。

同州，[1]鎮安軍，下，節度。本漢襄平縣地，渤海爲東平寨。太祖置州，軍曰鎮東，後更名。隸彰愍宮，兵事屬北女直兵馬司。統州一，未詳；縣二：

東平縣本漢襄平縣地。產鐵，撥户三百採鍊，隨征賦輸。

永昌縣本高麗永寧縣地。

[1]同州：《三朝北盟會編》政宣上帙載許亢宗《宣和乙巳奉使行程録》云，自燕京起程"二十九程至同州，州地平壤，居民所在成聚落，耕種殆徧。地宜穄、黍，乃金人破契丹國於所至處遷其民於此，歲久安居。東望大山，金人云此新羅山。山内深遠，無路可行。其間出人參、白附。深處與高麗接界"。《武經總要》前集卷一六下《戎狄舊地》："同州，阿保機所建，仍曰鎮安軍，契丹舊地。東至生女真界，西南至東京二百里，西北至雙州七十里，東北至集州七十里。"

咸州，[1]安東軍，下，節度。本高麗銅山縣地，渤海置銅山郡。地在漢候城縣北、渤海龍泉府南。地多山險，寇盜以爲淵藪，乃招平、營等州客户數百建城居之，初號郝里太保城，[2]開泰八年置州。兵事屬北女直兵馬司。統縣一：

咸平縣。唐安東都護，天寶中治營、平二州間，即此。太祖滅渤海，復置安東軍。開泰中置縣。[3]

[1]咸州：治所在今遼寧省鐵嶺市東北。《三朝北盟會編》政宣上帙載許亢宗《宣和乙巳奉使行程録》云："第二十八程至咸州。未至州一里許，有幕屋數間，供帳略備。州守出迎，禮儀如制。就坐樂作，有腰鼓、蘆管、笛、琵琶、方響、箏、笙、箜篌、大鼓、拍板，曲調與中朝一同，但腰鼓下手太闊，聲遂下而管瑟聲高，韻多不合。每拍聲後繼一小聲。舞者十六七人，但如常服，出手袖外，迴旋曲折，莫知起止，殊不可觀也。酒五行，樂作，迎歸舘。老幼夾觀，填溢道路。次日早有中使撫問，別一使賜酒菓。又一使賜宴，赴州宅就坐，樂作，酒九行，菓子唯松子數類。胡法飲酒食肉不隨盞下，俟酒畢，隨粥飯一發致前，鋪滿几案。地少羊，唯豬、鹿、兔、鴈、饅頭、炊餅、白熟胡餅之類最重。油煮麵食以蜜塗拌，名曰茶食，非厚意不設。以極肥豬肉或脂闊切大片一小盤子，虛裝架起，間插青蔥三數莖，名曰肉盤子，非大宴不設，人各攜歸舍。金人每賜行人宴，必以貴臣押伴。是日押伴貴臣以酒醉，輒大言詫金人之強‘控弦百萬，無敵於天下’。使長折之曰：‘宋有天下二百年，幅員三萬里，勁兵數百萬，豈爲弱耶！某銜命遠來賀大金皇帝登寶位，而大金皇帝止令太尉來伴行人酒食，何嘗令大言以相罔也？’"

[2]郝里太保城：【劉校】據中華點校本校勘記，"郝，《紀》開泰八年十月作‘耗’"。

[3]開泰中置縣:【劉校】"縣"原本誤作"隸",明抄本、南監本、北監本和殿本均作"縣"。中華點校本及修訂本徑改。今從改。

信州,彰聖軍,下,節度。[1]本越喜故城。渤海置懷遠府,今廢。聖宗以地鄰高麗,開泰初置州,以所俘漢民實之。兵事屬黃龍府都部署司。統州三,未詳;縣二:

武昌縣本渤海懷福縣地,析平州提轄司及豹山縣一千户隸之。

定武縣本渤海豹山縣地,析平州提轄司併乳水縣人户置。初名定功縣。

[1]信州:《滿洲源流考》卷一〇:"考信州故城在今科爾沁左翼東南三百八十里開原邊外。《金(全)遼志》稱'自開原東北至信州三百十里',是也。今有古城,周一里,門八,土人猶呼信州城。"【劉校】"信州,彰聖軍,下,節度",據中華點校本校勘記,本書卷四八《百官志四》作"信州,彰聖軍,節度,同"。"卷九一《耶律僕里篤傳》,太平中累遷彰聖軍節度使,《紀》大安八年有彰聖軍節度使耶律涅里。下文郅州,軍號與信州同,但爲刺史州,非節鎮。《百官志四》刺史州內有郅州。又《皇子表》及卷八二《蕭陽阿傳》有彰信軍節度,《金史·地理志》作信州彰信軍"。

賓州,懷化軍,節度。本渤海城。統和十七年遷兀惹户置刺史於鴨子、混同二水之間,[1]後升。兵事隸黃龍府都部署司。[2]

[1]鴨子：鴨子河。即二道松花江，源出今吉林省東南部。經安圖、敦化、撫松、樺甸等市縣與頭道松花江（混同江）合流。遼賓州（今吉林省農安縣）即在二水合流處。《水道提綱》卷二五："鴨子河即混同江，亦曰吉林烏喇。有數源，皆出長白山北之支峰。"《金史》卷一二八《紇石烈德傳》："貞祐二年，遷肇州防禦使。是歲，肇州升爲武興軍節度，德爲節度使宣撫司署都提控。肇州圍急，食且盡，有糧三百船在鴨子河，去州五里不能至。德乃浚濠增陴，築甬道導濠水屬之河。" 置刺史於鴨子、混同二水之間：【劉校】據中華點校本校勘記："按《紀》太平四年二月，'詔改鴨子河曰混同江'，但此後仍沿用鴨子河名稱，卷九八《耶律儼傳》：'父仲禧……清寧四年城鴨子、混同二水間。'"

[2]黃龍府都部署司：【劉校】據中華點校本校勘記，"司"原誤"事"。"據上下文及《兵衛志》中、《營衛志》下、《百官志》二改"。今從改。

龍州，黃龍府，本渤海扶餘府。[1]太祖平渤海還，至此崩，有黃龍見，更名。保寧七年軍將燕頗叛，府廢。開泰九年遷城于東北，以宗州、檀州漢户一千復置。統州五、縣三：
黃龍縣本渤海長平縣，併富利、佐慕、肅慎置。
遷民縣本渤海永寧縣，併豐水、扶羅置。
永平縣，渤海置。
益州，觀察。屬黃龍府。統縣一：
靜遠縣。
安遠州，懷義軍，刺史。屬黃龍府。
威州，武寧軍，刺史。屬黃龍府。
清州，建寧軍，刺史。屬黃龍府。

雍州，刺史。屬黃龍府。

[1]渤海扶餘府：渤海國地名。治所在今吉林省農安縣。遼改黃龍府。

湖州，興利軍，刺史。渤海置。兵事隸東京統軍司。統縣一：

長慶縣。

渤州，清化軍，刺史。渤海置。[1]兵事隸東京統軍司。統縣一：

貢珍縣，渤海置。

[1]渤海置：《遼史》所謂“渤海置”，未可盡信爲渤海所置。《滿洲源流考》卷一〇：“按遼地《志》云：遼以征伐俘户建州襟要之地，多因舊居名之。故渤海州縣，遼移其名於他所者十之五六，如建州在長白山，而遼移之廣寧西北，其明證也。遼《志》中稍爲分別者，如曰某州本渤海某州民户，則爲遼所移；曰某州，渤海置，則似仍渤海之舊。然如《遼史》稱集州‘高麗爲霜巖縣，渤海置州’。今考霜巖縣，屬盧州，無集州之名。則史文固有疏略也。”

郢州，[1]彰聖軍，刺史。渤海置。兵事隸北女直兵馬司。統縣一：

延慶縣。

銅州，廣利軍，刺史。渤海置。兵事隸北兵馬司。統縣一：

析木縣本漢望平縣地,[2]渤海爲花山縣。初隸東京,後來屬。

[1]郢州：治所在今黑龍江省寧安市北、依蘭縣南。

[2]析木縣：《明一統志》卷二五《登州府》："析木廢縣在海州衛東南四十里，本漢望平縣地，渤海置花山縣，遼改曰析木，置銅州廣利軍。金屬澄州，元省。"按明海州衛設在海城縣城內，即今遼寧省海城市。

涑州,[1]刺史。渤海置。兵事隸南兵馬司。

[1]涑州：因粟末水得名。"粟末水"即松花江。以下率賓府、定理府並在松花江流域，皆渤海置。

率賓府，刺史。故率賓國地。
定理府，刺史。故挹婁國地。
鐵利府,[1]刺史。故鐵利國地。

[1]鐵利府：《新唐書》卷二一九《渤海傳》："鐵利府領廣、汾、蒲、海、義、歸六州。"是渤海鐵利府在今遼寧省中部。本書卷六〇《食貨志下》："及平渤海，得廣州，本渤海鐵利府，改曰鐵利州，地亦多鐵。"據此，鐵利府、鐵利州及廣州，乃一地三名。參前"廣州"條。

安定府。[1]
長嶺府。[2]

[1]安定府：【劉校】據中華點校本校勘記，“按《紀》天顯元年三月作安邊府”。

[2]長嶺府：渤海國府名。治所在今吉林省樺甸縣蘇密城遺址（參李殿福等《渤海國》，第65頁）。

鎮海府，防禦。兵事隸南女直湯河司。統縣一：

平南縣。

冀州，防禦。聖宗建，升永安軍。

東州，以渤海户置。

尚州，以渤海户置。

吉州，福昌軍，刺史。

麓州，下，刺史。渤海置。

荆州，刺史。

懿州，[1]寧昌軍，節度。太平三年越國公主以媵臣户置。[2]初曰慶懿軍，更曰廣順軍，隸上京。清寧七年宣懿皇后進入，[3]改今名。統縣二：

寧昌縣本平陽縣。

順安縣。

[1]懿州：遼清寧七年（1061）改廣順軍置，治寧昌縣（今遼寧省阜新蒙古族自治縣東北滿漢營子附近）。《明一統志》卷二五《登州府》：“廢懿州、廢耀州在廣寧衛北二百二十里……在海州衛西南二百里。”《滿洲源流考》卷一〇按語：“遼亦有懿州，而靈山則屬乾州。考明一統志，乾州在廣寧衛西南七里，懿州在廣寧衛北二百二十里。蓋金時廢乾州而以靈山縣移隸懿州也。”

[2]越國公主（976—997）：景宗第三女延壽女。生母爲睿智皇后。下嫁蕭恒德。年二十一，以疾終。

[3]宣懿皇后（1040—1075）：欽愛皇后弟樞密使蕭惠之女。小字觀音。清寧初年，立爲懿德皇后。生太子濬，有專房之寵。大康元年（1075），宮中婢女單登、教坊朱頂鶴誣告皇后與伶官趙惟一有私情，道宗詔令誅殺趙惟一全族，賜皇后自盡。天祚帝乾統元年（1101），追謚爲宣懿皇后，與道宗合葬慶陵。本書卷七一有傳。

騰州，[1]昌永軍，刺史。

[1]騰州：即東勝州。遼屬西京道，治所在今内蒙古自治區鄂爾多斯市東勝區。此地與東京道的騰州無關。騰州應是隸屬懿州的刺史州，是越國公主以騰户置。遼代高爲裘和其子高澤二人之墓誌出土於今山西省朔州市南五公里新安庄村東。此地緊臨東勝，故高氏墓地也與東京道的騰州無涉。【劉校】騰州，按中華修訂本校勘記云，本書卷四八《百官志四》南面方州官條及《蕭僅墓誌》《高爲裘墓誌》《高澤墓誌》均作"勝州"。

順化城，嚮義軍，下，刺史。開泰三年以漢户置，兵事隸東京統軍司。
寧州，觀察。統和二十九年伐高麗，以渤海降户置，兵事隸東京統軍司。統縣一：
新安縣。
衍州，安廣軍，防禦。以漢户置，初"刺史"，後升軍。兵事屬東京統軍司。統縣一：
宜豐縣。[1]

[1]宜豐縣：《明一統志》卷二五《登州府》："宜豐廢縣在都司城西南一百里，遼置衍州廣安軍，治宜豐縣。金屬遼陽府，元省

入遼陽。”按，明初在遼陽設遼東都指揮使司。

連州，德昌軍，刺史。以漢户置，兵事屬東京統軍司。統縣一：

安民縣。

歸州，[1]觀察。太祖平渤海，以降户置，後廢。統和二十九年伐高麗，以所俘渤海户復置。兵事屬南女直湯河司。統縣一：

歸勝縣。

[1]歸州：嘉慶《大清一統志》卷六〇《奉天府》：“歸州故城在蓋平縣西南九十里。遼初置州，後廢。統和十九年復置，治歸勝縣。金廢州，降縣爲鎮，隸復州。今有土堡曰歸州城，週一里有奇，即其故址。”

蘇州，[1]安復軍，節度。本高麗南蘇，興宗置州，兵事屬南女直湯河司。統縣二：

來蘇縣。

懷化縣。

[1]蘇州：金代王寂《鴨江行部志》云：“自永康次順化營。中途望西南兩山，巍然浮于海上。訪諸野老，云：‘此蘇州關也。’遼之蘇州，今改爲化成縣。關禁設自有遼，以其南來舟楫，非出此途，不能登岸。相傳隋、唐之伐高麗，兵糧戰艦亦自此來。南去百里有山曰鐵山，常屯甲七千人，以防海路。每夕平安火報自此始焉。”

復州，懷德軍，節度。[1]興宗置，兵事屬南女直湯河司。統縣二：

永寧縣。

德勝縣。

[1]復州：《明一統志》卷二五《登州府》："復州衛，在都司城南四百二十里，本蓋牟地，遼爲遷民縣，屬黃龍府。後置復州懷德軍，改縣曰永寧，金改永寧曰永康。元州、縣並廢。本朝洪武十四年置衛。"【劉注】今遼寧省瓦房店市西北部之復州鎮舊城區爲遼代復州州治。　復州，懷德軍，節度：【劉校】據中華點校本校勘記，《金史·地理志》載："復州，下，刺史，遼懷遠軍節度。"

肅州，信陵軍，刺史。重熙十年州民亡入女直，取之復置。兵事隸北女直兵馬司。統縣一：

清安縣。

安州，刺史。[1]兵事隸北女直兵馬司。

榮州。

率州。

荷州。

源州。

渤海州。

[1]安州，刺史：【劉校】據中華點校本校勘記，"按《紀》統和二十八年十一月，馬保佑曾爲安州團練使，卷九四《耶律何魯掃古傳》，清寧初加安州團練使，《百官志》四亦作團練。惟《國志》二二刺史州內有安州。或初是刺史，後升團練"。本書卷一〇五《蕭文傳》："父直善，安州防禦使。"文官於大康、壽昌間。又

《紀》統和二十八年十一月，“以政事舍人馬保佑爲開京留守，安州團練使王八爲副留守”。當時馬保佑不任安州團練使。

寧江州，[1]混同軍，觀察。清寧中置，初防禦，後升。兵事屬東北統軍司。統縣一：

混同縣。

[1]寧江州：治所在今吉林省松原市寧江區佰都鄉佰都村古城（原屬扶餘市）。

河州，德化軍。置軍器坊。

祥州，[1]瑞聖軍，節度。興宗以鐵驪户置，[2]兵事隷黃龍府都部署司。統縣一：懷德縣。

[1]祥州：治所在今吉林省懷德縣。

[2]鐵驪：族名。遼置鐵驪國王府，以統其衆。其地當在今黑龍江省東部松花江流域。

（李錫厚注　劉鳳翥校）

遼史　卷三九

志第九

地理志三

中京道

中京大定府，虞爲營州，[1]夏屬冀州，[2]周在幽州之
分。[3]秦郡天下，是爲遼西。[4]漢爲新安平縣，[5]漢末步
奚居之，[6]幅員千里，多大山深谷，阻險足以自固。魏
武北征，縱兵大戰，降者二十餘萬，去之松漠。[7]其後
拓拔氏乘遼建牙于此，[8]當饒樂河水之南，[9]温渝河水之
北。[10]唐太宗伐高麗，[11]駐蹕於此。部帥蘇支從征有功。
奚長可度率衆內附，[12]爲置饒樂都督府。咸通以後契丹
始大，[13]奚族不敢復抗。太祖建國，舉族臣屬。聖宗嘗
過七金山土河之濱，[14]南望雲氣有郛郭樓闕之狀，因議
建都。擇良工於燕薊，董役二歲，郛郭、宫掖、樓閣、
府庫、市肆、廊廡，擬神都之制。[15]統和二十四年五帳
院進故奚王牙帳地。[16]二十五年城之，實以漢户，號曰
中京，府曰大定。

[1]虞爲營州：《漢書·地理志》：“堯遭洪水，懷山襄陵，天下分絶，爲十二州，使禹治之。水土既平，更制九州。”師古曰：“九州之外有并州、幽州、營州，故曰十二。”按，營州乃東漢始置。《後漢書·袁紹傳》：“初平元年（190）乃分遼東爲遼西、中遼郡，並置太守。越海收東萊諸縣，爲營州刺史。”

[2]夏屬冀州：《漢書·地理志》“冀州既載”，師古曰：“兩河間曰冀州。載，始也。冀州，堯所都，故禹治水自冀州始也。”【劉校】“冀”原本作“異”，明抄本、南監本、北監本和殿本均作“冀”。中華點校本及修訂本徑改。今從改。

[3]周在幽州之分：占候家者流以天星運行配以郡國分野。從而視天象變化以附會人事，預言吉凶。宋人王應麟《六經天文編》卷上：“十二分野即辰、次所臨之地也。在天爲十二辰、十二次；在地爲十二國、十二州。凡日月之交食、星辰之變異，以所臨分野占之，或吉或凶，各有當之者矣。”對此類謬説，古人已有斥其爲“坐井觀天”者。明人王英時《曆體略》卷上：“十二辰分界從赤道剖之，乃占候家遂配以郡國分野。夫十二次盡乎天矣，華夏郡國亦盡乎地耶？多見其爲坐井也。”

[4]遼西：《漢書·地理志》：“遼西郡，秦置。有小水四十八，並三千四十六里，屬幽州。”

[5]新安平縣：秦漢遼西郡十四屬縣之一。

[6]步奚：奚族的步兵。《長編》卷二七宋太宗雍熙三年（986）春正月戊寅宋琪上疏言契丹事：“別族則有奚、霤，勝兵亦千餘人，少馬多步。奚，其王阿保得者，昔年犯闕時，令送劉晞、崔廷勳屯河洛者也。（奚王，拽剌也，此云阿保得，當考。）”

[7]松漠：契丹原住地。即今内蒙古自治區東部西遼河上游地區，又稱“平地松林”，唐初在此置松漠都督府以統契丹諸部。

[8]其後拓拔氏乘遼建牙于此：【劉校】據中華點校本校勘記，“乘遼”二字不解，疑有訛脱。按趙萬里《元一統志》大寧路：“奚匿松漠間。元魏時，其部族始於此建牙帳。”

[9]饒樂河：即英金河。《熱河志》卷七〇："大寧以北之水，源遠流長無如英金河者，故知爲古饒洛水也。"英金河上游來自陰河和錫伯河，這兩條河流匯合爲英金河，流經今內蒙古自治區赤峰市境內，匯入老哈河。

[10]温渝河：即温榆河。發源於今北京市昌平區軍都山麓，由東沙河、北沙河、南沙河三條支流匯合而成，流經北京市東北部。

[11]唐太宗伐高麗："高麗"其實是指高句驪。而非稍晚的高麗王朝（918—1392）。

[12]奚長可度：《新唐書》卷二一九《北狄傳·奚》："太宗貞觀三年始來朝，閱十七歲，凡四朝貢。帝伐高麗，大酋蘇支從戰有功。不數年，其長可度者內附，帝爲置饒樂都督府，拜可度者使持節六州諸軍事、饒樂都督，封樓煩縣公，賜李氏。"

[13]咸通：唐懿宗年號（860—874）。

[14]聖宗嘗過七金山：【劉校】原本、南監本、北監本和殿本均作"聖宗常過七金山"，中華點校本徑改"常"爲"嘗"。今從改。 土河：即老哈河，流經今內蒙古自治區東部赤峰地區，與西拉木倫河匯合。

[15]神都：即唐東都洛陽。《通鑑》卷二〇三唐高宗光宅元年（684）："改東都爲神都，宮名太初。"

[16]統和：遼聖宗年號（983—1011）。 奚王：對奚部族首領的稱呼。據《五代會要》卷二八《奚》："奚，本匈奴別種，即東胡之地，人物風族與突厥同。族有五姓：一曰阿薈部，管縣六；二曰啜米部，管縣四；三曰奧質部，管縣六；四曰奴皆部，管縣四；五曰黑訖支部，管縣三。每部有刺史，每縣有令，酋長號奚王。"此奚王是被契丹降伏以後的奚部族酋長。《新五代史》卷七四《四夷附錄第三》所記奚各部名稱與《五代會要》相同：奚"分爲五部：一曰阿薈部，二曰啜米部，三曰粵質部，四曰奴皆部，五曰黑訖支部。後徙居琵琶川，在幽州東北數百里。地多黑羊，馬趫前蹄堅善走，其登山逐獸，下上如飛"。奚本來祇有五部，阿保機降伏五部

奚之後設置墮瑰部，而成六部。詳見卷三三《營衛志下·部族下》。

統和二十四年，五帳院進故奚王牙帳地：【劉校】據中華點校本校勘記，"按《紀》在統和二十年十二月"。

　　皇城中有祖廟，景宗、承天皇后御容殿。[1]城池湫濕，多鑿井泄之，人以爲便。大同驛以待宋使，朝天館待新羅使，[2]來賓館待夏使。[3]有七金山、馬盂山、雙山、松山、土河。[4]

　　[1]承天皇后：應是承天皇太后（？—1009）。北府宰相蕭思溫女。諱綽，小字燕燕。景宗即位，選爲貴妃。尋册爲皇后，生聖宗。景宗崩，尊爲皇太后，攝國政。統和元年（983），上尊號曰承天皇太后。本書卷七一有傳。

　　[2]新羅：朝鮮半島古國。公元4世紀成爲半島東南部的强國。7世紀中滅百濟和高句麗，不久，統一半島大部。至9世紀衰落，公元935年爲王氏高麗所取代。

　　[3]夏：即夏國（1038—1227），是以黨項民族爲主體建立的政權。1038年，李元昊叛宋稱帝，建立大夏王朝，傳十代，至1227年爲蒙古所滅。元昊稱帝以前，黨項作爲北宋境内的地方割據政權，已經具有獨立性，故遼亦稱之爲夏國或西夏。

　　[4]七金山：【劉注】曾改名九頭山。21世紀初，又改稱七金山，位於今内蒙古自治區寧城縣大明鎮。　馬盂山：因其形狀像馬盂而得名。即今河北省平泉市柳溪鎮上卧鋪村之北的光頭山，亦稱"光禿山""光禿嶺"。　松山：位於今内蒙古自治區赤峰市松山區。

統州十、縣九：

大定縣，白霅故地。[1]以諸國俘户居之。

長興縣本漢賓從縣。[2]以諸部人居之。

富庶縣本漢新安平地。開泰二年析京民置。[3]

勸農縣本漢賓從縣地。開泰二年析京民置。

文定縣，開泰二年析京民置。

升平縣，開泰二年析京民置。

歸化縣本漢柳城縣地。[4]

神水縣本漢徒河縣地。[5]開泰二年置。

金源縣本唐青山縣境。[6]開泰二年析京民置。

[1]白霅：回鶻別部。據《新唐書》卷二一七下《回鶻傳》："白霅居鮮卑故地，直京師東北五千里，與同羅、僕骨接。避薛延陀，保奧支水、冷陘山，南契丹，北烏羅渾，東靺鞨，西拔野古，地圓袤二千里，山繚其外，勝兵萬人。業射獵，以赤皮緣衣，婦貫銅釧，以子鈴綴襟。其部有三：曰居延，曰無若没，曰潢水。其君長臣突厥頡利可汗爲俟斤。貞觀中再來朝，後列其地爲寘顔州，以別部爲居延州，即用俟斤爲刺史。顯慶五年，授酋長李含珠爲居延都督。含珠死，弟厥都繼之。後無聞焉。"《通鑑》卷一九八《唐紀》貞觀二十一年（647）正月丙申，以"白霅爲寘顔州"。

[2]長興：【劉校】原誤"長安"。中華點校本據《金史·地理志》、趙萬里《元一統志》卷二及陳襄《使遼語録》改。今從改。

漢賓從縣：實係唐置。《太平寰宇記》卷七一《河北道》："鮮州今治賓從縣。唐武德五年分饒樂郡都督府，奚部落置隸營州都督。萬歲通天元年遷於青州安置，神龍初改隸幽州……賓從縣初治營州，自青州還寄治潞縣之古潞城。"

[3]開泰：遼聖宗年號（1012—1020）。

[4]漢柳城縣：據《漢書·地理志》，柳城縣隸屬遼西郡。唐以前營州治柳城（今遼寧省朝陽市），契丹興起以後，唐逐漸放棄營州所在的柳城，從阿保機在柳城建霸州彰武軍起，以柳城爲治所的營州就徹底廢棄。阿保機以定州俘户置廣寧縣，是在今昌黎縣境內，而唐時曾在這裏僑置柳城縣。唐柳城縣與漢柳城縣非同一地點。

[5]漢徒河縣：據《漢書·地理志》，徒河縣屬遼西郡。嘉慶《大清一統志》卷六五《錦州府》："徒河故城在錦縣西北。相傳虞舜時已有此城。劉恕《外紀》周惠王三十三年齊桓公救燕，破屠河，即徒河也。漢置縣，屬遼西郡。後漢安帝時改屬遼東，屬國都尉。魏晉省入昌黎郡界。後慕容氏復置。太康十年慕容廆遷於徒河之青山。元康四年移居棘城。《魏書·地形志》真君八年併徒河，屬廣興縣。《通典》徒河青山在營州郡城東一百九十里。"

[6]唐青山縣：《新唐書》卷四三《地理志》："青山州，景雲元年析玄州置，僑治范陽之水門村。縣一：青山。"景雲元年（710）置青山州和青山縣時，營州、柳城早已陷契丹，故祇能僑治范陽。也就是説，遼中京大定府境內並不包含唐青山縣的範圍。

恩州，[1]懷德軍，下，刺史。本漢新安平縣地，太宗建州，開泰中以渤海户實之。[2]初隸永興宮，[3]後屬中京。統縣一：

恩化縣，開泰中渤海人户置。

[1]恩州：《武經總要》前集卷一六下《戎狄舊地》："恩州，德光所建，本烏桓舊地。南至中京六十里，西至馬孟（盂）山六十里，西北曼頭山三十里，山地至宜坤州五十里，西南至上京二百五十里，北至高州百二十里。"【劉注】今内蒙古自治區喀喇沁旗西橋鄉七家子村古城址爲遼代恩州州治。

[2]渤海戸：指渤海國滅亡後的遺民。

[3]永興宫：太宗德光宫分。

惠州，惠和軍，中，刺史。本唐歸義州地。[1]太祖俘漢民數百戸兔麛山下創城居之，置州。屬中京。統縣一：

惠和縣，聖宗遷上京惠州民，[2]括諸宫院落帳戸置。[3]

[1]唐歸義州：嘉慶《大清一統志》卷六五《錦州府》："歸義舊縣在廣寧縣東北，遼置，屬顯州，金省。"

[2]惠州：《武經總要》前集卷一六下《中京四面諸州》："惠州，阿保機所建，在鮮卑之地。本朝景德初，契丹入寇，河北德清軍失守，俘虜人民，於此置城居之。城方二里，之至低小，城内瓦舍、倉廩，人多漢服。"

[3]落帳戸：即"落帳人戸"，當指原屬某宫帳的人戸。後因某種原因而脱離了對宫帳的隸屬關係。本書卷三七《地理志一·上京道慶州》玄德縣"本黑山黑河之地。景福元年括落帳人戸，從便居之"。

高州，[1]觀察。唐信州之地。萬歲通天元年以契丹室活部置。[2]開泰中聖宗伐高麗，以俘戸置高州。有平頂山、灤河。[3]屬中京。統縣一：

三韓縣，[4]辰韓爲扶餘，弁韓爲新羅，馬韓爲高麗。開泰中聖宗伐高麗，俘三國之遺人置縣。户五千。

[1]高州：《武經總要》前集卷一六下《中京四面諸州》載：

"高州，契丹收新羅諸國，俘虜人民，置州以居之，仍置倚郭一縣，以三韓爲名。"

[2]萬歲通天：武則天年號（696—697）。 室活部：又作"失活部"。《舊唐書》卷三九《地理志》："信州，萬歲通天元年置，處契丹失活部落，隸營州都督。二年遷於青州安置。神龍初還隸幽州都督。天寶領縣一，户四百一十四，口一千六百。黄龍，州所治，寄治范陽縣。"

[3]平頂山：【劉校】據中華點校本校勘記，"平"原誤"半"。按趙萬里《元一統志》："平頂山在高州北五里。"據改。今從。灤河：發源於今河北省沽源縣，流經該省北部，至灤州市、樂亭縣分道入海。【劉校】據中華點校本校勘記，"灤"原誤"樂"，按下文澤州條及王曾《行程録》並作"灤河"，據改。今從。

[4]三韓：朝鮮半島上的三個古老國家馬韓、辰韓、弁韓的統稱。據明代朝鮮無名氏所撰《朝鮮史略》卷一："馬韓（今全羅地），箕準避衛滿，浮海居韓地金馬郡（今益山郡），號韓王，其民土著，知蠶桑，作綿布，性勇悍。居處作土屋，其户向上。統國五十四。後百濟王温祚併之。自箕子至亡，一千餘年。辰韓（今慶州），秦亡人避入韓，韓割東界以與之，常用馬韓人作主。地宜五穀，俗饒蠶桑，善作縑布，乘駕牛馬。男女有別，行者讓路。統國十二。弁韓（'弁'一作'卞'，今平壤）立國於韓地，不知其始祖年代，屬於辰韓，亦統十二國。"【靳注】此三韓縣亦爲高州州治所在，其地在今内蒙古自治區赤峰市元寶區。

武安州，觀察。唐沃州地。[1]太祖俘漢民居木葉山下，[2]因建城以遷之，號杏堝新城。[3]復以遼西户益之，更曰新州。統和八年改今名。初刺史，後升。有黄栢嶺、裊羅水、箇没里水。[4]屬中京。統縣一：
沃野縣。

[1]唐沃州:《新唐書》卷四三《地理志》:"沃州,載初中析昌州置。萬歲通天元年没於李盡忠,開元二年復置,後僑治薊之南回城。"

[2]木葉山:契丹稱大山爲"木葉山",此指永州境内一座山,契丹人視此山爲神山,其地在西拉木倫河與老哈河會合處。上建契丹始祖廟,奇首可汗在南廟,可敦(可汗之妻)在北廟,"繪塑二聖並八子神像"。詳本書卷三七《地理志一·上京道》。

[3]杏堝:城名。阿保機初俘漢民置木葉山下,因建城於此以遷之,曰杏堝新城。復以遼西户益之,更名新州。統和八年改曰武安州。該城故址在今内蒙古自治區敖漢旗東。

[4]裊羅水、箇没里水:【劉校】據中華點校本校勘記,"《契丹國志》卷首《初興本末》作'裊羅個没里'。'裊羅個',黄也;'没里',水也。即潢河,並非兩水"。

利州,中,觀察。本中京阜俗縣。統和二十六年置刺史州,開泰元年升。[1]屬中京。統縣一:

阜俗縣,唐末契丹漸熾,役使奚人,遷居琵琶川。[2]統和四年置縣。初隸彰愍宫,[3]更隸中京。後置州,仍屬中京。

[1]統和二十六年置刺史州,開泰元年升:【劉校】據中華點校本校勘記,"據《遼文匯續編·王悦墓誌》,統和二十三年已有利州。《北蕃地理》云,利州,承天太后所建。又按《紀》,統和二十九年六月升"。

[2]琵琶川:奚族地區的一條河流,據嘉慶《大清一統志》卷四三《承德府》,琵琶川在建昌縣南。《新五代史》卷七四《四夷附錄第三》:"奚,本匈奴之别種。當唐之末居陰涼川,在營府之西,幽州之西南,皆數百里。有人馬二萬騎。分爲五部:一曰阿薈

部，二曰啜米部，三曰粤質部，四曰奴皆部，五曰黑訖支部。後徙居琵琶川，在幽州東北數百里。”

[3]彰愍宮：遼景宗宮分。

　　榆州，高平軍，下，刺史。本漢臨渝縣地，[1]後隸右北平驪城縣。[2]唐載初二年析慎州置黎州，[3]處靺鞨部落，[4]後爲奚人所據。太宗南征，橫帳解里以所俘鎮州民置州。[5]開泰中没入。屬中京。統縣二：

　　和衆縣本新黎縣地。

　　永和縣本漢昌城縣地。[6]統和二十二年置。

[1]漢臨渝縣：《漢書・地理志》載臨渝縣屬遼西郡，“渝水首受白狼，東入塞外，又有侯水，北入渝”。臨渝又作“臨榆”。嘉慶《大清一統志》卷一八《永平府》：“臨榆縣在府東一百七十里……本漢陽樂、海陽二縣地，隋爲盧龍縣地。開皇三年城渝關。遼聖宗平大延琳，置遷民縣，爲遷州治。金州縣俱廢，爲遷民鎮。明洪武十四年置山海衛。本朝乾隆二年析撫寧縣灤州地改衛爲縣，屬永平府。”

[2]右北平驪城縣：驪城，應作“驪成”。《漢書・地理志》右北平郡有驪成縣，“大揭石山在縣西南，莽曰揭石”。

[3]載初：武則天年號（689）。　慎州：【劉校】原誤“鎮州”，中華點校本據《新唐書・地理志》改。今從改。

[4]靺鞨：部族名。爲肅慎、勿吉後裔。隋唐時稱靺鞨，分爲數十部，其中的粟末部，建渤海國。此外，北部的黑水部也很強大，遼代的生女真主要爲該部，後建立金朝。遼置靺鞨國王府，以統其餘各部。

[5]橫帳：契丹以玄祖之後爲皇族，分爲三房：孟父房、仲父房和季父房。季父房一系太祖阿保機子孫爲“橫帳”。本書卷一六

《聖宗本紀七》載，開泰八年（1019）冬十月癸巳，詔"横帳、三房不得與卑小帳族爲婚；凡嫁娶，必奏而後行"。本書卷四五《百官志一》："玄祖伯子麻魯無後，次子巖木之後曰孟父房；叔子釋魯曰仲父房；季子爲德祖，德祖之元子是爲太祖天皇帝，謂之横帳；次曰剌葛，曰迭剌，曰寅底石，曰安端，曰蘇，皆曰季父房。"

解里：即耶律轄底之子迭里特（？—914）。據本書卷一一二《轄底傳》，迭里特"太祖在潛，已加眷遇，及即位拜迭剌部夷離堇"。後從剌葛亂，與其父轄底俱縊殺之。

[6]漢昌城縣：據《漢書·地理志》，昌城縣屬右北平郡。

澤州，廣濟軍，下，刺史。本漢土垠縣地。[1]太祖俘蔚州民立寨居之，[2]採煉陷河銀冶。[3]隷中京留守司。開泰中置澤州。有松亭關、神山、九宫嶺、石子嶺、灤河、撒河。[4]屬中京。統縣二：

神山縣，神山在西南。

灤河縣本漢徐無縣地。[5]屬永興宫。

[1]漢土垠縣：漢屬右北平郡。嘉慶《大清一統志》卷四五《遵化州》："土垠故城在豐潤縣東，漢置，北齊廢。《後漢書·耿弇傳》注：土垠故城在今平州西南。《方輿紀要》：土垠廢縣在豐潤縣西北六十里。《縣志》：南關城在縣東十里，即土垠故城也。"按：遼中京大定府不包括漢土垠縣地。

[2]蔚州：治所在今河北省蔚縣。

[3]陷河銀冶：【靳注】即陷河畔山中的銀礦。據本書卷一一六《國語解》："萬役陷河冶。地名。本漢土垠縣，有銀礦。太祖募民立寨以採煉，故名陷河冶。"遼澤州陷河冶，經考證在今河北省平泉市郊一帶山中；陷河，即流經平泉市的瀑河。

[4]松亭關：位於今河北省遵化市。清人高士奇《松亭行紀》

卷下：“駕出喜峰口。按：喜峰口，古松亭山也，奇峰削下，腰有洞，高二丈餘，深倍之。《遼史》爲松亭關。”《四庫全書總目提要》辨明其説不準確：“聖祖仁皇帝恭奉太皇太后行幸温泉。四月戊子駕出喜峰口，士奇皆扈從，紀其往來所經，謂喜峰口爲古松亭關，故以名書。然松亭關在喜峰口外八十里，士奇合而一之，未詳考也。”

[5]漢徐無縣：漢屬右北平。嘉慶《大清一統志》卷四五《遵化州》：“徐無山在玉田縣東北二十里，後漢建安中，田疇入徐無山，營深險平敞地而居之十一年。”

　　北安州，[1]興化軍，上，刺史。本漢女祁縣地，屬上谷郡。[2]晉爲馮跋所據。[3]唐爲奚王府西省地。聖宗以漢户置北安州，屬中京。統縣一：
　　興化縣本漢且居縣地。[4]

[1]北安州：《御批通鑑輯覽》卷八一宋宣和四年（1122）三月“金尼瑪哈（粘罕）敗遼奚王於北安州”。注：“遼置，金曰興州。故城在今熱河南喀喇河屯。”即北安州治所在今河北省承德市雙灤區灤河鎮。【劉注】今河北省隆化縣駐地隆化鎮土城子村古城址爲遼代北安州州治。

[2]本漢女祁縣地，屬上谷郡：嘉慶《大清一統志》卷四〇《宣化府》：“女祁故城在龍門縣東，漢置縣，屬上谷郡，爲東部都尉治。後漢省。《水經注》陽樂水逕女祁縣故城南。按遼《志》以文德縣及中京北安州爲女祁縣地，皆非是。”

[3]馮跋（？—430）：長樂信都（今河北省冀州市）人。字文起，小字乞直伐，是胡化的漢人。公元409年建立北燕政權，史稱北燕文成帝。

[4]興化縣：【劉校】據中華點校本校勘記，“原誤‘利民縣’，

據《遼文匯》五《宋匡世墓誌》及《考異》改。利民爲金承安五年以利民寨升置，遼無利民縣"。今從改。　漢且居縣：嘉慶《大清一統志》卷四〇《宣化府》："且居故城，在宣化縣東，漢置縣，屬上谷郡，後漢省。《水經注》：于水逕且居縣故城南。舊《志》：且居故城在衛東六十里，周一里，元時因舊址修築，明時復修，爲戍守之所。"按，漢且居縣不在遼中京範圍之内。

潭州，廣潤軍，下，刺史。本中京之龍山縣，開泰中置州，仍屬中京。統縣一：

龍山縣，本漢交黎縣地。[1]開泰二年以習家寨置。

[1]漢交黎縣：據《漢書·地理志》，交黎縣屬遼西郡，"交黎，渝水首受塞外，南入海，東部都尉治。莽曰禽虜"。應劭曰："今昌黎。"

松山州，勝安軍，下，刺史。開泰中置，統和八年省，[1]復置，屬中京。統縣一：

松山縣本漢文成縣地。[2]邊松漠，商賈會衝。開泰二年置縣，有松山川。

[1]開泰中置，統和八年省：此處次序倒舛。
[2]松山縣：據嘉慶《大清一統志》卷四三《承德府》："松山故城在赤峰縣境，遼置松山州，治松山縣，屬中京。金皇統三年廢州，以縣屬大定府。元中統時復置松州，改屬上都路。至元二年以松山縣省入，明初廢。今縣境地名小烏不穆沁，有廢城址，高四五尺，週四里，即故城遺址。"【劉校】松山州及松山縣，據中華點校本校勘記，"松山州，'山'原誤'江'，據《百官志四》及《金

史・地理志》改。松山縣，'山'原亦誤'江'，據《紀》開泰二年二月及《金史・地理志》改"。今從改。

　　宋王曾《上契丹事》曰：[1] 出燕京北門至望京館，[2] 五十里至順州。[3] 七十里至檀州，漸入山。[4] 五十里至金溝館。將至館，川原平曠，謂之金溝淀。[5] 自此入山，詰曲登陟，無復里堠，但以馬行記日，[6] 約其里數。九十里至古北口。[7] 兩傍峻崖僅容車軌。[8] 又度德勝嶺，盤道數層，俗名思鄉嶺，八十里至新館。過雕窠嶺、偏槍嶺，四十里至臥如來館。[9] 過烏灤河，[10] 東有灤州，[11] 又過摸斗嶺一名渡雲嶺，[12] 芹菜嶺，七十里至柳河館。[13] 松亭嶺甚險峻，[14] 七十里至打造部落館。[15] 東南行五十里至牛山館。八十里至鹿兒峽館。過蝦蟆嶺，九十里至鐵漿館。過石子嶺，自此漸出山，七十里至富谷館。[16] 八十里至通天館。二十里至中京大定府，城垣卑小，方圓纔四里許。門但重屋，無築闍之制。[17] 南門曰朱夏，門內通步廊，[18] 多坊門。又有市樓四：曰天方、大衢、通闤、望闕。次至大同館。其門正北曰陽德、閶闔。城內西南隅岡上有寺。[19] 城南有園圃，宴射之所。自過古北口，[20] 居人草庵板屋，耕種，但無桑柘，所種皆從壟上，虞吹沙所壅。山中長松鬱然，深谷中時見畜牧牛馬橐駝，多青羊黃豕。[21]

　　[1] 王曾《上契丹事》：見《長編》卷七九大中祥符五年（1012）冬十月己酉記事。是時宋以主客郎中、知制誥王曾為契丹國主生辰使，宮苑使、榮州刺史高繼勳副之。"契丹使邢祥接伴，

祥詫其國中親賢賜鐵券，曾折之曰：'鐵券者，衰世以寵權臣，用安反側，豈所以待親賢耶?'祥媿不復語"。所謂《上契丹事》是王曾"使還"所上言。

[2]索《長編》之《上契丹事》原文，"出燕京北門"之前還有一大段文字如下："是歲契丹改統和三十一年爲開泰元年，以幽州爲析津府。國主弟隆裕卒；隆裕初封吳王，後封楚國王。初，奉使者止達幽州，後至中京，又至上京，或西涼淀、北安州、炭山、長泊。自雄州白溝驛度河，四十里至新城縣，古督亢亭之地。又七十里至涿州。北度涿水、范水、劉李河，六十里至良鄉縣。度盧溝河，六十至幽州，僞號燕京。子城就羅郭西南爲之。正南曰啓夏門，内有元和殿、洪政殿，東門曰宣和。城中坊門皆有樓。有閔忠寺，本唐太宗爲征遼陣亡將士所造；又有開泰寺，魏王耶律漢寧造。皆邀朝使遊觀。城南門内有于越王廨，爲宴集之所。門外永平館，舊名碣石館，請和後易之。南即桑乾河。"

[3]"出燕京北門"至"至順州"中間略去以下一段文字："出北門，過古長城、延芳淀，四十里至孫侯館，後改爲望京館，稍移故處。望楮谷山、五龍池，過温餘河、大夏坡，坡西北即涼淀，避暑之地。五十里至順州。"王曾出燕京北門走了九十里而不是五十里，纔到達順州（今北京市順義區）。説明他不是自燕京直接奔順州。

[4]此處自順州至檀州所經過的地方被略去，《長編》原文爲："東北過白嶼河，北望銀冶山，又有黃羅、螺盤、牛闌山，七十里至檀州。""漸入山"是説從檀州"自北漸入山"。檀州，始置於唐。治所在今北京市密雲區。

[5]金溝淀：按《上契丹事》文，是遼"國主嘗於此過冬"的地方。

[6]此處文字應爲"但以馬行記日影而約其里數"，而非"但以馬行記日"。因爲自金溝淀"過朝鯉河，亦名七度河，九十里至古北口"。九十里路程，是馬行一天之内的行程，不需要"記日"，

而是根據日影記時而約略計算路程。【劉校】據中華點校本校勘記，按王曾《行程録》作"以馬行記日影而約其里數"。

[7]古北口：位於今北京市密雲區東北，爲長城上的要塞之一。《畿輔通志》卷四〇："古北口關在密雲縣東北百二十里，兩崖壁立，中有路，僅通一車，下有深澗，巨石磊砢，凡四十五里，爲險絶之道。亦曰虎北口。"

[8]兩傍峻崖僅容車軌：下脱"口北有鋪，轂弓連繩，本范陽防阨奚、契丹之所，最爲隘束。然幽州東趨營、平州，路甚平坦，自頃犯邊，多由斯出"等文字。

[9]至卧如來館：【劉校】原本下脱"蓋山中有卧佛像故也"等文字。據中華點校本校勘記，"'至'字原脱，據《行程録》補"。今從改。

[10]過烏灤河：【劉校】據中華點校本校勘記，"'灤'原誤'灤'。據《行程録》改"。今從改。

[11]東有灤州：下脱"因河爲名"等字。

[12]又過摸斗嶺：【劉校】據中華點校本校勘記，"摸"原誤"黑"，"《行程録》作墨。按陳襄在《使遼語録》、沈括《使遼圖抄》、蘇頌《使北詩》並作摸，據改"。嶺，原本作"領"，中華點校本據南監本、北監本和殿本改。以上今從改。　一名渡雲嶺：下脱"長二十里許"等字。【劉校】據中華點校本校勘記，"'一名'二字原脱，'渡'原作'度'，並據《行程録》補正"。今從改。

[13]至柳河館：下脱若干文字："河在館旁，西北有鐵冶，多渤海人所居，就河漉沙石煉得鐵。渤海俗，每歲時聚會作樂，先命善歌舞者數輩前行，士女相隨，更相唱和，迴旋宛轉，號曰'踏錘'；所居屋，皆就山牆開門。"

[14]松亭嶺甚險峻：前脱"過"字，應是"過松亭嶺，甚險峻"。

[15]至打造部落館：下脱若干文字："有蕃户百餘，編荆爲籬，鍛鐵爲兵器。"【劉校】據中華點校本校勘記，"'至''館'二

字原脱，據《行程録》補"。今從。

[16]至富谷館：下脱若干文字："居民多造車者，云渤海人。正東望馬雲山，山多鳥獸、林木，國主多於此打圍。"

[17]無築閣之制：是説城樓衹有棚而無垣墙。"閣"即墙。

[18]門内通步廊：應爲"門内夾道步廊"。

[19]城内西南隅：【劉校】據中華點校本校勘記，"'城内'原誤'城西内'。據《行程録》改"。今從改。

[20]自過古北口：下脱"即蕃境"。【劉校】據中華點校本校勘記，"'古北口'之'古'字原脱，據《行程録》補"。今從補。

[21]"深谷中"至"青羊黃豕"：《上契丹事》原文這段文字爲："深谷中多燒炭爲業，時見畜牧牛馬橐駝，尤多青羊黃豕。亦有挈車帳，逐水草射獵。食止麇粥、炒糒。"【劉校】據中華點校本校勘記，"'青羊黃豕'中的'羊'，原本作'鹽'。此據《行程録》改"。今從改。

成州，[1]興府軍，節度。晉國長公主以媵户置，[2]軍曰長慶，隸上京。復改軍名。[3]統縣一：

同昌縣。

[1]成州：【劉注】今遼寧省阜新蒙古族自治縣紅帽子鄉西紅帽子村古城址爲遼代成州州治。

[2]晉國長公主：聖宗第三女槊古，欽哀皇后生。初封越國公主，進封晉國。景福初，封晉蜀國長公主。清寧初，加大長公主。下嫁蕭孝忠。

[3]復改軍名：中華點校本校勘記認爲，"按上京道作成州長慶軍。《紀》太平元年三月，'駙馬都尉蕭紹業建私城，賜名睦州，軍曰長慶'。是此州原爲頭下州，名睦州，軍曰長慶；後隸上京道即成州長慶軍；改隸中京道以後爲成州興府軍。'復改軍名'之上，

應有'後來屬'三字"。此説非確。本書卷三七《地理志一・上京道・頭下州》載："成州，長慶軍，節度。聖宗女晉國長公主以上賜媵臣户置。"此與卷三九之成州興府軍條爲重出。既稱"長公主"（興宗景福初所封），則知該州是興宗時置。初與睦州軍號同，後更興府軍，説明睦州長慶軍可能仍存，故無充分證據證明二者是同一頭下州。

興中府本霸州彰武軍，節度。古孤竹國，[1]漢柳城縣地。慕容皝以柳城之北、龍山之南福德之地，[2]乃築龍城，構宮廟，改柳城爲龍城縣，[3]遂遷都，號曰和龍宮。慕容垂復居焉，[4]後爲馮跋所滅。元魏取爲遼西郡。隋平高保寧，[5]置營州。煬帝廢州置柳城郡。唐武德初改營州總管府，[6]尋爲都督府。萬歲通天中陷李萬榮。[7]神龍初移府幽州。開元四年復治柳城，八年西徙漁陽，[8]十年還柳城，後爲奚所據。太祖平奚及俘燕民，將建城，命韓知方擇其處。[9]乃完葺柳城，號霸州彰武軍，節度。統和中制置建、霸、宜、錦、白川等五州。尋落制置，隸積慶宮，[10]後屬興聖宮。重熙十年升興中府。有大華山、小華山、香高山、麝香崖天授皇帝刻石在焉、駐龍峪、神射泉、小靈河。統州二、縣四：

興中縣本漢柳城縣地。太祖掠漢民居此，建霸城縣。重熙中置府，更名。

營丘縣，析霸城置。

象雷縣，開泰二年以麥務川置。初隸中京，後屬。

閭山縣，本漢且慮縣。開泰二年以羅家軍置。隸中京，後屬。

安德州，化平軍，下，刺史。以霸州安德縣置，來屬。統縣一：

安德縣，統和八年析霸城東南龍山徒河境户置。初隸乾州，[11]更屬霸州，置州來屬。

黔州，[12]阜昌軍，下，刺史。本漢遼西郡地。太祖平渤海，以所俘户居之，隸黑水河提轄司。安帝置州，[13]析宜、霸二州漢户益之。初隸永興宮，更隸中京，後置府，來屬。統縣一：

盛吉縣，太祖平渤海，俘興州盛吉縣民來居，因置縣。

[1]孤竹國：《史記·周本紀》："伯夷、叔齊在孤竹。"《集解》："應劭曰：在遼西令支。"《正義》引《括地志》云："孤竹故城在平州盧龍縣南十二里，殷時諸侯孤竹國也，姓墨氏也。"

[2]慕容皝（297—348）：字元真，小字萬年，昌黎棘城（今遼寧省義縣）人，鮮卑族，西晉遼東公慕容廆第三子，十六國時期創建前燕，稱文明帝。

[3]龍城縣：《晉書》卷一〇九《慕容皝載紀》：皝伐石季龍（石虎），"入於高陽，所過焚燒積聚。掠徙幽冀三萬餘户，使陽裕、唐柱等築龍城、構宮廟，改柳城爲龍城縣"。"咸康七年皝遷都龍城"。

[4]慕容垂（326—396）：昌黎棘城（今遼寧省義縣）鮮卑族人。十六國時期前燕文明帝慕容皝的第五子。因爲慕容評所逼出走前秦，並受到前秦君主苻堅的寵信。淝水之戰後慕容垂乘勢而起，建立後燕。後在與北魏交戰中發病而亡。

[5]高保寧：代人（鮮卑人或胡化的漢人）。不知其所從來，武平（570—575）末爲營州刺史，鎮黃龍，夷夏重其威信。周武帝

平齊，遣信招慰，不受勑書。（《北史》作"高寶寧"。）

[6]武德：唐高祖年號（618—626）。

[7]李萬榮：應是契丹首領孫萬榮。萬歲通天中與李盡忠起兵反唐。

[8]漁陽：治所在今天津市薊州區。唐以後之薊州以漁陽爲治所。

[9]命韓知方擇其處：【劉校】據中華點校本校勘記，本書卷七四《韓知古傳》，神冊初知古曾授彰武節度使，與此事蹟合。疑"方"是"古"字之訛。

[10]積慶宮：遼世宗宮分。

[11]乾州：《明一統志》卷二五《登州府》："乾州城在廣寧衛西南七里，本漢無慮縣地，遼置乾州廣德軍。"李慎儒《遼史地理志考證》以爲乾州當今遼寧省錦州市。【劉注】今遼寧省北鎮市廣寧鎮小常屯遼城址爲遼代乾州州治。

[12]黔州：《武經總要》前集卷一六下《戎狄舊地》："黔州，遼主耶律德光初置，東北至望海峰五十里，東至顯州五十里，東南至梁家務六十里，北至閭山縣六十里。"【劉注】今遼寧省義縣九道嶺子鎮永寧鋪村古城址爲遼代黔州州治。

[13]安帝置州：此句文義不明。

宜州，[1]崇義軍，上，節度。本遼西弮縣地。東丹王每秋畋于此。興宗以定州俘戶建州。[2]有墳山，松栢連亘百餘里，禁樵採；凌河，累石爲堤。[3]隸積慶宮。[4]統縣二：

弘政縣，世宗以定州俘戶置。民工織絍，多技巧。

聞義縣，世宗置。初隸海北州，後來屬。

[1]宜州：《武經總要》前集卷一六下《戎狄舊地》："宜州，

按《皇華四達記》營州東百八十里，凡九遞至燕郡城。自燕郡東經波羅寺抵渡遼州七十里驛，至安東都護府約五百里。今以契丹地圖校，至東京五百二十里。東京即安東都護治所，即古之燕郡城是也，本遼西之地。"【劉注】今遼寧省義縣駐地義州鎮古城址爲遼代宜州州治。

[2]興宗以定州俘户建州：【劉校】據中華點校本校勘記，"按《紀》，統和八年三月置宜州。《遼文匯》四《李内貞墓誌》有宜州觀察，《劉繼文墓誌》亦有宜州。卷七五《王郁傳》稱太祖時已有宜州。所屬弘政縣，爲'世宗以定州俘户置'。蓋因頭下州而建置者"。

[3]凌河，累石爲堤：【劉校】"凌"原作"埰"，中華修訂本據明抄本、南監本、北監本和殿本改。今從改。

[4]隸積慶宮：【劉校】"隸"原本作"穎"，明抄本、南監本、北監本和殿本均作"隸"。中華點校本及修訂本徑改。今從改。

錦州，[1]臨海軍，中，節度。本漢遼東無慮縣，[2]慕容皝置西樂縣，太祖以漢俘建州。有大胡僧山、小胡僧山、大查牙山、小查牙山、淘河島。隸弘義宮。[3]統州一、縣二：

永樂縣。

安昌縣。

[1]錦州：【劉注】今遼寧省錦州市舊城爲遼代錦州州治。

[2]無慮縣：據《漢書·地理志》注："無慮，西部都尉治。""應劭曰：慮音閭。師古曰'即所謂醫巫閭'。"是無慮縣因醫巫閭而得名。《大清一統志》卷六五《錦州府》："無慮故城，今廣寧縣治。漢置縣，屬遼東郡，爲西部都尉治。"

[3]弘義宮：遼太祖阿保機宮分。

巖州，[1]保肅軍，下，刺史。本漢海陽縣地。太祖平渤海，遷漢户雜居興州境，聖宗於此建城焉。隸弘義宮，來屬。[2]統縣一：

興城縣。

[1]巖州：巖州既然是漢海陽縣地，就不可能在渤海興州境内。據《漢書·地理志》，遼西郡有海陽縣；又“《魏土地記》曰：今支城南六十里有海陽城”（《水經注》卷一四）。今支故城在今河北省遷安縣西。因此，漢海陽縣應在遷安西南，臨海。因爲《漢書·地理志》載，該縣有鹽官。而《中國歷史地圖》將渤海國興州故址定位於今吉林省撫松縣與和龍市之間。這就與漢海陽縣故址相距千餘里了。【劉注】一説今遼寧省興城市曹莊鎮（駐大甸子村）四城子村古城址爲遼代巖州州治。

[2]隸弘義宮，來屬：【劉校】據中華點校本校勘記，應是“初隸弘義宮，後來屬”。

川州，[1]長寧軍，中，節度。本唐青山州地，太祖弟明王安端置，[2]會同三年詔爲白川州。[3]安端子察割以大逆誅，[4]没入，省曰川州。初隸崇德宮，統和中屬文忠王府。[5]統縣三：

弘理縣，統和八年以諸宮提轄司户置。

咸康縣。

宜民縣，統和中置。

[1]川州：【劉注】遼代川州，前期治所在今遼寧省北票市南八家子鄉四家板村古城址；後期治所在今遼寧省北票市黑城子鎮駐地黑城子村古城址。

[2]安端：在阿保機兄弟中排行第五，也曾參與“謀反”。世宗天禄初，賜號“明王”，成爲東丹國的統治者。

[3]白川州：遼代州名。據嘉慶《大清一統志》卷四三，舊城在朝陽縣（今遼寧省朝陽市）東北六十七里。初置川州，會同中改爲白川州。《熱河志》卷九八：“《武經總要》謂白川州西南至霸州七十里。今土默特右翼旗北一百五里地名四角阪，有廢城址，東西一百五丈，南北一百六十丈，周不及三里，蒙古名‘卓索喀喇城’。其西南距縣治六十七里，與《武經總要》所記方位正合。城内有遼開泰二年《佛頂尊勝陀羅尼石幢記》，爲白川州官吏所建，知即遼時故白川州城。石幢記首云：‘奉爲神贊天輔皇帝、齊天彰德皇后萬歲，親王公主千秋，文武百僚恒居禄位，風調雨順，海晏河清，一切有情同霑利樂。長寧軍節度掌書記、儒林郎、試大理評事、武騎尉王桂撰；長寧軍節度管内觀察處置等使、金紫崇禄大夫、檢校太傅、使持節白川州諸軍事、白川州刺史兼御史大夫、上柱國（以下俱闕）。’‘神贊天輔’爲聖宗尊號，《遼史·仁德皇后傳》云册爲齊天皇后。碑云‘齊天彰德皇后’，則史文闕畧也。左方列銜可辨識者有“銀青崇禄大夫兼監察御史、武騎尉、商税麯務都監王元泰；銀青崇禄大夫兼監察御史、武騎尉、同兼麯務張翼；三司押衙、麯務判官兼知商税事翟可行；銀青崇禄大夫、檢校工部尚書兼御史大夫、上柱國崔宸；儒林郎、試大理寺評事、守白川州咸康縣令、武騎尉王□；銀青崇禄大夫、檢校左散騎常侍、兼殿中侍御史、驍騎尉江濤；觀察判官、儒林郎、試大理司直、雲騎尉、賜緋魚袋田能成；内觀察處置等使、金紫崇禄大夫、檢校太傅、使持節白川州諸軍事、白川州刺史兼御史大夫、上柱國、鉅鹿縣開國子、食邑五百户耿延皆。‘官此土者也，左方同列名者則有寺主僧義超、都維那僧義訓、其末行云石作院使王德辛鐫字。”《武經總要》前集卷一六下：“白川州築城在遼澤之中，東距醫巫閭山，西至營州，地桑柘，民知織紝之利。歲奉中國幣帛多書‘白川州税户所輸’云。東至黔州七十里，西至中京四百三十里，東南至宜州百里，西

南至霸州七十里。"

[4]察割：即耶律察割（？—951）。遼皇族。其父即明王安端，爲阿保機同母弟。世宗即位，察割封泰寧王。天禄五年（951）九月，南伐途中行弑逆，隨即被誘殺。

[5]文忠王府：大丞相耶律隆運所建宮衛。隆運以所俘漢民置宗州，隸屬文忠王府。

建州，[1]保靜軍，上，節度。唐武德中置昌樂縣，太祖完葺故壘，置州。漢乾祐元年，故石晉太后詣世宗，[2]求於漢城側耕墾自贍。許於建州南四十里給地五十頃，營構房室，創立宗廟。州在靈河之南，屢遭水害，聖宗遷於河北唐崇州故城，[3]初名武寧軍，[4]隸永興宮，後屬敦睦宮。[5]統縣二：

永霸縣。

永康縣本唐昌黎縣地。

[1]建州：地當今遼寧省朝陽市西八十里處。《武經總要》前集卷一六下《戎狄舊地》："建州，胡中地，今號保靜軍節度，本遼西之地，德光立爲州。嗣王即位，三關之地復爲周世宗所取，時江南諸國欲牽制中原，遣使齎金幣泛海至契丹國，乞出師南牧，卒不能用其謀。入蕃人使舟棹、水師悉留之，建州、雙州、霸州並置營居之，號通吳軍。東南至器仗山三十里，東北至霸州九十里，南至渝州五十里，西南至小陵河十里。"以下注[2]引《新五代史》云"自遼陽東南行千二百里至建州"，方位完全錯誤。建州在遼陽西。

[2]石晉太后：指晉高祖皇后李氏（？—950）。唐明宗皇帝女。晉出帝即位，冊尊皇后爲皇太后。開運三年（945）十二月，契丹攻入開封，出帝與太后李氏上表降。《新五代史》卷一七《晉

家人傳》載皇后李氏事蹟：四年正月辛卯，德光降封出帝爲"負義侯"，遷於黄龍府。"德光使人謂太后曰：'吾聞重貴不從母教而至於此，可求自便，勿與俱行。'太后答曰：'重貴事妾甚謹。所失者，違先君之志，絶兩國之歡。然重貴此去，幸蒙大惠，全生保家，母不隨子，欲何所歸！'於是太后與馮皇后、皇弟重睿、皇子延煦、延寶等舉族從帝而北，以宮女五十、宦者三十、東西班五十、醫官一、控鶴官四、御厨七、茶酒司三、儀鸞司三、六軍士二十人從，衛以騎兵三百。所經州縣，皆故晉將吏，有所供饋，不得通。路傍父老，爭持羊酒爲獻，衛兵推隔不使見帝，皆涕泣而去。自幽州行十餘日，過平州，出榆關，行砂磧中，饑不得食，遣宮女、從官，採木實、野蔬而食。又行七八日，至錦州，虜人迫帝與太后拜阿保機畫像。帝不勝其辱，泣而呼曰：'薛超誤我，不令我死！'又行五六日，過海北州，至東丹王墓，遣延煦拜之。又行十餘日，渡遼水，至渤海國鐵州。又行七八日，過南海府，遂至黄龍府。是歲六月，契丹國母徙帝、太后於懷密州，州去黄龍府西北一千五百里。行過遼陽二百里，而國母爲永康王所囚，永康王遣帝、太后還止遼陽，稍供給之。明年四月，永康王至遼陽，帝白衣紗帽，與太后、皇后詣帳中上謁，永康王止帝以常服見。帝伏地雨泣，自陳過咎。永康王使人扶起之，與坐，飲酒奏樂。而永康王帳下伶人、從官，望見故主，皆泣下，悲不自勝，爭以衣服、藥餌爲遺……明年乃漢乾祐二年，其二月，徙帝、太后於建州。自遼陽東南行千二百里至建州，節度使趙延暉避正寢以館之。去建州數十里外得地五十餘頃，帝遣從行者耕而食之。明年三月，太后寢疾，無醫藥，常仰天而泣，南望戟手罵杜重威、李守貞等曰：'使死者無知則已，若其有知，不赦爾於地下！'八月疾亟，謂帝曰：'我死，焚其骨送范陽佛寺，無使我爲虜地鬼也！'遂卒。帝與皇后、宮人、宦者、東西班，皆被髮徒跣，扶舁其柩至賜地，焚其骨，穿地而葬焉。周顯德中，有中國人自契丹亡歸者，言見帝與皇后諸子皆無恙。後不知其所終。"

〔3〕唐崇州故城：【劉校】據中華點校本校勘記，“唐”原誤“康”。中華點校本據《新唐書·地理志》改。今從改。

〔4〕初名武寧軍：【劉校】據中華點校本校勘記，“‘名’原誤‘屬’。《金史·地理志》：‘建州，遼初名軍曰武寧。’據改”。今從改。

〔5〕敦睦宮：孝文皇太弟宮分。

來州，[1]歸德軍，下，節度。聖宗以女直五部歲饑來歸，置州居之。初刺史，後升。隸永興宮。有三州山、六州山、五脂山。[2]統州二、縣一：[3]

來賓縣本唐來遠縣地。

〔1〕來州：《武經總要》前集卷一六下《戎狄舊地》：“來州，號歸德軍。女真國五部落相率來降，胡中因建州以居之。東至隰州七十里，西至遼州七十里，南至大海四十里，北至建州三百五十里。”【劉注】今遼寧省綏中縣前衛鎮駐地前衛村古城址爲遼代來州州治。

〔2〕五脂山：【劉校】據中華點校本校勘記，“脂”疑應作“指”。

〔3〕統州二：【劉校】據中華點校本校勘記，按下文實統三州。

隰州，[1]平海軍，下，刺史。慕容皝置集寧縣。聖宗括帳户遷信州，[2]大雪不能進，建城於此置焉，隸興聖宮，[3]來屬。統縣一：

海濱縣本漢縣。瀕海，地多鹻鹵，置鹽場於此。

〔1〕隰州：《武經總要》前集卷一六下《戎狄舊地》：“隰州，

遼主隆緒建爲州，東至海二百里，西至來州八十里，南至海五里，北至建州三百三十里。"【劉注】遼代㳿州州治爲今遼寧省興城市東辛莊鎮東關店村古城址。

[2]信州：《滿洲源流考》卷一〇："考信州故城在今科爾沁左翼東南三百八十里開原邊外。《金（全）遼志》稱'自開原東北至信州三百十里'，是也。今有古城，周一里，門八，土人猶呼信州城。"

[3]隸興聖宮：【劉校】原本作"隸與聖宮"，據南監本、北監本改。

遷州，[1]興善軍，下，刺史。本漢陽樂縣地。[2]聖宗平大延琳，[3]遷歸州民置，[4]來屬。有箭笴山。[5]統縣一：
　遷民縣。

[1]遷州：【劉注】今河北省秦皇島市山海關爲遼代遷州州治。

[2]漢陽樂縣：嘉慶《大清一統志》卷一九《永平府》："陽樂故城，在撫寧縣，西漢置，屬遼西郡。後漢爲郡治，晉因之，後魏仍屬遼西郡，北齊省。《水經注·地理風俗記》曰：'陽樂，故燕也。遼西郡治。秦始皇二十二年置。'《魏氏土地記》曰：'海陽城西南有陽樂城，《後漢書》注：陽樂故城在平州東。'舊《志》在今撫寧縣西關外。按：陽樂，後漢時爲遼西郡治。《趙苞傳》：苞爲遼西太守，迎母到郡，道經柳城。則陽樂故縣應在柳城之東，今府東北口外。舊《志》㳿河西南百里有陽樂城是也。豈魏晉時移此城於肥如東界耶？"肥如古城在今河北省盧龍縣北，陽樂城址當是因戰亂遷移。

[3]大延琳（？—1030）：渤海人，遼東京軍將。反遼鬥爭領導人。

[4]歸州：嘉慶《大清一統志》卷六〇《奉天府》："歸州故城

在蓋平縣西南九十里。遼初置州，後廢。統和二十九年復置，治歸勝縣屬東京道。金廢州，降縣爲鎮，隸復州。今有上（土）堡曰歸州城，周一里有奇，即其故址。"

[5]箭筶（gǎn）山：地名。胡損奚所居地。【靳注】此爲山名。在今河北省撫寧縣東北葦子峪外。

潤州，海陽軍，下，刺史。聖宗平大延琳，遷寧州之民居此，置州。統縣一：

海陽縣本漢陽樂縣地，[1]遷潤州，本東京城內渤海民户，因叛移於此。

[1]海陽縣：【劉校】據中華點校本校勘記，"原與隰州海濱縣互舛。《金史·地理志》：'海陽縣，遼潤州海陽軍故縣也。''海濱縣，遼隰州平海軍故縣也。'按海陽縣與軍名同，海濱縣瀕海。輯本《元一統志》二：'遼隰州治海濱縣。'據改"。今從改。

（李錫厚注　劉鳳翥校）

遼史　卷四〇

志第十

地理志四

南京道

南京析津府本古冀州之地，[1]高陽氏謂之幽陵，[2]陶唐曰幽都，[3]有虞析爲幽州。[4]商併幽於冀，周分并爲幽。[5]《職方》，[6]"東北〔曰〕幽州，〔其〕山鎮〔曰〕醫巫閭，[7]〔其〕澤藪〔曰〕貕養，[8]〔其〕川河泲，[9]〔其〕浸菑、時，[10]其利魚、鹽，其畜馬、牛、豕，其穀黍、稷、稻。"[11]武王封太保奭于燕。[12]秦以其地爲漁陽、上谷、右北平、遼西、遼東五郡。漢爲燕國，歷封臧荼、盧綰、劉建、劉澤、劉旦，嘗置涿郡廣陽國。[13]後漢爲廣平國廣陽郡，或合于上谷復置幽州。後周置燕及范陽郡，隋爲幽州總管。唐置大都督府，改范陽節度使。安禄山、史思明、李懷仙、朱滔、劉怦、劉濟相繼割據，[14]劉總歸唐。[15]至張仲武、張允仲，[16]以正得民。劉仁恭父子僭爭，[17]遂入五代。自唐而晉，高祖以遼有援立之勞，[18]割幽州等十六州以獻。[19]太宗升爲南京，[20]又曰燕京。

[1]古冀州：九州之一。幽、并、營三州在九州之外。《尚書·虞書》：“禹治水之後，舜分冀州爲幽州、并州，分青州爲營州，始置十二州。”

[2]高陽氏：據《史記·五帝本紀》，高陽氏即帝顓頊，是黄帝之孫，昌意之子。《集解》引張晏云：“高陽者，所興地名也。”

[3]陶唐：據《史記·五帝本紀》：“帝堯爲陶唐。”《集解》：“韋昭曰：陶唐皆國名，猶湯稱殷商矣。張晏曰：堯爲唐侯，國於中山，唐縣是也。”《漢書·地理志》“冀州既載”，師古曰：“兩河間曰冀州。載，始也。冀州，堯所都，故禹治水自冀州始也。”是唐堯都冀，而非都幽。禹治水之後，舜始分冀爲幽，堯時豈有“幽都”！

[4]有虞：《史記·五帝本紀》：“帝舜爲有虞。”《集解》：“皇甫謐曰：舜嬪于虞，因以爲氏。今河東大陽西山上虞城是也。”

[5]商併幽於冀，周分并爲幽：清代學者胡渭撰《禹貢錐指》，其書卷一八謂：“殷之制分并爲幽，合青爲營，分梁以入於雍、荆；周之制合梁爲雍，合徐爲青而并與幽、冀復三焉。”

[6]《職方》：即《周禮·夏官·職方氏》。此處《遼史》引《職方》文，多有脱漏，文爲：“東北曰幽州，其山鎮曰醫無閭，其澤藪曰貕養，其川河、泲，其浸菑、時。”

[7]醫巫閭：即遼西名山醫巫閭山。

[8]貕養：《職方》原文注云“貕養在長廣”。長廣縣，西漢屬琅琊郡。《漢書·地理志》：“長廣，有萊山，萊王祠，奚養澤在西，秦地圖曰‘劇清’，地幽州。藪有鹽官。”嘉慶《大清一統志》卷一七三《登州府》：“長廣故城在萊陽縣東。”

[9]泲（jǐ）：同“濟”。古水名。四瀆之一。發源於今河南省

濟源市王屋山，歷代多次變遷，自漢以後故道有二，南、北二濟水匯於鉅野。今該水東流至山東省東北部入海。

[10] 菑、時：二水名。菑水出萊蕪，時水出般陽（今山東省萊陽市）。

[11] "其畜馬、牛、豕" 二句：這兩句的《周禮》原文是："其畜宜四擾，其穀宜三種。"注："四擾：馬、牛、羊、豕。三種：黍、稷、稻。"

[12] 太保奭：即燕召公。《史記・燕召公世家》："召公奭與周同姓，姓姬氏。周武王之滅紂，封召公於北燕。其在成王時，召公爲三公。"太保屬 "三公" 之一。

[13] 廣陽國：據《漢書・武帝本紀》，元狩六年（前122）立皇子旦爲燕王。《史記・三王世家》燕王策云："建爾國家，封於北土，世爲漢藩輔。"另據《漢書・宣帝本紀》，宣帝本始元年（前73）始立建爲廣陽王。《史記・三王世家》："立燕故太子建爲廣陽王，以奉燕王祭祀。"當是褚少孫補。《正義》引《括地志》云："廣陽故城，今在幽州良鄉縣東北三十七里。"良鄉縣，今廢，爲北京市房山區機關所在地。

[14] 安禄山（703—757）：唐營州柳城（今遼寧省朝陽市）胡人。本姓康，隨母嫁突厥人安延偃，改姓安，名禄山。初爲互市郎，被幽州節度使張守珪養以爲子。後任平盧、范陽、河東三鎮節度使。天寶十四載（755）起兵叛亂，兩年後爲其子所殺。安禄山死後，史思明統率該部繼續對抗唐朝。安史亂後，幽州繼續爲割據狀態。

[15] 劉總：唐憲宗時爲幽州節度使。

[16] 張仲武：唐武宗會昌二年（842）討回鶻有功，受盧龍軍節度使。

[17] 劉仁恭父子：劉仁恭是唐末割據軍閥，深州樂壽（今河北省獻縣）人。早年爲晉王李克用壽陽鎮將，乾寧元年（894）又爲盧龍軍節度使。其子守文爲橫海軍節度使，父子率兩鎮兵十萬，

號稱三十萬，稱雄一方。後，仁恭爲另一子守光所囚禁。乾化元年
（911）守光自號大燕皇帝。次年仁恭父子爲晉王李存勗所擒殺。
《新唐書》卷二一二有傳。據《舊五代史》卷一三七《外國列傳》：
"劉仁恭鎮幽州，素知契丹軍情僞，選將練兵，乘秋深入，逾摘星
嶺討之，霜降秋暮，即燔塞下野草，以困之，馬多饑死，即以良馬
賂仁恭，以市牧地。仁恭季年荒恣，出居大安山，契丹背盟，數來
寇鈔。"看來，劉仁恭的攻擊，使契丹受到了嚴重的損失。

[18]高祖以遼有援立之勞：【劉校】援立，據中華點校本校勘
記，原作"援力"。"據《地理志五》：'晉高祖以契丹有援立功，
割山西、代北地爲賂。'又《地理志一》：'太宗援立晉。'據改"。
今從改。

[19]十六州：本書卷四《太宗本紀下》會同元年（938）十一
月："晉復遣趙瑩奉表來賀，以幽、薊、瀛、莫、涿、檀、順、嬀、
儒、新、武、雲、應、朔、寰、蔚十六州并圖籍來獻。"　割幽州
等十六州以獻：【劉校】原本作"割幽州等十六年以獻"，衍"等"
字，明抄本、南監本、北監本和殿本不誤。中華點校本及修訂本徑
改。今從改。

[20]太宗升爲南京：天顯十三（938）年十一月，後晉又派馮
道、韋勳、劉昫、盧重等出使契丹，德光與其母述律太后分別在上
京開皇殿召見馮道一行。晉使獻上幽薊十六州圖籍，並上德光尊號
曰"睿文神武法天啟運明德章信至道廣敬昭孝嗣聖皇帝"，述律氏
曰"廣德至仁昭烈崇簡應天皇太后"。德光改天顯十三年爲會同元
年，同時又下詔以皇都爲上京，升幽州爲南京。

　　城方三十六里，[1]崇三丈，衡廣一丈五尺。敵樓、
戰櫓具。[2]八門：東曰安東、迎春，南曰開陽、丹鳳，
西曰顯西、清晉，北曰通天、拱辰。大內在西南隅。皇
城內有景宗、聖宗御容殿二，東曰宣和，南曰大內。內

門曰宣教，改“元和”；外三門曰南端、左掖、右掖。左掖改萬春，右掖改千秋。門有樓閣，毬場在其南，東爲永平館。皇城西門曰顯西，設而不開，北曰子北。西城巓有涼殿，東北隅有燕角樓。坊市、廨舍、寺觀，蓋不勝書。[3] 其外有居庸、松亭、榆林之關，[4] 古北之口，[5] 桑乾河、高梁河、石子河、大安山、燕山中有瑤嶼。[6] 府曰幽都，[7] 軍號盧龍，開泰元年落軍額。[8]

[1]城方三十六里：遼南京城比唐幽州薊城略大。宋人路振《乘軺錄》記載遼幽州城周長有二十五里。宋人晁補之《雞肋集》卷二四《上皇帝論北事書》記載：“度燕城之大，二十七里而止，一人而守地六尺，三圍之則滿卒三萬守地無餘。”宋人許亢宗《奉使金國行程錄》也記載“燕山府城周圍二十七里”，說明金代燕京城與路振所記遼燕京差不多。文物考古工作者經實地考察，並結合文獻記載，認爲路振所記比較接近實際。遼南京的東城垣，在法源寺以東，今琉璃廠（遼時海王村）是遼南京城東門外郊區一個小村落。城之北垣在復興門南，與金中都北垣一致，即在今會城門村（軍事博物館南）一綫。南城墻大致與右安門城墻相近。遼南京城西垣大約在會城門村東貫穿白石橋東，向南延長的一綫，白石橋下的小河或即當日的城濠（參見《北京考古四十年》，北京燕山出版社1990年版，第141—142頁）

[2]敵樓、戰櫓：統稱“樓櫓”。《後漢書·南匈奴傳》：“初，帝造戰車可駕數牛，上作樓櫓，置於塞上以拒匈奴。”注：“櫓即樓也。《釋名》曰：樓無屋爲櫓。”

[3]坊市：由城内道路分割而成的居民區和鬧市區。遼南京城内幹道，從相對城門引伸直交成井字形。全城共八門，因此主要街道則應爲兩縱、兩横。本書卷一七《聖宗本紀八》記載，太平五年（1025）“是歲燕民以年穀豐熟，車駕臨幸，爭以土物來獻。上禮高

年、惠鰥寡、賜酺飲。至夕，六街燈火如晝，士庶嬉遊，上亦微行觀之”。所謂“六街”，蓋指都城鬧市。燕京城內除了幹道之外，也還應有小的街巷。被街巷分割的一個個居民區則稱爲“坊”。這是座具有相當規模的城市，因其是在唐幽州薊城的基礎上擴建而成，故仍然沿襲唐朝坊市分開的制度。燕京的街和坊都有名稱。據大中祥符元年（遼統和二十六年，1008）使遼的路振在《乘軺録》（《宋朝事實類苑》卷七七《安邊禦寇·契丹》）中記載，幽州“城中凡二十六坊，坊有門樓，大署其額，有闐賓、肅慎、盧龍等坊，並唐時舊坊名也。居民棋布，巷端直，列肆者百室，俗皆漢服，中有胡服者，蓋雜契丹、渤海婦女耳”。闐賓又稱迦濕彌羅，即喀什米爾的異譯。該邦人士多務農，同時也善造金銀銅器。“闐賓坊”當是唐代以來在此從事金屬加工業的闐賓人聚居區；“肅慎坊”是來自東北的少數民族聚居區。燕京五方雜處，有來自不同國度、不同民族的居民。坊有坊門、門樓，這是坊的標誌，也是沿襲唐幽州薊城的舊制。坊的名稱書於坊門之上。坊內有府第、寺廟和一般居民住宅。除了見於路振記載的三個坊名之外，見於出土墓誌和石刻藏經題記者還有隗臺坊、北羅坊、齊禮坊、永平坊、遼西坊、棠蔭坊、大田坊、歸厚坊、和時坊、宣化坊等。

[4]居庸：關名。要塞，位於今北京市昌平區西北。《畿輔通志》卷四〇：“居庸關在昌平州西北二十四里，關門南北相距四十里。兩山夾峙，下有巨澗、懸崖峭壁，稱爲絶險。《淮南子》天下九塞，居庸其一也。”“《水經注》：居庸關在上谷沮陽城東南六十里，絶谷累石，崇墉峻壁，山岫層深，側道褊狹，林障邃險，路僅容軌。杜氏《通典》：北齊改居庸爲納款關，《唐十道志》居庸亦名薊門關，《新唐書·地理志》居庸關亦謂之軍都關。” 松亭：關名。位於今河北省遵化市。清人高士奇《松亭行紀》卷下：“駕出喜峰口。按，喜峰口，古松亭山也，奇峰削下，腰有洞高二丈餘，深倍之。《遼史》爲松亭關。”《四庫全書總目提要》辨明其説不準確：“聖祖仁皇帝恭奉太皇太后行幸溫泉。四月戊子駕出喜峰

口，士奇皆扈從，因記其往來所經，謂喜峰口爲古松亭關，故以名書。然松亭關在喜峰口外八十里，士奇合而一之，未詳考也。”
榆林：關名。清人閻若璩《潛邱札記》卷六《與趙秋谷書》：“榆，當作渝，音喻，水名。又曰臨渝關，在永平府撫寧縣東，今山海關即其移而更名者。”【劉校】榆林關，據中華點校本校勘記，“《索隱》謂，今山海關，《隋書》曰渝關，亦曰臨渝關。此榆林蓋臨渝之聲同而倒誤者”。

[5]古北之口：即古北口，位於今北京市密雲區東北，爲長城上的要塞之一。《畿輔通志》卷四〇：“古北口關在密雲縣東北百二十里，兩崖壁立，中有路僅通一車，下有深澗，巨石磊砢，凡四十五里，爲險絶之道。亦曰虎北口。”

[6]桑乾河：源出山西馬邑，即今山西省朔州市。遼西京大同府近桑乾河上游，故聖宗獵於此。　高梁河：故道在今北京城西直門外。《宋史》卷四《太宗本紀》載，太平興國四年七月癸未“帝督諸軍及契丹大戰於高梁河，敗績。甲申班師”。《默記》卷中載：“太宗自燕京城下軍潰，北虜追之，僅得脱。凡行在服御寶器盡爲所奪，從人宮嬪盡陷没。股上中兩箭，歲歲必發。其棄天下竟以箭瘡發云。”　大安山：位於今北京市房山區境内。

[7]幽都：府名。據本書卷一五《聖宗本紀六》開泰元年十一月，改幽都府析津府。

[8]開泰：遼聖宗年號（1012—1020）。　開泰元年落軍額：【劉校】據中華點校本校勘記，“按《紀》開泰元年十一月，改幽都府爲析津府”。

統州六、縣十一：

析津縣本晉薊縣，改薊北縣，開泰元年更今名。以燕分野旅寅爲析木之津，[1]故名。[2]户二萬。

宛平縣本晉幽都縣，[3]開泰元年改今名。[4]户二萬二千。

昌平縣本漢軍都縣，[5]後漢屬廣陽郡，晉屬燕國，元魏置東燕州平昌郡及昌平縣。[6]郡廢，縣隸幽州，在京北九十里。户七千。

良鄉縣，[7]燕爲中都縣，漢改良鄉縣，舊屬涿郡，北齊天保七年省入薊縣，武平六年復置。唐聖曆元年改固節鎮，神龍元年復爲良鄉縣，劉守光徙治此。在京南六十里。户七千。

潞縣本漢舊縣，[8]屬漁陽郡。唐武德二年置元州，貞觀元年州廢，復爲縣。有潞水。在京東六十里。户六千。

安次縣本漢舊縣，[9]屬漁陽郡。唐武德四年徙置東南五十里石梁城，貞觀八年又徙今縣西五里常道城，開元二十三年又徙耿就橋行市南。在京南一百二十里。户一萬二千。

永清縣本漢益昌縣，[10]隋置通澤縣，唐置武隆縣，改會昌，天寶初爲永清縣。在京南一百五十里。户五千。

武清縣，前漢雍奴縣，[11]屬漁陽郡。《水經注》：[12]雍奴者，藪澤之名，四面有水曰雍，不流曰奴。唐天寶初改武清。在京東南一百五十里。户一萬。

香河縣本武清孫村。[13]遼於新倉置榷鹽院，居民聚集，因分武清、三河、潞三縣户置。[14]在京東南一百二十里。户七千。

玉河縣本泉山地。[15]劉仁恭於大安山創宮觀，師煉丹羽化之術于方士王若訥，因割薊縣分置，以供給之。在京西四十里。户一千。

潞陰縣本漢泉山之霍村鎮。[16]遼每季春弋獵於延芳淀，[17]居民成邑，就城故潞陰鎮，後改爲縣。在京東南九十里。延芳淀方數百里，春時鵝鶩所聚，夏秋多菱芡。國主春獵，衛士皆衣墨綠，各持連鎚、鷹食、刺鵝錐，列水次，相去五七步。上風擊鼓，驚鵝稍離水面。國主親放海東青鶻擒之。[18]鵝墜，恐鶻力不勝，在列者以佩錐刺鵝，急取其腦飼鶻。得頭鵝者，例賞銀絹。國主、皇族、群臣各有分地。户五千。

[1]燕分野旅寅：這是皇甫謐《帝王世紀》中的説法。占候家者流以天星運行配以郡國分野。從而視天象變化以附會人事，預言吉凶。宋人王應麟《六經天文編》卷上："十二分野即辰、次所臨之地也。在天爲十二辰、十二次；在地爲十二國、十二州。凡日月之交食、星辰之變異，以所臨分野占之，或吉或凶，各有當之者矣。"對此類謬説，古人已有斥其爲"坐井觀天"者。明人王英時《曆體略》卷上："十二辰分界從赤道剖之，乃占候家遂配以郡國分野。夫十二次盡乎天矣，華夏郡國亦盡乎地耶？多見其爲坐井也。"

[2]故名：【劉校】原本、南監本、北監本和殿本均作"故民"，中華點校本徑改爲"名"。今從改。

[3]晉幽都縣：幽都縣非晉置。《太平寰宇記》卷六九："幽都縣，十二鄉，舊縣，即薊縣地，今邑治薊西界。按《郡國縣道記》云：建中二年於羅城内廢燕州廨置，在府北一里。其燕州本國因栗（粟）末靺羯首領突地稽，當隋開皇中領部落歸化，處之於營州界。煬帝八年爲置遼西郡，以突地稽爲太守，治營州東二百里汝羅城。後遭邊寇侵抄，又寄治於營州城内。唐武德二年改遼西郡爲燕州，

仍置總管。六年自營幽徙居幽州城内。歷代襲燕州刺史。建中初爲朱滔所破滅，尋州廢，立此縣於故城。"幽都縣是唐建中間（780—783）所置，治所就在幽州城内，既非西晉，亦非石晉所置。《輿地廣記》卷一二亦云："建中二年爲朱滔所滅，因廢爲縣。"所謂"爲朱滔所滅"，即原來的燕州總管府被朱滔所攻破，始廢州置縣。

本晉幽都縣：【劉校】據中華點校本校勘記，"《索隱》謂晉無幽都縣，《唐志》幽州范陽郡有幽都縣，'晉'應作'唐'"。

［4］改今名：【劉校】"名"原本作"民"，明抄本、南監本、北監本和殿本均作"名"。中華點校本及修訂本徑改。今從改。

［5］昌平縣本漢軍都縣：《太平寰宇記》卷六九："昌平縣西北九十三里，今四鄉，本漢軍都縣，屬上谷郡。"【劉校】據中華點校本校勘記，按昌平、軍都並漢置縣，後魏始廢昌平入軍都。

［6］元魏置東燕州平昌郡及昌平縣：【劉校】"州平昌"三字原脱。據中華點校本校勘記，趙萬里《元一統志》卷一："後魏即縣郭置東燕州及平昌郡昌平縣，後郡廢縣存，以隸幽州。"據補。

［7］良鄉縣：治所在今北京市房山區境内。《太平寰宇記》卷六九："在燕爲中都，漢爲良鄉縣，屬涿郡。北齊天寶七年（556）省入薊縣，武平六年（575）復置，唐聖曆元年（698）改爲國節縣，神龍元年（705）復舊爲良鄉。"另據《輿地廣記》卷一二，良鄉縣"聖曆元年改曰固節，神龍元年復故名"。是"國節"實爲"固節"之誤。良鄉縣被廢，不是在武后聖曆元年，而是以後。趙德鈞鎮幽州時復置，據《新五代史》卷七二《四夷附録第一》："莊宗之末，趙德鈞鎮幽州，於鹽溝置良鄉縣，又於幽州東五十里築城，皆戍以兵。及破赫邈等，又於其東置三河縣。由是幽、薊之人，始得耕牧，而輸餉可通。"

［8］潞縣：治所在今北京市通州區境内。嘉慶《大清一統志》卷八《順天府》："潞縣故城在通州東，漢置縣，以潞水爲名。《水經注》鮑邱水逕潞縣故城西。漢光武遣吳漢、耿弇等破銅馬五幡於潞東，謂是縣也。"《資治通鑑》卷二七八後唐明宗長興三年（932）

七月："初，契丹既强，寇抄盧龍諸州皆遍，幽州城門之外虜騎充斥，每自涿州運糧入幽州，虜多伏兵於閻溝掠取之。及趙德鈞爲節度使，城閻溝而戍之，爲良鄉縣，糧道稍通。幽州東十里之外，人不敢樵牧。德鈞於州東五十里城潞縣而戍之，近州之民始得稼穡。至是，又於州東北百餘里城三河縣，以通薊州運路。虜騎來爭，德鈞擊却之。"胡三省注："據《水經》，漢涿郡故安縣有閻鄉，其西山則易水所出也，歐史作'鹽溝'。良鄉，漢古縣，趙德鈞移之於閻溝耳。《匈奴須知》：閻溝縣北至燕六十里，古良鄉空城，南至涿州四十里。蓋契丹得燕之後，改良鄉縣爲閻溝縣，而所謂古良鄉空城，即趙德鈞未移縣之前古城也。"

[9]安次縣：治所在今河北省廊坊市。《畿輔通志》卷五三："漢安次故城在今縣西北四十里，其址尚存，俗呼古縣。"

[10]永清縣：治所在今河北省永清縣。 漢益昌縣：《畿輔通志》卷五三："益昌故城在霸州東北，漢置，屬涿郡，後漢廢。《水經注》：巨馬水東逕益昌縣故城南。"

[11]武清縣：治所在今天津市武清區。 雍奴縣：據《漢書·地理志》雍奴縣屬漁陽郡。《畿輔通志》卷二一："三角淀在武清縣南八十里，即古雍奴水。"

[12]《水經注》：【劉校】據中華點校本校勘記，"注字原脱。按'雍奴者'云云，非《水經》經文，爲酈道元《注》，據補"。

[13]香河縣：治所在今河北省香河縣。

[14]因分武清、三河、潞三縣户置：【劉校】據中華點校本校勘記，三河，原誤"香河"，"按香河爲分武清、三河、潞三縣户所新置，非舊有。據改"。今從。

[15]玉河縣：嘉慶《大清一統志》卷八："玉河廢縣，在宛平縣西，五代時置。"金廢。 本泉山地：【劉校】據中華點校本校勘記，陳漢章《索隱》："泉山上當有'玉'字。《清一統志》玉泉山在宛平縣西北二十五里。玉河源出於玉泉山，亦名御河。玉河廢縣在宛平縣西南。"

[16]潞陰縣：《畿輔通志》卷五三："潞陰故城在通州南四十里，本漢泉州地。屬漁陽郡。遼置潞陰縣，屬析津府。元陞爲潞州，屬大都路。明復爲縣，屬通州。"

[17]延芳淀：位於今北京市通州區西。遼時廣數百畝，中多菱芡、鵞雁之屬。遼主每春季則弋獵於此。

[18]國主親放海東青鶻：海東青鶻，猛禽，能擊殺天鵝。今俄羅斯遠東地區以東大海盛産珍珠，天鵝食蚌，珍珠藏於蚌嗉內。契丹人放出海東青鶻擊殺天鵝，獲取珍珠。【劉校】國主，原本作"國王"，明抄本、南監本、北監本和殿本均作"國主"。中華點校本及修訂本徑改。今從改。

宋王曾《上契丹事》曰：[1]自雄州白溝驛渡河，[2]四十里至新城縣，[3]古督亢亭之地。又七十里至涿州。北渡范水、劉李河，[4]六十里至良鄉縣。渡盧溝河，六十里至幽州，號燕京。子城就羅郭西南爲之。正南曰啟夏門，內有元和殿，東門曰宣和。城中坊閈皆有樓。有閔忠寺，本唐太宗爲征遼陣亡將士所造；又有開泰寺，魏王耶律漢寧造。皆遣朝使遊觀。南門外有于越王廨，爲宴集之所。門外永平館，舊名碣石館，請和後易之。南即桑乾河。

[1]王曾《上契丹事》：見《長編》卷七九宋真宗大中祥符五年（1012）冬十月己酉記事。文見本書卷三九注文。

[2]白溝驛：驛因宋遼界河白溝河得名。據《畿輔通志》卷四三："安肅縣白溝驛在縣治東。元時在縣北十里，明洪武六年移置於此。"安肅縣後改徐水縣。白溝今爲河北省高碑店市下轄鎮。

渡河：【劉校】諸本均作"度河"，中華點校本徑改"度"爲

“渡”。今從改。

[3]新城縣：治所在今河北省高碑店市。

[4]劉李河：發源於北京大房山，至霸州匯入巨馬河（拒馬河）。 北渡范水、劉李河：【劉校】據中華點校本校勘記，“渡”原誤“復”。“據王曾《行程録》改。又《行程録》范水上有涿水，下文元和殿后有洪政殿”。今從改。

順州，[1]歸化軍，中，刺史。秦上谷、漢范陽、北齊歸德郡境，隋開皇中粟末靺鞨與高麗戰不勝，[2]厥稽部長突地稽率八部勝兵數千人，自扶餘城西北舉落内附，置順州以處之。[3]唐武德初改燕州，會昌中改歸順州，唐末仍爲順州。有温渝河、白遂河、曹王山，曹操嘗駐軍于此。黍谷山，鄒衍吹律之地，[4]南有齊長城。[5]城東北有華林、天柱二莊，遼建涼殿，春賞花、夏納涼。初，軍曰歸寧，後更名。統縣一：

懷柔縣，[6]唐貞觀六年置，治五柳城，改順義縣。開元四年置松漠府彌汗州，[7]天寶元年改歸化郡，[8]乾元元年復今名。户五千。

[1]順州：明初改爲順義縣，治所在今北京市順義區。

[2]高麗：指高句麗。

[3]置順州以處之：【劉校】“之”原本作“書”，中華修訂本據明抄本、南監本、北監本和殿本改。今從改。

[4]黍谷山，鄒衍吹律之地：漢代劉向云：“燕有谷地寒不生黍稷，鄒衍吹律，以温其氣，故名山曰黍谷。”明人彭大翼《山堂肆考》卷一七《黍谷》山在順天府懷柔縣東跨密雲界。

[5]齊長城：【劉校】據中華點校本校勘記，“按此地非齊境，

《索隱》謂齊當作燕。《昌平山水記》則謂北齊天保中所築"。【李校】《索隱》誤，《昌平山水記》是。

[6]懷柔縣：治所在今北京市懷柔區。

[7]松漠：契丹原住地。即今内蒙古自治區東部西遼河上游地區，又稱"平地松林"，唐初在此置松漠都督府以統契丹諸部。

[8]改歸化郡：【劉校】據中華點校本校勘記，"郡"原誤"縣"。據《舊唐書·地理志》及《寰宇記》卷六九改。

　　檀州，[1]武威軍，下，刺史。本燕漁陽郡地，漢爲白檀縣。《魏書》：曹西歷白檀，[2]破烏丸於柳城。[3]《續漢書》：白檀在右北平。[4]元魏創密雲郡，兼置安州。後周改爲元州。隋開皇十八年割燕樂、密雲二縣置檀州。唐天寶元年改密雲郡，乾元元年復爲檀州。遼加今軍號。有桑溪、鮑丘山、桃花山、螺山。統縣二：

　　密雲縣本漢白檀縣，後漢以居犀奚。元魏置密雲郡，領白檀、要陽、密雲三縣。高齊廢郡及二縣，來屬。户五千。

　　行唐縣本定州行唐縣。太祖掠定州，[5]破行唐，盡驅其民，北至檀州，擇曠土居之，凡置十寨，仍名行唐縣。隸彰愍宫。户三千。

[1]檀州：始置於唐。治所在今北京市密雲區。

[2]曹西歷白檀：是指《三國志·魏書》記載的曹操征烏丸事，但非原文。《宋書》卷二二《樂志》載《定武功曲》"今第七曲《屠柳城》，言曹公越北塞，歷白檀，破三郡烏桓于柳城也"。

[3]烏丸：古代部族名。又作"烏桓"，東胡的一支，原附匈奴，漢武帝擊敗匈奴後，始轉而附漢。建安十二年（207），曹操將

其一部分遷至中原。

[4]右北平：《畿輔通志》卷五三："右北平故城在玉田縣界，後漢置。《括地志》'漁陽縣東南七十里，右北平城。以燕山爲版築。'《水經》：鮑邱水東逕右北平郡故城南。"

[5]掠定州：神册六年（921）阿保機南下至定州救援張文禮，爲後唐莊宗李存勖所敗，並未到達遠在今河北省西南部的行唐縣。契丹掠行唐，並以所俘的行唐人在檀州僑置行唐縣，應是在太宗德光立晉及滅晉兩次南下俘掠的結果。

涿州，[1]永泰軍，上，刺史。漢高祖六年分燕置涿郡。魏文帝改范陽郡，[2]晉爲范陽國，元魏復爲郡。隋開皇二年罷郡，屬幽州，大業三年以幽州爲涿郡。唐武德元年郡廢爲涿縣，七年改范陽縣，大曆四年置涿州。石晉以歸太宗。[3]有大房山、六聘山、涿水、樓桑河、橫溝河、禮遜河、祁溝河。[4]統縣四：

范陽縣本漢涿縣，[5]唐武德中改范陽縣。有涿水、范水。戶一萬。

固安縣本漢方城縣，[6]先屬廣陽國。隋開皇九年自易州淶水縣移置，屬幽州，取漢故安縣名。唐武德四年屬北義州，徙治章信堡。貞觀二年義州廢，移今治，復屬幽州。在州東南九十里。戶一萬。

新城縣本漢新昌縣，唐大曆四年析固安縣置，後省。後唐天成四年復析范陽縣置。在州南六十里。戶一萬。

歸義縣本漢易縣地，齊併入鄚縣。唐武德五年置北義州，州廢，復置縣來屬。民居在巨馬河南僑治新城。[7]戶四千。

[1]涿州：治所在今河北省涿州市。《三朝北盟會編》政宣上帙引《茆齊自敘》，宣和四年（1122）“五月十八日晚過白溝，食時至燕界新城縣，差到契丹漢兒官一員引伴。須臾有父老數百人填擁驛外，詢使人何處來。僕遂出榜讀之，眾皆驚愕。有漢兒劉宗吉者，自後竊出，相謂云：‘使人今夕當宿涿州。宗吉，涿州人也，見隸白溝軍中，願得勅榜副本攜示諸人，他日南師入境願先開門以獻，今夕復當密至驛中。’遂攜二副本往。晚抵涿州，入小使驛，祗接如國信禮”。

[2]魏文帝：曹丕。

[3]石晉以歸太宗：【劉校】諸本均作“石晉以歸太宗祖”，衍“祖”字，今據中華點校本改。

[4]大房山：《明一統志》卷一：“大房山在房山縣西一十五里，境內諸山唯此山雄峻而秀。古碑云乃幽燕奧室，故曰‘大房山’。下有聖水泉。山西南有伏龍穴，名龍喊峪。”大房山綿亘數十里，支峰十餘處，其中有老龍窩、煙筒尖、黃山、將軍坨、栗子城、穀積山、正陽山、半壁山、大寨山、馬鞍山。其中最著名的是上房山（今上方山）、石經山。雲居寺位於今北京市西南房山區大石窩鎮水頭村，距北京市中心七十公里。雲居寺始建於隋末唐初，初名“智泉寺”，後改稱“雲居寺”，20世紀40年代毀於日軍炮火中。　六聘山：《明一統志》卷一：“在房山縣西三十里。”　涿水：《明一統志》卷一：“涿水，源自上谷涿鹿山，流至涿州北入挾河。”

[5]范陽縣：與涿州治所原爲同一地。《明一統志》卷一：“范水在涿州城西南，魏置范陽郡取此。”嘉慶《大清一統志》卷六：“明洪武初以州治范陽縣省入，屬順天府，本朝因之。”

[6]固安縣：治所在今河北省固安縣。

[7]巨馬河：即拒馬河。《明一統志》卷一：“拒馬河，在永清

縣南，自桑乾河分流至固安經縣界入三角淀；又一在房山縣。《水經》：拒馬出代郡淶山西，晉劉琨守此以拒石勒。"巨馬河南僑置的新城縣屬宋，下文容城縣亦同。

易州，[1]高陽軍，上，刺史。漢爲易、故安二縣地。[2]隋置易州，隋末爲上谷郡。唐武德四年復易州，天寶元年仍上谷郡，乾元元年又改易州。五代隸定州節度使。會同九年孫方簡以其地來附，[3]應曆九年爲周世宗所取，[4]後屬宋。統和七年攻克之，升高陽軍。[5]有易水、淶水、狼山、太寧山、白馬山。統縣三：

易縣本漢縣，故城在今縣東南六十里。齊天保七年省。隋開皇十六年，於故安城西北隅置縣，即今縣治也。户二萬五千。

淶水縣本漢道縣，[6]今縣北一里故道城是也。元魏移於故城南，即今縣置。周大象二年省。隋開皇十八年改淶水縣，[7]在州東四十里。有淶水。户二萬七千。

容城縣本漢縣，[8]先屬涿郡，故城在雄州西南。唐武德五年屬北義州，貞觀元年還本屬，聖曆二年改全忠縣，天寶元年復名容城縣，在州東八十里。户民皆居巨馬河南，僑治涿州新城縣。[9]户五千。

[1]易州：治所在今河北省易縣。

[2]易、故安二縣地：【劉校】據中華點校本校勘記，故安，原誤"安故"，據《漢書·地理志》及上文改。今從改。

[3]孫方簡：《舊五代史》卷八四《晉少帝紀》於開運三年（946）六月庚申朔載"狼山招收指揮使孫方簡叛，據狼山歸契

丹"。孫方簡用邪教組織信衆入契丹境抄掠，據《通鑑》卷二八五後晉出帝開運三年三月載："方簡時入契丹境鈔掠，多所殺獲。既而邀求不已，朝廷小不副其意，則舉寨降於契丹，請爲鄉道以入寇。時河北大饑，民餓死者所在以萬數，兖、鄆、滄、貝之間，盜賊蜂起，吏不能禁。天雄節度使杜威遣元隨軍將劉延翰市馬於邊，方簡執之，獻於契丹。延翰逃歸，六月，壬戌，至大梁，言'方簡欲乘中國凶饑，引契丹入寇，宜爲之備'。"

[4]應曆：遼穆宗年號（951—969）。　周世宗：【劉注】後周第二任皇帝柴榮的廟號。

[5]升高陽軍：本書卷一二《聖宗本紀三》載統和七年（989）春正月癸巳："諭諸軍趣易州。己亥，禁部從伐民桑梓。癸卯，攻易州，宋兵出遂城來援，遣鐵林軍擊之，擒其指揮使五人。甲辰，大軍齊進，破易州。"此事見於《續資治通鑑長編》卷二九宋太宗端拱元年（988）記載："十一月，契丹大至唐河北，將入寇。諸將欲以詔書從事，堅壁清野勿與戰。定州監軍、判四方館事袁繼忠曰：'契丹在近，今城中屯重兵而不能剪滅，令長驅深入，侵略它郡，謀自安之計可也，豈折衝禦侮之用乎！我將身先士卒，死於敵矣。'辭氣慷慨，衆皆伏。中黃門林延壽等五人猶執詔書止之，都部署李繼隆曰：'閫外之事，將帥得專焉。往年河間不即死者，固將有以報國家耳。'乃與繼忠出兵距戰。先是，易州靜塞騎兵尤驍果，繼隆取以隸麾下，留妻子城中。繼忠言於繼隆曰：'此精卒，止可令守城，萬一寇至，城中誰與捍敵？'繼隆不從，既而敵果入寇，易州遂陷，卒之妻子皆爲敵所掠。（易州陷，守將不知主名，亦不得其月日，但於此略見事跡耳，國史疏忽如此，良可惜也。）"

[6]淶水縣：治所在今河北省淶水縣。　本漢道縣：【劉校】據中華點校本校勘記，"《索隱》謂'道'當作逎，《漢志·注》：'逎，古逎字，音字由反。'《續志》亦作逎，《晉志》始作遒。"

[7]【劉校】此處"二年省隋開皇"六字原脱。據中華點校本校勘記，"北周於大象三年（581）二月爲隋所滅，無十八年。《寰

宇記》六七云，後周大象二年省遒縣入涿縣。《隋志》云，開皇元年以范陽爲遒，更置范陽於此；六年爲固安，八年廢；十年又置爲永陽，十八年改爲淶水。據補”。今從改。

[8]容城：周以瓦橋關建雄州（今河北省雄縣），容城爲該州屬縣。

[9]僑治涿州新城縣：【劉校】諸本均作“橋治涿州新城縣”，“僑”誤“橋”，今據中華點校本改。

薊州，[1]尚武軍，上，刺史。秦漁陽、右北平二郡地。隋開皇中徙治玄州總管府，[2]煬帝改漁陽郡。唐武德元年廢入幽州，開元十八年分立薊州。統縣三：

漁陽縣本漢縣，[3]屬漁陽郡。晉省，復置。元魏省。唐屬幽州，開元十八年置薊州。有鮑丘水。户四千。

三河縣本漢臨朐縣地，[4]唐開元四年析潞州置。[5]户三千。

玉田縣本春秋無終子國。[6]漢置無終縣，屬右北平郡。元魏屬漁陽郡治，省，唐武德二年復置。貞觀初省，乾封中復置。萬歲通天元年更名玉田，屬營州。開元四年還屬幽州，八年屬營州，十一年又屬幽州，十八年來屬。《搜神記》：“雍伯，[7]洛陽人，性孝，父母没葬無終山。山高八十里，上無水，雍伯置飲。人有就飲者，與石一斗，種生玉，因名玉田。”户三千。

[1]薊州：治所在今天津市薊州區。
[2]玄州：《太平寰宇記》卷七一《河北道》：“玄州，今治靜蕃縣，隋開皇初置，處契丹李去閭部。萬歲通天二年移於徐宋州安置。神龍元年復舊。今隸幽州。元領縣一，靜蕃，户唐天寶領户六

百一十八。靜蕃縣，州治所范陽縣之魯泊村。”

[3]漁陽縣：《大清一統志》卷八：“漁陽故城在密雲縣西南……《括地志》：漁陽故城在密雲縣南十八水之陽。《縣志》：漁陽故城在縣西南三十里也。”

[4]三河縣：治所在今河北省三河市。

[5]本漢臨朐（qú）縣地，唐開元四年析潞州置：中華點校本校勘記引陳漢章《索隱》云：“兩《漢志》俱無臨洵縣。唐武德二年析潞縣置臨洵。貞觀元年省。開元四年復析潞縣置三河縣，即臨洵故地。”“臨朐”係“臨洵”之誤。漢臨朐縣在今爲山東省濰坊市下轄縣。《明一統志》卷一：三河縣“本漢臨洵縣地，唐析潞縣地置三河縣，屬幽州，以地近七渡、鮑邱、臨洵三水故名”。故三河縣係“漢臨洵縣”之説亦誤。

[6]玉田縣：治所在今河北省玉田縣。

[7]雍伯：《史記·貨殖列傳》：“行賈，丈夫賤行也，而雍、樂成以饒；販脂，辱處也，而雍伯千金。”《集解》徐廣曰：“雍，一作翁。”《索隱》：“《漢書》作翁伯也。”《藝文類聚·寶玉部》引《搜神記》述雍伯故事，更詳。

景州，[1]清安軍，下，刺史。本薊州遵化縣，重熙中置。[2]户三千。

遵化縣本唐平州買馬監，爲縣來屬。

[1]景州：此爲契丹僑置。五代時，另有景州州治在今河北省東南部滄州市，屬於宋。

[2]重熙：遼興宗年號（1032—1054）。

平州，[1]遼興軍，上，節度。商爲孤竹國，春秋山戎國。秦爲遼西、右北平二郡地，漢因之。漢末，公孫度據有，[2]傳子康、孫淵，[3]入魏。隋開皇中改平州，大業初復爲郡。唐武德初改州，天寶元年仍北平郡。後唐復爲平州。太祖天贊二年取之，[4]以定州俘戶錯置其地。統州二、縣三：

盧龍縣本肥如國。[5]春秋晉滅肥，肥子奔燕，受封於此。漢、晉屬遼西郡。元魏爲郡治，兼立平州。北齊屬北平郡。隋開皇中省肥如入新昌，十八年改新昌曰盧龍。唐爲平州，後因之。戶七千。

安喜縣本漢令支縣地，[6]久廢。太祖以定州安喜縣俘戶置。在州東北六十里。戶五千。

望都縣本漢海陽縣，[7]久廢。太祖以定州望都縣俘戶置。有海陽山。縣在州南三十里。戶三千

灤州，[8]永安軍，中，刺史。本古黃洛城。[9]灤河環繞，[10]在盧龍山南。齊桓公伐山戎，[11]見山神俞鬼，即此。秦爲右北平。漢爲石城縣，後名海陽縣。漢末爲公孫度所有。晉以後屬遼西。石晉割地在平州之境。[12]太祖以俘戶置。灤州負山帶河，爲朔漢形勝之地。有扶蘇泉，甚甘美，秦太子扶蘇北築長城嘗駐此。[13]臨榆山，峰巒崛起，高千餘仞，下臨渝河。統縣三：

義豐縣本黃洛故城。黃洛水北出盧龍山，南流入於濡水。漢屬遼西郡，久廢。唐季入契丹，世宗置縣。戶四千。

馬城縣本盧龍縣地。[14]唐開元二十八年析置縣，以通水運。東北有千金冶，東有茂鄉鎮。遼割隸灤州。在州西南四十里。戶三千。

石城縣，[15]漢置，屬右北平郡，久廢。唐貞觀中於此置臨渝縣，萬歲通天元年改石城縣，在灤州南三十里，唐儀鳳石刻在焉。今縣又在其南五十里，遼徙置以就鹽官。户三千。

營州，[16]鄰海軍，下，刺史。本商孤竹國。秦屬遼西郡。漢爲昌黎郡。前燕慕容皝徙都于此。元魏立營州，領昌黎、建德、遼東、樂浪、冀陽、營丘六郡。[17]後周爲高寶寧所據。隋開皇置州，大業改遼西郡。唐武德元年改營州，萬歲通天元年始入契丹。聖曆二年僑治漁陽。開元五年還治柳城。天寶元年改曰柳城郡。後唐復爲營州。太祖以居定州俘户。統縣一：

廣寧縣，漢柳城縣，屬遼西郡。東北與奚、契丹接境。萬歲通天元年入契丹李萬榮，[18]神龍元年移幽州界，開元四年復舊地。遼改今名。户三千。

[1]平州：治所在今河北省盧龍縣。

[2]公孫度（150—204）：字升濟，遼東襄平（今遼寧省遼陽縣）人，初平元年（190）被董卓任命爲遼東太守。不久，中原亂起，公孫度趁機自立爲遼東侯、平州牧。繼則東伐高句麗，西擊烏桓，南取遼東半島，越海取膠東半島北部東萊諸縣，成爲割據遼東地區軍閥。

[3]子康：即公孫康（生卒年不詳）。爲公孫度的長子。建安九年（204）公孫度去世，公孫康繼任遼東太守，承襲父位。 孫淵：即公孫淵（？—238）。公孫度之孫、公孫康之子。太和二年（228）魏明帝拜淵爲遼東太守、大司馬，封樂浪公。淵在孫吳與曹魏之間首鼠兩端，景初元年（237）在擊敗前來討伐的毌丘儉後叛魏，自立爲燕王。次年，魏遣太尉司馬懿率軍來伐。淵大敗，並其

子爲魏俘斬。

[4]天贊：遼太祖年號（922—926）。契丹取平州的時間，據《通鑑》卷二六八《後梁紀》乾化元年（911）八月甲子，是日劉守光稱帝，"受册之日，契丹陷平州，燕人驚擾"。同書卷二七六《後唐紀》明宗天成三年（928）正月，契丹又"陷平州"。其間契丹多次南下。後唐"同光二年（924）春正月甲辰，幽州奏契丹入寇至瓦橋"。

[5]盧龍縣：治所在今河北省盧龍縣。

[6]漢令支縣：據《漢書·地理志》，遼西郡有令支縣，注："有孤竹城，莽曰令氏亭。應劭曰：故伯夷國，今有孤竹城。"

[7]望都縣：遼僑置縣。遼以所俘望都民置。另有望都縣，在今保定地區，當時屬宋。

[8]灤州：《畿輔通志》卷一三："五代時入契丹，始析置灤州永安軍，屬平州，後又置義豐縣，爲州治。"

[9]黃洛城：《明一統志》卷五："在灤州，殷時諸侯之國。"

[10]灤河：發源於河北省沽源縣，流經該省北部，至灤州市、樂亭縣分道入海。

[11]齊桓公伐山戎：《史記·五帝本記》載："北山戎、發、息慎。"《史記·齊太公世家》："二十三年，山戎伐燕，燕告急於齊，齊桓公救燕，遂伐山戎，至於孤竹而還。"《集解》："服虔曰：'山戎，北狄，蓋今鮮卑也。'何休曰：'山戎者，戎中之別名也。'"按，齊桓公二十三年爲公元前663年。山戎究竟是東夷還是北狄，其說不一。

[12]石晉割地在平州之境：【劉校】據中華點校本校勘記，"此九字衍文。按石晉割地在太宗時，灤州爲太祖以俘户置，不在十六州之内"。【李校】灤州是隸屬平州的刺史州，石晉割獻十六州之前，平州已屬契丹。故不在十六州之内。

[13]扶蘇（？—前209）：秦始皇長子，以數直諫而激怒始皇，故被派遣至上郡監蒙恬軍。三十七年（前209）始皇出游至沙丘病

甚，書召扶蘇至咸陽，實有令其準備即位之意。書未發出而始皇崩，宦者趙高與丞相李斯密不發喪，並矯詔賜扶蘇與蒙恬死，而立始皇少子胡亥。

[14]馬城縣：《畿輔通志》卷五四："馬城故城在懷安縣北，漢置縣，晉廢。《水經注》修水東南逕馬城縣故城北。《十三州志》曰馬城在高柳東二百四十里。"懷安，明屬宣府鎮，在今河北省張家口市。灤州馬城縣當亦是僑置。

[15]石城縣：舊縣名。元廢，當今河北省灤州市西南。

[16]營州：地名。歷史上有兩個營州和兩個昌黎，清代學者顧祖禹曾有明確辨析，他在《讀史方輿記要》卷一七中説："漢置交黎縣，屬遼西郡。後漢改曰昌黎，其地在今廢營州境。五代梁末，契丹以定州俘户置廣寧縣於故柳城縣，兼置營州鄰海軍。金大定二十九年，改爲昌黎縣。"前一"廢營州"即治所設在柳城（今遼寧省朝陽市）的營州，昌黎是其下轄的郡。"今縣界"是指清以後的昌黎，即今河北省昌黎縣，五代梁以後的營州、廣寧縣（昌黎縣）都在這裏，而不在遼西柳城（今遼寧省朝陽市）。唐以前營州治柳城，而遼代營州在今河北省昌黎縣。契丹興起以後，唐逐漸放棄營州所在的柳城，這一過程是從武后時期開始的，從阿保機在柳城建霸州彰武軍起，以柳城爲治所的營州就徹底廢棄了。本卷所載"營州鄰海軍"一段文字，"後唐"以前，講的都是以柳城爲治所的營州。"後唐復爲營州"是説以今河北省昌黎縣爲營州，因爲此時柳城早已在契丹治下，並已成爲霸州彰武軍的治所了。"後唐復爲營州。太祖以居定州俘户。統縣一：廣寧縣。"這説的是以今昌黎縣爲治所的營州和廣寧縣。這個廣寧縣，"大定二十九年以與廣寧府重，改曰昌黎"。中華點校本卷四〇校勘記〔二〇〕説："廣寧縣漢柳城縣，《拾遺》云，漢當作唐。《元豐九域志》：'河北路營州下都督柳城郡，領羈縻四州，柳城一縣。'漢柳城在中京道。《索隱》謂自此以下至'復舊地'，應移入中京道興中縣下。"阿保機以定州俘户置廣寧縣，是在今昌黎縣境内，而這一地區如前所述，唐時

曾在這裏僑置柳城縣。明確這一點，就可以知道，這個廣寧縣是在唐僑置柳城縣故址設立的，是遼營州唯一屬縣，其地也就是今昌黎縣，是不應移入中京道的。

[17]冀陽：【劉注】中華點校本校勘記云，"冀"原誤"翼"，據《魏書·地形志》《隋書·地理志》改。今從改。

[18]李萬榮：【劉注】中華點校本校勘記云，"榮"原誤"營"，據《世表》及《舊唐書》卷一九九、《新唐書》卷二一九《契丹傳》改。今從改。

（李錫厚注　劉鳳翥校）

遼史　卷四一

志第十一

地理志五

西京道

西京大同府，陶唐冀州之域，[1]虞分并州，[2]夏復屬冀州。周《職方》：正北曰并州。[3]戰國屬趙，武靈王始置雲中郡，[4]秦屬代王國，[5]後爲平城縣，魏屬新興郡，晉仍屬鴈門。劉琨表封猗盧爲代王，[6]都平城，元魏道武於此遂建都邑。[7]孝文帝改爲司州牧，[8]置代尹，遷都洛邑，改萬年，又置恒州。[9]高齊文宣帝廢州爲恒安鎮，[10]今謂之東城，尋復恒州。周復恒安鎮，改朔州。隋仍爲鎮。唐武德四年置北恒州，[11]七年廢。貞觀十四年移雲中定襄縣於此。[12]永淳元年默啜爲民患，[13]移民朔州。開元十八年置雲州，[14]天寶元年改雲中郡，[15]乾元元年曰雲州。[16]乾符三年大同軍節度使李國昌子克用爲雲中守捉使，[17]殺防禦使，據州以聞。僖宗赦克用，以國昌爲大同軍防禦使，不受命。廣明元年李琢攻國昌，[18]國昌兵敗，與克用奔北地。黃巢入京師，詔發代北軍，尋赦國昌使討賊。克用率三萬五千騎而南，收京師，功第一，國昌封隴西郡王。國昌卒，克用取雲州。[19]既而所向失利，乃卑詞厚禮與太祖會于雲州之東城，[20]謀大舉兵攻梁，不果。克用子存勗滅梁，[21]是爲唐莊宗。同光復以雲州爲大同軍節度使。[22]

[1]陶唐：據《史記·五帝本紀》："帝堯爲陶唐。"《集解》："韋昭曰：陶唐皆國名，猶湯稱殷商矣。張晏曰：堯爲唐侯國，於中山唐縣是也。"《漢書·地理志》"冀州既載"，師古曰："兩河閒曰冀州。載，始也。冀州，堯所都，故禹治水自冀州始也。"按，是唐堯都冀，而非都幽。禹治水之後，舜始分冀爲幽，堯時豈有"幽都"！

[2]虞分并州：《尚書·舜典》"傳"曰："禹治水之後，舜分冀州爲幽州、并州，分青州爲營州，始置十二州。"虞，有虞氏。《史記·五帝本紀》："帝舜爲有虞。"《集解》："皇甫謐曰：舜嬪於虞，因以爲氏。今河東大陽西山上虞城是也。"

[3]正北曰并州：見《周禮·夏官·職方氏》。

[4]武靈王始置雲中郡：據《漢書·地理志》："雲中郡，秦置，莽曰'受降'，屬并州。"

[5]秦屬代王國：據《漢書·陳勝項籍列傳》，秦末楚漢相爭之際，"陳餘迎故趙王歇反之趙，趙王因立餘爲代王"。

[6]猗盧：《通鑑》卷八二晉惠帝元康五年（295）載："拓跋祿官分其國爲三部：一居上谷之北，濡源之西，自統之；一居代郡參合陂之北，使兄沙漠汗之子猗㐌統之；一居定襄之盛樂故城，使猗㐌弟猗盧統之。猗盧善用兵，西擊匈奴、烏桓諸部，皆破之。代人衛操與從子雄及同郡箕澹往依拓跋氏，說猗㐌、猗盧招納晉人，猗㐌悅之，任以國事，晉人附者稍衆。"

[7]元魏道武：即拓跋珪，史稱北魏道武帝，廟號太祖，鮮卑人，拓跋部首領什翼犍之孫。登國元年（386）復立代國，即代王位於牛川，不久改稱魏王。皇始三年（398），確定國號爲“魏”，將國都從盛樂城遷到平城，即皇帝位。天賜六年（409），清河王拓跋紹發動宮廷政變，遇弒身亡。

[8]孝文帝：即拓跋宏，後改名元宏。獻文帝拓跋弘長子。北魏第七位皇帝。471年至499年在位。在位期間確立三長制，實行均田；遷都洛陽，全面改革鮮卑舊俗，推動北方各民族人民的融合和發展。

[9]恒州：《魏書》卷一〇六上《地形志二上》：“恒州，天興中置司州，治代都平城。太和中改。孝昌中陷。天平二年置，寄治肆州秀容郡城。”按，遷都洛陽，司州治鄴城，原司州改恒州。

[10]高齊文宣帝：高洋，北齊神武帝高歡次子。東魏武定八年（550），迫東魏孝靜帝禪位，遂登基稱帝，改國號爲齊，史稱北齊。550年至559年在位。

[11]武德：唐高祖年號（618—626）。　唐武德四年置北恒州：【劉校】據中華點校本校勘記，“按《新唐書·地理志》作武德元年置。《舊唐書·地理志》作武德六年”。

[12]貞觀：唐太宗年號（627—649）。

[13]永淳：唐高宗年號（682—683）。　默啜：突厥骨篤禄可汗之弟，武后延載元年（694）即位爲可汗。

[14]開元：唐玄宗年號（713—741）。　開元十八年置雲州：【劉校】據中華點校本校勘記，“雲州，原誤‘雲中州’。據《新唐書·地理志》改。《舊唐書·地理志》作開元二十年”。今從改

[15]天寶：唐玄宗年號（742—756）。　雲中郡：《新唐書》卷三九《地理志》：“雲州雲中郡，下，都督府。貞觀十四年自朔州北定襄城徙治定襄縣，永淳元年爲默啜所破，徙其民於朔州。開元十八年復置。”

[16]乾元：唐肅宗年號（758—759）。

[17]乾符：唐僖宗年號（974—979）。　克用：李克用（856—908）。沙陀部人，朱邪赤心（漢名李國昌）之子。早年因參與鎮壓黃巢起義，爲唐朝攻破長安，而被任命爲河東節度使。後進封晉王。曾長期與朱溫交戰。克用死後，其子存勗在後梁龍德三年（923）建立後唐，追尊克用爲太祖。

[18]廣明：唐僖宗年號（880—881）。

[19]克用取雲州：【劉校】“州”原誤“南”，中華點校本據《太祖紀》及《新五代史》卷四改。今從改。

[20]與太祖會于雲州之東城：此即雲州會盟。據《通鑑》卷二六六後梁太祖開平元年（907）載：“是歲，阿保機帥衆三十萬寇雲州，晉王與之連和，面會東城，約爲兄弟，延之帳中，縱酒，握手盡歡，約以今冬共擊梁。或勸晉王：‘因其來，可擒也’。王曰：‘仇敵未滅而失信夷狄，自亡之道也。’阿保機留旬日乃去，晉王贈以金繒數萬。阿保機留馬三千匹，雜畜萬計以酬之。阿保機歸而背盟，更附于梁，晉王由是恨之。”關於阿保機背盟的原因，據《新五代史》卷七二《四夷附録第一》記載，阿保機爲了求得已稱帝的朱梁對自己的“封册”，故背棄與晉王李克用的盟約：“既歸而背約，遣使者袍笏梅老聘梁。梁遣太府卿高頎、軍將郎公遠等報聘。逾年，頎還，遣使者解里隨頎，以良馬、貂裘、朝霞錦聘梁，奉表稱臣以求封册。梁復遣公遠及司農卿渾特以詔書報勞，別以紀事賜之，約共舉兵滅晉，然後封册爲甥舅之國，又使以子弟三百騎人衛京師。克用聞之，大恨。克用病，臨卒，以一箭屬莊宗，期必滅契丹。渾特等至契丹，阿保機不能如約，梁亦未嘗封册。而終梁之世，契丹使者四至。”根據以上記載可知，雲州會盟原約是雙方共同進攻後梁。阿保機於會盟後，即背盟附梁，進攻晉王的盟友劉仁恭。

[21]存勗滅梁：指李存勗滅後梁。907年朱溫代唐稱帝，建都汴（今河南省開封市），國號梁，史稱後梁，有今河南、山東兩省和陝西、山西、河北、寧夏、湖北、安徽、江蘇各一部分，共歷三

帝十七年。923 年爲李存勗之後唐所滅。

　　[22]同光：後唐莊宗年號（923—925）。

　　晉高祖代唐，以契丹有援立功，割山前、代北地爲賂，[1]大同來屬，因建西京。敵樓、棚櫓具，廣袤二十里。門，東曰迎春，南曰朝陽，西曰定西，北曰拱極。元魏宮垣占城之北面，雙闕尚在。[2]遼既建都，用爲重地，非親王不得主之。清寧八年建華嚴寺，[3]奉安諸帝石像、銅像。又有天王寺，留守司衙南曰西省。[4]北門之東曰大同府，北門之西曰大同驛。初爲大同軍節度，重熙十三年升爲西京，[5]府曰大同。

　　[1]山前：石敬瑭割讓給契丹的十六州地，分爲山前、山後兩部分。山前是指幽、薊、嬴、莫、涿、澶、順七州，是中原防範北方游牧民族南下的一道天然屏障，軍事上極爲重要。　代北：唐河東道代北軍，又稱雁門軍，治代州（今山西省代縣），領代、忻二州。石晉割獻契丹的十六州中的山後九州：媯、儒、新、武、雲、應、朔、寰、蔚，不屬於代北。

　　[2]元魏宮垣之雙闕：宮門、城門兩側的高臺，中間有道路，臺上起樓觀。《山西通志》卷五八："元魏之平城即漢鴈門郡之平城縣也。"

　　[3]華嚴寺：據《山西通志》卷一六九，華嚴寺"在［大同縣］西門內，遼建。內有南北閣、東西廊。北閣下銅、石像數尊。中石像五，男三、女二；銅像六，男四女二。內一銅人袞冕，帝王之像，垂足而坐，餘皆巾幀常服危坐。相傳遼帝后像。金（遼）重熙七年建薄伽教藏於殿東南"。

　　[4]西省：官府名。即遼西京的中書省。明代彭大翼撰《山堂

肆考》卷四四載“門下尚書省爲左省，中書省爲右省，又謂之西省”。

[5] 重熙：遼興宗年號（1032—1054）。

統州二、縣七：

大同縣本大同川地。重熙十七年西夏犯邊，[1] 析雲中縣置。户一萬。

雲中縣，趙置。沿革與京府同。户一萬。

天成縣本極塞之地。[2] 魏道武帝置廣牧縣，唐武德五年置定襄縣，遼析雲中置。在京北一百八十里。户五千。

長青縣本白登臺地。[3] 冒頓單于縱精騎三十餘萬圍漢高帝於白登七日，即此。遼始置縣，有青陂。梁元帝《橫吹曲》云：[4] “朝跋青陂，暮上白登。”[5] 在京東北一百一十里。户四千。

奉義縣本漢陶林縣地。[6] 後唐武皇與太祖會此。遼析雲中置。户三千。

懷仁縣本漢沙南縣。[7] 元魏葛榮亂，[8] 縣廢，隋開皇二年移雲内于此。[9] 大業二年置大利縣，[10] 屬雲州，改屬定襄郡。隋末陷突厥。[11] 李克用敗赫連鐸，[12] 駐兵於此。遼改懷仁。在京南六十里。户三千。

懷安縣本漢夷輿縣地。[13] 歷魏至隋爲突厥所據。唐克頡利，[14] 縣遂廢爲懷荒鎮。高勳鎮燕，[15] 奏分歸化州文德縣置。[16] 初隸奉聖州，後來屬。在州西北二百八十里。户三千。

弘州，[17] 博寧軍，下，刺史。東魏靜帝置北靈丘縣。唐初地陷突厥，開元中置横野軍安邊縣，天寶亂廢，後爲襄陰村。統和中以寰州近邊，[18]爲宋將潘美所破，廢之，乃於此置弘州，初軍曰永寧。有桑乾河、白道泉、白登山，[19]亦曰火燒山，有火井。統縣二：

永寧縣户一萬。[20]

順聖縣本魏安塞軍，[21]五代兵廢。高勳鎮幽州，奏景宗分永興縣置。[22]初隸奉聖州。在州西北二百八十里。户三千。

德州，下，刺史。唐會昌中以西德店置德州。開泰八年以漢户復置。[23]有步落泉、金河山、野狐嶺、白道阪。縣一：

宣德縣本漢桐過縣地，[24]屬雲中郡，後隸定襄郡，漢末廢。高齊置紫阿鎮。唐會昌中置縣。[25]户三千。

[1]西夏：即夏國（1038—1227），是以党項民族爲主體建立的政權。公元1038年元昊叛宋稱帝，建立大夏王朝，傳十代，至1227年爲蒙古所滅。元昊稱帝以前，作爲北宋境内的地方割據政權，已經具有獨立性。故遼亦稱之爲夏國或西夏。

[2]天成縣：治所在今山西省天鎮縣。【劉校】據中華點校本校勘記，《金史·地理志》作"天城縣"。

[3]長青縣：治所在今山西省陽高縣。【劉校】據中華點校本校勘記，"長青縣，《兵衛志》下同。《遼文匯續編·董匡信墓誌》《金史·地理志》並作'長清縣'"。

[4]横吹曲：《樂府詩集》卷二一："横吹曲，其始亦謂之'鼓吹'，馬上奏之，蓋軍中之樂也。北狄諸國皆馬上作樂，故自漢已來北狄樂總歸鼓吹署，其後分爲二部：有簫笳者爲鼓吹，用之朝會、道路，亦以給賜。漢武帝時南越七郡皆給鼓吹是也；有鼓角者

爲横吹，用之軍中，馬上所奏者是也。”

[5]暮上白登：《樂府詩集》卷二三有梁元帝《關山月》一首：“朝望清波道，夜上白登臺。月中含桂樹，流影自徘徊。寒沙逐風起，春花犯雪開，夜長無與晤，衣單誰爲裁。”宋人潘自牧《記纂淵海》卷二四《郡縣部·雲中府路》作“朝跋青陂道，暮上白登臺”。

[6]奉義縣：嘉慶《大清一統志》卷一四六《大同府》：“奉義故城在大同縣北，遼置縣，金省爲鎮。” 漢陶林縣：嘉慶《大清一統志》卷一四六《大同府》：“按漢陶林縣屬雲中郡，爲東部，在今朔平府北塞外，非今大同縣境，遼志誤。”

[7]懷仁縣：治所在今山西省懷仁市。

[8]葛榮（？—528）：鮮卑族。初爲懷朔鎮將，後加入鮮于修禮起義軍，成爲領袖，自稱天子，國號大齊。曾佔據河北廣大地區，擁衆數十萬。永安元年（528）在相州滏口之戰中，敗於爾朱榮，被俘遇害。

[9]開皇：隋文帝年號（581—600）。

[10]大業：隋煬帝年號（605—617）。

[11]突厥：古代族名。曾建立强大的突厥汗國，公元6世紀分裂爲東西兩汗國。當阿保機建立契丹王朝時，突厥汗國早已滅亡。這裏所謂“突厥”可能是指東突厥汗國的餘部。

[12]赫連鐸：原爲吐谷渾酋長。唐末因功授雲州刺史、大同軍防禦使。昭宗大順二年（891），李克用攻破雲州，赫連鐸逃入吐谷渾，後被李克用攻殺。

[13]懷安縣：治所在今河北省懷安縣。

[14]頡利：指頡利可汗（579—634）。姓阿史那氏，啓民可汗之子。公元620年，繼其兄處羅爲可汗而成爲東突厥可汗。唐初爲患北部邊境。貞觀四年（630）爲李靖所俘。

[15]高勳（？—978）：字鼎衛。初仕後晉爲閣門使。會同九年（開運二年，946）隨杜重威降遼，後北遷。世宗即位，爲樞密

使，總漢軍。穆宗應曆間，封趙王，任上京留守、南京留守。景宗即位，以定策功，封秦王。後謀殺蕭思温事發伏誅。本書卷八五有傳。

[16]歸化州：即武州。治所在今河北省張家口市宣化區。

[17]弘州：見注[20]"永寧縣"。

[18]統和：遼聖宗年號（983—1010）。

[19]桑乾河：源出山西省馬邑縣，遼西京大同府近桑乾河上游，故聖宗獵於此。

[20]永寧縣：清《畿輔通志》卷一四："西寧縣，本漢陽原縣，屬代郡。後漢省。東魏置北靈邱郡，北齊省。唐開元中置橫野軍，天寶後廢。遼統和中置永寧縣，兼置弘州永寧軍，後改博寧軍，屬西京道。金亦曰弘州，改軍曰保寧，尋廢。大定七年改縣曰襄陰。元至元中以襄陰縣省入州，屬大同路。明初州廢，天順四年，於故順聖縣築順聖川東城，於此築順聖川西城，俱屬萬全都指揮使司。本朝初屬蔚州衛，康熙三十二年改置西寧縣，以東城併入，屬宣化府。"

[21]順聖縣：見注[20]"永寧縣"。

[22]奏景宗分永興縣置：【劉校】據中華點校本校勘記，"據《紀》應曆十三年正月、卷八五《高勳傳》及《金史·地理志》，景宗應作穆宗"。

[23]開泰：遼聖宗年號（1012—1020）。

[24]宣德縣：治所在今山西省左雲縣。據《山西通志》卷五八："左雲縣宣寧城，金《志》'本遼德州昭聖軍宣德縣'。"

[25]唐會昌中置縣：中華點校本校勘記引本書卷一六《聖宗本紀七》云，"開泰八年十一月，置雲州宣德縣"，並稱新、舊《唐書·地理志》無宣德縣"。此説似是而非。《舊唐書》卷三九《地理志二》："開元二十年，與州復置。仍改定襄爲雲中縣。"即遼宣德縣在唐時稱爲雲中縣。"唐會昌中置縣"非謂置宣德縣，故不應在兩《唐書》中搜索宣德縣。

豐州，[1]天德軍，[2]節度使。秦爲上郡北境，漢屬五原郡。地磧鹵，少田疇。自晉永嘉之亂，[3]屬赫連勃勃。[4]後周置永豐鎮。[5]隋開皇中升永豐縣，改豐州。大業七年爲五原郡。義寧元年太守張遜奏改歸順郡。唐武德元年爲豐州總管府，六年省，遷民於白馬縣，[6]遂廢。貞觀四年分靈州境置豐州都督府，[7]領蕃户。天寶初改九原郡。乾元元年復豐州，後入回鶻。[8]會昌中克之，[9]後唐改天德軍。太祖神册五年攻下，[10]更名應天軍復爲州。[11]有大鹽濼、九十九泉、没越濼、古磧口、青塚即王昭君墓。[12]兵事屬西南面招討司。[13]統縣二：

富民縣本漢臨戎縣，[14]遼改今名。户一千二百。

振武縣本漢定襄郡盛樂縣。[15]背負陰山，[16]前帶黃河。元魏嘗都盛樂，即此。唐武德四年克突厥，建雲中都督府。麟德三年改單于大都督府，[17]聖曆元年又改安北都督。[18]開元七年割隸東受降城，[19]八年置振武軍節度使，會昌五年爲安北都護府。[20]後唐莊宗以兄嗣本爲振武節度使。[21]太祖神册元年伐吐渾還，[22]攻之，盡俘其民以東，唯存鄉兵三百人防戍，後更爲縣。

[1]豐州：乾隆《大清一統志》卷一二四："豐州故城今托克托城，即遼豐州地，本漢定襄郡地。遼置豐州天德軍，治富民縣，屬西京道。金因之，元至元四年省縣入州，屬大同路，明初廢。《大同府志》：豐州富民城在府西北五百里，近葫蘆海。按遼金時豐州州治在今歸化城地西，去隋唐豐州八百餘里。《遼史·地理志》誤襲舊文，謂即隋唐豐州，《元史》從之，殊爲失考。《遼史》又云本漢五原郡地。今考漢五原郡在黃河北，遼豐州與大同接壤，乃漢

定襄郡地。《遼史》以隋唐豐州有五原之名，遂謂即漢之五原郡。"

[2]天德軍：即豐州。遼太祖阿保機於神册五年（920）平党項，此地更名爲應天軍，遼另有天德軍。

[3]永嘉之亂：是指西晉懷帝永嘉間（307—312）的内亂，此後晉室南渡，喪失了對北方的統治。

[4]赫連勃勃：匈奴鐵弗部人，其父劉衞辰於公元407年建立夏國，自稱大單于，定都統萬城（今陝西省靖邊縣北）。赫連勃勃即位後，曾一度攻取長安。

[5]後周（951—960）：五代之一。郭威所建。都開封。盛時疆域約爲今山東、河南兩省，陝西、安徽、江蘇等省的大部，河北南部、湖北北部及内蒙古、寧夏、甘肅、山西等省區的一部分。歷三帝（二姓），共十年。

[6]白馬縣：《元和郡縣誌》卷三："本漢鬱郅縣地，後魏於今縣理（注書者按：此避唐高宗諱，'縣理'即縣治，縣城是也）置朔州，隋開皇中改置合水縣，武德六年移豐州户住此，仍分合水縣置白馬縣，以西臨白馬川水爲名。天寶元年改名延慶縣。"

[7]靈州：治所在今寧夏回族自治區靈武市。據《宋史》卷四八五《夏國傳》，咸平五年（遼統和二十年，1002）三月，李繼遷大集蕃部，攻陷靈州，以爲西平府。

[8]回鶻：古代民族名。即回紇。本突厥別部。北魏時稱袁紇，亦曰烏護、烏紇，至隋稱韋紇。大業元年（605）因反抗突厥的壓迫，與僕固、同羅、拔野古等成立聯盟，總稱回紇。唐天寶三載（744）破東突厥，建政權於今鄂爾渾河流域，有今蒙古高原之地。唐時助平安史之亂，屢尚公主。唐貞元四年（788）自請改稱回鶻。開成五年（840）爲黠戛斯所破，部衆分三支西遷：一支遷吐魯番盆地，稱高昌回鶻或西州回鶻；一支遷蔥嶺以西楚河一帶，即蔥嶺以西回鶻；一支遷河西走廊，稱河西回鶻。歷五代遼金，回鶻皆嘗入貢。元明時稱畏吾兒。其族在唐時奉摩尼教，宋元以來改奉伊斯蘭教。

[9]會昌：唐武宗年號（841—846）。

[10]神册：遼太祖耶律阿保機年號（916—922）。

[11]更名應天軍復爲州：【劉校】據中華點校本校勘記，“按《金史‧地理志》豐州天德軍，遼嘗更名應天，尋復”。

[12]九十九泉：【劉注】又稱百泉嶺，位於今內蒙古自治區卓資縣北二十里。　青塚：即王昭君墓，位於今內蒙古自治區呼和浩特市南。

[13]西南面招討司：契丹軍事機構名。設招討使一人，駐西京大同，負責對西夏的防務。

[14]臨戎縣：據《漢書‧地理志》，臨戎縣屬朔方郡。

[15]盛樂縣：治所在今內蒙古自治區呼和浩特市。歷史上有兩個盛樂城。乾隆《大清一統志》卷一二四《歸化城》考證甚詳：“盛樂故城，在歸化城（呼和浩特）南，漢置成樂縣，爲定襄郡治。後漢建武十年省，後移定襄郡治善無，以縣屬雲中郡，漢末廢。章懷太子曰：‘定襄故城在今勝州界，後魏之初建都於此。’《通鑑》魏甘露三年，鮮卑拓跋力微始遷於定襄之盛樂。晉建興元年，猗盧城盛樂，以爲北都。咸康六年，什翼犍始都雲中之盛樂宮。太元十一年，代王珪徙居定襄之盛樂，二十年珪還雲中之盛樂。[胡三省]注：盛樂，《前漢書》作成樂，屬定襄；《後漢書》作盛樂，屬雲中。疑定襄之成樂即雲中之盛樂也。然《魏書》帝什翼犍三年移都於雲中之盛樂，明年築盛樂於故城南八里，則已非後漢之盛樂。疑定襄之盛樂乃前漢之成樂。城雲中之盛樂，乃後漢之故城也。蓋建武之初，匈奴侵擾，民悉內徙，其後掃地更爲必有非其故處者。”

[16]陰山：崑崙山的西北支。西起河套西北，向東綿亘於內蒙古、河北等省區，與內興安嶺相接。該山脈隨地易名，此所謂“陰山”，應是指內蒙古自治區境內的大青山。

[17]麟德：唐高宗年號（664—665）。　改單于大都督府：【劉校】據中華點校本校勘記，“《索隱》：‘督，當作護。’新、舊

《唐書·地理志》並作‘龍朔三年置雲中都護府，麟德元年改爲單于大都護府’”。

[18]聖曆：武后年號（698—699）。

[19]東受降城：唐軍戍名。唐朝爲防止突厥、回鶻襲撓而設，治所在今內蒙古自治區托克托縣大皇城遺址。乾隆《大清一統志》卷一二四：“東受降城，在托克托城地，黃河東岸。唐景龍二年張仁願築。《元和志》：東受降城，本漢雲中郡地，在榆林縣東北八里，今屬振武節度。東北至單于都護府一百二十里，東南至朔州四百里，西至中受降城三百里，北至磧口八百里。《唐書·地理志》寶應元年節度使張惟清以東城濱河，徙至綏遠烽南。《元史·地理志》即今東勝州是也。《大同府志》在府西北五百里。”

[20]會昌五年爲安北都護府：【劉校】據中華點校本校勘記，“《索隱》：‘案《方鎮表》會昌三年改。’”

[21]嗣本：李嗣本，後唐振武節度使。振武軍治所在蔚州（今河北省蔚縣）。後文李嗣本爲契丹所擒，當是在蔚州，而非朔州。據《舊五代史》卷二八《唐莊宗紀》載：“是月，契丹入蔚州，振武節度使李嗣本陷於契丹。”另據《舊五代史》卷一二七載：“天祐十三年八月，阿保機率諸部號稱百萬，自麟、勝陷振武，長驅雲、朔，北邊居擾，莊宗赴援於代，敵衆乃退。”契丹雖然一開始取得了勝利，但最後還是被李存勗擊退了。

[22]吐渾：古代部族名。即吐谷渾。據《新五代史》卷七四《四夷附錄第三》，吐渾“自後魏以來，名見中國，居於青海之上。當唐至德中，爲吐蕃所攻，部族分散，其內附者，唐處之河西。其大姓有慕容、拓拔、赫連等族。懿宗時，首領赫連鐸爲陰山府都督，與討龐勛，以功拜大同軍節度使。爲晉王所破，其部族益微，散處蔚州界中”。“晉高祖立，割鴈門以北入於契丹，於是吐渾爲契丹役屬，而苦其苛暴”。另據《五代會要》卷二八《吐渾》：“至開運中，捍虜（契丹）於澶州”，“其族白可久，名在承福之亞，因牧馬率本帳北遁，契丹授以官爵，復遣潛誘承福。承福亦思叛去，

事未果，漢高祖知之，乃以兵環其部族，擒承福與其族白鐵櫃、赫連海龍等五家，凡四百有餘人，伏誅。籍其牛馬，命別部長王義宗統其餘屬。"

雲内州，[1]開遠軍，下，節度。本中受降城地，[2]遼初置代北雲朔招討司，改雲内州。清寧初升。[3]有威塞軍、古可敦城、大同川、天安軍、永濟柵、安樂戍、拂雲堆。[4]兵事屬西南面招討司。縣二：

柔服縣。

寧人縣。[5]

[1]雲内州：治所在今内蒙古自治區托克托縣古城鎮白塔古城遺址。乾隆《大清一統志》卷一〇九："雲内故城，在懷仁縣西南五十里。"但據陳得芝考證，應在天德軍以東，大黑河下游，即《古豐識略》所記歸化城西南八十里西白塔古城。據《山西通志》卷一七七《雲内州考》：唐於雲中郡置都督府，後改橫塞軍，又移天德軍，即中受降城地。遼初爲開遠軍，置代州北，雲朔招討。道宗清寧初改雲内州，雲内州之名始此。領柔服、寧人二縣，有威塞軍、古可敦城、大同川、天安軍、永濟柵、安樂戍、拂雲堆，在黃河東。西壖金仍爲雲内州領柔服、雲川二縣及寧人鎮。元廢雲川縣，設録事司。至正四年省司，縣入州。按《朔平誌》謂今歸化城西南托克托城北有舊城址，古塔石柱刻"金正隆中雲内州録事司郭説字"云。

[2]中受降城：據乾隆《大清一統志》卷四〇九，中受降城在烏喇忒前、中、後三旗，在歸化城（呼和浩特）西三百六十里，即"唐景龍二年張仁願於河外築三受降城，此爲中受降城地"。

[3]清寧：遼道宗年號（1055—1064）。

[4]可敦城：即鎮州。故址在今蒙古國布爾干省青托羅蓋古城。

陳得芝《耶律大石北行史地雜考》（《歷史地理》第二輯）説，遼朝統治漠北屬部的最高軍政機構是西北路招討司（又稱西北路都招討司），遼聖宗統和十二年（994）因西北"阻卜"諸部作亂，以蕭撻凛爲西北路招討使，命隨皇太妃（齊王妃）出征，"屯西鄙臚駒兒河，西捍韃靼，盡降之"。蕭撻凛鑒於達旦諸部叛服不常，上表乞建三城以鎮之。統和二十二年（1004）三城完工，設置鎮、防、維三州。　大同川：【劉校】據中華點校本校勘記，"川"原作"州"。據下文及《新唐書·地理志》改。今從改。

[5]寧人縣：【劉校】據中華點校本校勘記，"按即寧仁縣。《紀》開泰六年七月以西南路招討請，置寧仁縣於勝州。此隸雲内，或是以後改屬。《金史·地理志》雲内州有寧仁舊縣"。

天德軍本中受降城。[1]唐開元中廢橫塞軍，置天安軍於大同川。乾元中改天德軍，移永濟柵，今治是也。太祖平党項，[2]遂破天德，盡掠吏民以東，後置招討司，漸成井邑，乃以國族爲天德軍節度使。有黃河、黑山峪、廬城、威塞軍、秦長城、唐長城，又有牟那山，鉗耳觜城在其北。

[1]天德軍：此爲遼將唐天德軍東移後之天德軍。
[2]党項：中國古代族名。又稱党項羌，唐以後主要活動於靈、慶、銀、夏等州，即今甘肅、寧夏、陝西和内蒙古等省區交界地區。

寧邊州，鎮西軍，下，刺史。本唐隆鎮，遼置。兵事屬西南面招討司。

奉聖州，武定軍，上，節度。本唐新州。[1]後唐置團練使，總山後八軍，[2]莊宗以弟存矩爲之。軍亂，殺存矩于祁州，[3]擁大將盧文進亡歸。[4]太祖克新州，莊宗遣李嗣源復取之。[5]同光二年升威塞軍。[6]石晉高祖割獻，太宗改升。有兩河會、溫泉、龍門山、涿鹿山。東南至南京三百里，西北至西京四百四十里。兵事屬西京都部署司。統州三、縣四：

永興縣本漢涿鹿縣地，[7]黃帝與蚩尤戰于此。户八千。

礬山縣本漢軍都縣。[8]山出白綠礬，故名。有礬山、桑乾河。在州南六十里。户三千。

龍門縣，[9]有龍門山，石壁對峙，高數百尺，望之若門。徼外諸河及沙漠潦水，皆於此趣海。雨則俄頃水踰十仞，晴則清淺可涉，實塞北控扼之衝要也。在州東北二百八十里。户四千。

望雲縣本望雲川地。[10]景宗於此建潛邸，因而成井肆。穆宗崩，景宗入紹國統，號御莊。後置望雲縣，直隸彰愍宮，[11]附庸于此。在州東北二百六十里。户一千。

歸化州，[12]雄武軍，上，刺史。本漢下洛縣。元魏改文德縣。唐升武州，僖宗改毅州。後唐太祖復武州，明宗又爲毅州，潞王仍爲武州。晉高祖割獻于遼，改今名。有桑乾河、會河川、愛陽川、炭山又謂之陘頭，[13]有涼殿，承天皇后納涼於此。[14]山東北三十里有新涼殿，景宗納涼於此，唯松棚數陘而已。斷雲嶺，極高峻，故名。州西北至西京四百五十里。統縣一：

文德縣本漢女祁縣地。元魏置。户一萬。

可汗州，[15]清平軍，下，刺史。本漢潘縣，元魏廢。北齊置北燕郡，[16]改懷戎縣。隋廢郡，屬涿郡。唐武德中復置北燕州，縣仍舊。貞觀八年改媯州。五代時，奚王去諸以數千帳徙媯州，[17]自別爲西奚，號可汗州，太祖因之。有媯泉在城中，相傳舜嬪二女於此。又有温泉、版泉、磨笄山、雞鳴山、喬山、歷山。統縣一：

懷來縣本懷戎縣，[18]太祖改。户三千。

儒州，[19]縉陽軍，中，刺史。唐置。後唐同光二年隸新州，太宗改奉聖州，仍屬。有南溪河、沽河、宋王峪、桃峪口。統縣一：

縉山縣本漢廣寧縣地，唐天寶中割媯川縣置。户五千。

[1]唐新州：指奉聖州。治所在今河北省涿鹿縣。漢縣，唐光啓中改置新州。

[2]山後八軍：神册元年（916）十二月阿保機“收山北八軍”，是遼有漢軍之始。“山北”又稱“山後”，包括燕雲十六州中的新、媯、儒、武、雲、應、寰、朔、蔚九州。阿保機收編的“山北八軍”是原屬後唐莊宗李存勖在這一地區的八個軍鎮，其統帥是新州團練使李存矩。李存勖與梁爭天下，調存矩發山北兵南下擊梁，於是山北空虛。阿保機乘虛而入，並利用存矩手下一將領盧文進發動叛亂之機，收編了這支軍隊。《新五代史》卷七二《四夷附録第一》載：“莊宗天祐十三年，阿保機攻晉蔚州，執其振武節度使李嗣本。是時，莊宗已得魏博，方南向與梁爭天下，遣李存矩發山北兵。存矩至祁溝關，兵叛，擁偏將盧文進擊殺存矩，亡入

契丹。”

[3]祁州：【劉校】據中華點校本校勘記，《新五代史》卷四八及《通鑑》並作“祁溝關”。

[4]盧文進亡歸：盧文進，字國用。他投降契丹是在神冊二年二月，此處所記“盧國用來降”與神冊二年二月所記“晉新州裨將盧文進殺節度使李存矩來降”爲同一件事。

[5]李嗣源：李克用養子。因屢建戰功，爲宣武軍節度使，兼蕃漢内外馬步軍總管。後唐莊宗李存勗當面許諾“天下與爾共之”。同光元年（923）拜中書令。以名位高，見疑忌。天成元年（926），趙在禮反於魏，嗣源奉命討除，與叛軍合，南下入汴州。莊宗在洛陽爲亂軍所殺。嗣源隨即入洛陽，即位。更名亶，是爲後唐明宗。卒於長興四年（933）。

[6]同光：後唐莊宗年號（823—825）。 升威塞軍：【劉校】據中華點校本校勘記，《通考》卷三一六作“威勝軍”。

[7]漢涿鹿縣：屬於上谷郡。遼永興縣應在今河北省涿鹿縣，屬張家口地區。

[8]礬山縣：治所在今河北省張家口市涿鹿縣礬山鎮。

[9]龍門縣：治所在今河北省赤城縣西南龍關鎮。

[10]望雲縣：遼縣名。屬西京奉聖州，景宗潛邸有此號御莊，後置縣。治所在今河北省赤城縣北雲州鎮。

[11]彰愍宮：遼景宗宮分。

[12]歸化州：即武州，治所在今河北省張家口市宣化區。《輿地廣記》卷一九記載：“毅州，本武州，唐末置。後唐長興元年改曰毅州。領縣一，下，文德縣。”《文獻通考》卷三一六《輿地考》亦載：“武州。唐末置，屬河東道，後唐改爲毅州，石晉時没於契丹，契丹改爲歸化州。南至新州七十里。宣和五年來歸，六年築固疆堡。尋復爲女真所取。領縣一，文德。”宋人不承認契丹對該州更名，仍稱武州。《輿地廣記》成書於北宋末年，《文獻通考》則成書於南宋末年。二書都記載該州曾在後唐時更名毅州，且都記載

有一屬縣，曰“文德縣”，說明二者記載一致，且與《遼史·地理志》有關歸化州的記載也一致。

[13]炭山：山名。據《新五代史》卷七二《四夷附錄第一》："漢城在炭山東南灤河上，有鹽鐵之利，乃後魏滑鹽縣也。其地可植五穀，阿保機率漢人耕種，爲治城郭、邑屋、廛市如幽州制度，漢人安之，不復思歸。"炭山在歸化州（武州，即今張家口宣化區）。

[14]承天皇后（？—1009）：諱綽，小字燕燕，北府宰相蕭思溫女。景宗即位，選爲貴妃。尋册爲皇后，生聖宗。景宗崩，尊爲皇太后，攝國政。統和元年（983），上尊號曰承天皇太后。

[15]可汗州：治所在今河北省懷來縣。

[16]北齊置北燕郡：【劉校】據中華點校本校勘記，《索隱》："郡，當作州。《隋志》，後齊置北燕州，領長寧、永豐二郡。"

[17]奚王：對奚部族首領的稱呼。據《五代會要》卷二八《奚》："奚，本匈奴別種，即東胡之地，人物風俗與突厥同。族有五姓：一曰阿會部，管縣六；二曰啜米部，管縣四；三曰奧質部，管縣六；四曰奴皆部，管縣四；五曰黑訖支部，管縣三；每部有刺史，每縣有令，酋長號奚王。"　去諸以數千帳徙媯州：【劉校】"徙"原誤"欲"。中華點校本據《新五代史·附錄》改。今從改。

[18]懷來縣：治所在今河北省懷來縣。爲五代時的媯州州治。

[19]儒州：治所在今北京市延慶區。

蔚州，[1]忠順軍，上，節度。周《職方》：并州川曰漚夷，在州境飛狐縣。趙襄子滅代、武靈王置代郡，[2]項羽徙趙歇爲代王、歇還趙立陳餘王代，[3]漢韓信斬餘復置代郡，[4]文帝初封代，[5]皆此地。周宣帝始置蔚州。[6]隋開皇中廢，唐武德四年復置。至德二年改興唐縣。[7]乾元元年仍舊。大中後朱邪執宜爲刺史，[8]有功，賜姓名李國昌。[9] 子克用乞爲留後，[10] 僖宗不許。廣明初，[11] 攻敗國昌，[12] 代北無備，太祖來攻，克之，俘掠居民而去。石晉獻地，升忠順軍，後更武安軍。統和四年入宋，尋復之，降刺史，隸奉聖州，升觀察，[13] 復忠順軍節度。兵事屬西京都部署司。統縣五：

靈仙縣，[14] 唐置興唐縣，梁改隆化縣，後唐同光初復置，晉改今名。户二萬。

定安縣本漢東安陽縣地，[15] 久廢。後唐太祖伐劉仁恭，[16] 次蔚州，晨霧晦冥，占，不利深入，會雷電大作，燕軍解去，即此。遼置定安縣。西北至州六十里。户一萬。

飛狐縣，[17] 後周大象二年置廣昌縣于五龍城即此。[18] 隋仁壽元年改名飛狐。[19] 相傳有狐於紫荆嶺食五粒松子，成飛仙，故云。西北至州一百四十里。户五千。

靈丘縣，[20] 漢置，後漢省。東魏復置，屬靈丘郡。隋開皇中罷郡來屬，大業初改隸代州。唐武德六年仍舊。東北至州一百八十里。户三千。

廣陵縣本漢延陵縣，[21] 隋唐爲鎮州，後唐同光初分興唐縣置。石晉割屬遼。東南至州四十里。户三千。

[1]蔚州：治所在今河北省蔚縣。

[2]趙襄子：簡子之子。《史記·趙世家》：“襄子姊前爲代王夫人。簡子既葬，未除服，北登夏屋，請代王。使厨人操銅枓以食代王及從者，行斟，陰令宰人各以枓擊殺代王及從官，遂興兵平代地。其姊聞之，泣而呼天，摩笄自殺。代人憐之，所死地名之爲摩

笄之山。"趙武靈王在位第十九年（前307）"胡服騎射"，趙成爲強國。《史記·集解》引應劭曰："武靈王葬代郡靈丘縣。"《正義》引《括地志》云："趙武靈王墓在蔚州靈丘縣東三十里。"

[3]陳餘（？—前204）：秦末大梁（今河南省開封市）人。先與張耳一起投奔陳勝，後跟隨武臣佔據趙地。武臣死後，又與張耳立趙歇爲趙王。後來張耳隨項羽入關中，得封王，陳餘僅封侯，遂與張耳爲仇敵。事見《史記·張耳陳餘列傳》。

[4]韓信：初屬項羽，項羽不能用其中策，遂投漢王劉邦，拜大將。漢三年（前204）出奇兵在井陘大破趙兵，斬陳餘。

[5]文帝：西漢第三代皇帝。公元前179年至前157年在位。

[6]周宣帝：北周皇帝。公元579年在位。

[7]至德：唐肅宗年號（756—758）。

[8]大中：唐宣宗年號（847—860）。 朱邪執宜：唐末代北沙陀人，世爲沙陀酋長，太和四年（930）爲陰山都督、代北行營招撫使，居雲朔塞下，爲唐捍禦北邊。其子赤心曾率沙陀三部落助唐討伐龐勛。

[9]賜姓名李國昌：賜姓名李國昌者非朱邪執宜，而是其子朱邪赤心。李國昌子爲李克用。此處記載有誤。

[10]留後：官名。唐朝節度使如遇事故，往往自擇將吏以統馭其軍，稱"兵馬留後"。那些殺長官而自立的野心家也往往自稱"留後"，並迫使朝廷予以承認。

[11]廣明：唐僖宗年號（880—881）。

[12]攻敗國昌：據《新唐書》卷九《僖宗本紀》：李國昌反唐以後，廣明元年（880）七月辛未"李可舉及李國昌戰于藥兒嶺，敗之"。【劉校】"攻"原本作"功"，明抄本、南監本、北監本和殿本均作"攻"。中華點校本及修訂本徑改。今從改。

[13]升觀察：【劉校】據中華點校本校勘記，"按《紀》，統和二十九年六月升"。

[14]靈仙縣：其縣境在今河北省蔚縣中西部地區。

[15]漢東安陽縣：據《漢書·地理志》屬代郡，"東安陽，莽曰竟安。師古曰：闞駰云，五原有安陽，故此加東也"。

[16]劉仁恭：深州樂壽（今河北省獻縣）人。早年爲晉王李克用壽陽鎮將，乾寧元年（894）又爲盧龍軍節度使。其子守文爲橫海軍節度使，父子率兩鎮兵十萬，號稱三十萬，稱雄一方。仁恭後爲另一子守光所囚禁。乾化元年（911）守光自號大燕皇帝。次年仁恭父子爲晉王所擒殺。《新唐書》卷二一二有傳。據《舊五代史》卷一三七《外國列傳》："劉仁恭鎮幽州，素知契丹軍情僞，選將練兵，乘秋深入，逾摘星嶺討之，霜降秋暮，即燔塞下野草，以困之，馬多饑死，即以良馬賂仁恭，以市牧地。仁恭季年荒恣，出居大安山，契丹背盟，數來寇鈔。"看來，劉仁恭的攻擊使契丹受到了嚴重損失。

[17]飛狐：古縣名。今河北省淶源縣在隋、唐、遼、宋、金、元時名飛狐縣。

[18]大象：北周靜帝年號（579—580）。

[19]仁壽：隋文帝年號（601—604）。

[20]靈丘縣：治所在今山西省靈丘縣。

[21]廣陵縣：治所在今山西省廣靈縣。

應州，[1]彰國軍，上，節度。唐武德中置金城縣，後改應州。後唐明宗，[2]州人也。天成元年升彰國軍節度，興唐軍、寰州隸焉。遼因之。北龍首山，南鴈門。兵事屬西京都部署司。統縣三。

金城縣本漢陰館縣地，漢末廢爲陰館城。隋大業末陷突厥。[3]唐始置金城縣，遼因之。戶八千。

渾源縣，[4]唐置，有渾源川。在州東南一百五十里。戶五千。

河陰縣本漢陰館縣地。[5]初隸朔州，清寧中來屬。户三千。

[1]應州：治所在今山西省應州市。

[2]後唐明宗：即李嗣源。本契丹人，其父爲鴈門部將，其子以騎射事李克用，克用賜此子姓李，名嗣源。莊宗李存勗死後，李嗣源即位，公元 926 年至 933 年在位。

[3]隋大業末陷突厥：【劉校】據中華點校本校勘記，"'隋'字原脱。大業爲隋年號，據補"。今從。

[4]渾源縣：治所在今山西省渾源縣。

[5]河陰縣：治所在今山西省山陰縣東南。

朔州，[1]順義軍，下，節度。本漢馬邑縣地，元魏孝文帝始置朔州，在今州北三百八十里定襄故城。葛榮亂，廢。高齊天保六年復置，[2]在今州南四十七里新城。八年徙馬邑，即今城。武成帝置北道行臺，周武帝置朔州總管府，隋大業三年改馬邑郡，唐武德四年復朔州，遼升順義軍節度。兵事屬西京都部署司。統州一、縣三：

鄯陽縣本漢定襄縣地，[3]建安中置新興郡，元魏置桑乾郡，高齊置招遠縣，郡仍舊。隋開皇三年罷郡，隸朔州。大業元年初名鄯陽縣，遼因之。户四千。

寧遠縣，[4]齊天保六年於朔州西置招遠縣，唐乾元元年改今名，遼因之。有寧遠鎮。東至朔州八十里。户二千。

馬邑縣，[5]漢置，屬鴈門郡。唐開元五年析鄯陽縣東三十里置大同軍，倚郭置馬邑縣。南至朔州四十里。戶三千。

武州，宣威軍，[6]下，刺史。趙惠王置武川塞，[7]魏置神武縣，唐末置武州，唐改毅州，重熙九年復武州，號宣威軍。統縣一：

神武縣，[8]魏置。晉改新城。後唐太祖生神武川之新城即此。初隸朔州，後置州，併寧遠爲一縣來屬。戶五千。

[1]朔州：治所在今山西省朔州市。

[2]天保：北齊文宣帝年號（550—558）。

[3]鄯陽縣：《明一統志》卷二一：“鄯陽廢縣在朔州城內。”【劉校】鄯陽，據中華點校本校勘記，“《隋書》、《唐書·地理志》及《通考》三一六作善陽。《遼文匯》一〇《寧鑒墓誌》、《元和郡縣誌》作鄯陽”。

[4]寧遠縣：故治在今山西省寧武縣。

[5]馬邑縣：歷史上的馬邑縣，治所在今山西省朔州城內。

[6]武州，宣威軍：更名毅州卻祇見於《遼史》，其統縣也與前一武州不同。中華點校本在武州宣威軍“唐改毅州”之上加“後”字加“校勘記”説：“後字原脱，據上文‘唐末’及《通考》三一六補。”《通考》明確記載後唐改毅州的武州是石晉割獻契丹十六州之一的武州，後改歸化州，其治所在今河北省張家口市宣化區，而據乾隆《大清一統志》卷一四八，另一武州其“故城在左雲縣南”。校勘記不僅沒有校出本書《地理志》張冠李戴之誤，反而曲解《通考》有關文字，以至進一步製造混亂。

[7]趙惠王：應是趙惠文王，公元前298年至前266年在位。

[8]神武縣：治所在今山西省神池縣。

東勝州，[1]武興軍，下，刺史。隋開皇七年置勝州，大業五年改榆林郡。唐貞觀五年於南河地置決勝州，故謂此爲東勝州。天寶七年又爲榆林郡，乾元元年復爲勝州。太祖神册元年破振武軍，勝州之民皆趨河東，州廢。晉割代北來獻，復置。兵事屬西南面招討司。統縣二：

榆林縣。[2]

河濱縣。[3]

[1]東勝州：今内蒙古自治區鄂爾多斯市東勝區。【劉校】據中華點校本校勘記，“按《紀》開泰六年七月作勝州。《紀》清寧四年三月、保大二年四月、四年七月、《百官志四》並作東勝州”。

[2]榆林縣：治所在今陝西省榆林市。

[3]河濱縣：《明一統志》卷二一《大同府》：“河濱廢縣在府城西五百餘里，隋榆林縣地，唐析置此縣，屬勝州。縣東北有河濱關，後廢。遼復置，屬東勝州。”

金肅州，[1]重熙十二年伐西夏置，割燕民三百户，防秋軍一千實之，[2]屬西南面招討司。

[1]金肅州：《陝西通志》卷五：“有金宿城在府谷縣木瓜園北寨外。延綏志按：金宿即金肅也，在府谷縣北河套中。”

[2]防秋：古代西北各遊牧部落，往往趁秋高馬肥時南侵。屆時邊軍特加警衛，調兵防守，稱爲“防秋”。《舊唐書·陸贄傳》：“又以河隴陷蕃已來，西北邊常以重兵守備，謂之防秋。”

河清軍。[1]西夏歸遼，開直路以趨上京。重熙十二年建城，號河清軍。徙民五百户，防秋兵一千人實之，屬西南面招討司。

[1]河清軍：《三朝北盟會編》卷二五政宣上帙宣和七年（1125）十二月十八日："初，粘罕遣撒盧拇使夏國，許割天德、雲内、武州及河東兜答、廝喇、曷童、野鵲、神崖、榆林、保大、裕民八舘、河西金肅、河清（原刻誤爲'清河'）二軍，約入寇麟、府以牽河東之勢，至是夏人由金肅、河清軍渡河，取天德、雲内、河東八舘及武州，以應粘罕之約，盡陷其地。"按河清軍應在河套地區，夏人由河清軍渡河可以到達河東。

（李錫厚注　劉鳳翥校）